Edward H. Palmer

Poetical Works of Behá-ed-Dín Zoheir of Egypt

Vol. 1

Edward H. Palmer

Poetical Works of Behá-ed-Dín Zoheir of Egypt
Vol. 1

ISBN/EAN: 9783337242985

Printed in Europe, USA, Canada, Australia, Japan

Cover: Foto ©Thomas Meinert / pixelio.de

More available books at **www.hansebooks.com**

UNIVERSITY PRESS, CAMBRIDGE,
April, 1876.

CATALOGUE OF

WORKS

PUBLISHED FOR THE SYNDICS

OF THE

Cambridge University Press.

London:
CAMBRIDGE WAREHOUSE, 17 PATERNOSTER ROW.

Cambridge: DEIGHTON, BELL AND CO.

250
—————
7/4/76

THE HOLY SCRIPTURES, &c.

THE CAMBRIDGE PARAGRAPH BIBLE

of the Authorized English Version, with the Text Revised by a Colla-
tion of its Early and other Principal Editions, the Use of the Italic
Type made uniform, the Marginal References remodelled, and a Criti-
cal Introduction prefixed, by the Rev. F. H. SCRIVENER, M.A., LL.D.,
Editor of the Greek Testament, Codex Augiensis, &c., and one of
the Revisers of the Authorized Version. Crown Quarto, cloth, gilt, 21s.

From the *Times*.

"Students of the Bible should be particu-
larly grateful to (the Cambridge University
Press for having produced, with the able as-
sistance of Dr Scrivener, a complete critical
edition of the Authorized Version of the Eng-
lish Bible, an edition such as, to use the words
of the Editor, 'would have been executed
long ago had this version been nothing more
than the greatest and best known of English
classics.' Falling at a time when the formal
revision of this version has been undertaken
by a distinguished company of scholars and
divines, the publication of this edition must
be considered most opportune. . . . . .
For a full account of the method and plan of
the volume and of the general results of the
investigations connected with it we must refer
the reader to the editor's Introduction, which
contains a mass of valuable information about
the various editions of the Authorized Ver-
sion."

From the *Athenæum*.

"Apart from its religious importance, the
English Bible has the glory, which but few
sister versions indeed can claim, of being the
chief classic of the language, of having, in
conjunction with Shakspeare, and in an im-
measurable degree more than he, fixed the
language beyond any possibility of important
change. Thus the recent contributions to the
literature of the subject, by such workers as
Mr Francis Fry and Canon Westcott, appeal to
a wide range of sympathies; and to these may
now be added Dr Scrivener, well known for
his labours in the cause of the Greek Testa-
ment criticism, who has brought out, for the
Syndics of the Cambridge University Press,
an edition of the English Bible, according to
the text of 1611, revised by a comparison with
later issues on principles stated by him in his
Introduction. Here he enters at length into
the history of the chief editions of the version,
and of such features as the marginal notes,
the use of italic type, and the changes of or-
thography, as well as into the most interesting
question as to the original texts from which
our translation is produced. . . . . . .
Dr Scrivener may be congratulated on a
work which will mark an important epoch in
the history of the English Bible, and which
is the result of probably the most searching
examination the text has yet received."—

From *Notes and Queries*.

"The Syndics of the University Press
deserve great credit for this attempt to supply
biblical students and general readers with a
copy of the Bible, which presents the ar-
rangement of an unbroken text in paragraphs
accommodated to the sense (the numerals,
indicating the chapters and verses, being
removed to the margin); with the broad dis-
tinction between the prose and poetical por-
tions of Scripture duly maintained, and with
such passages of the Old Testament as are
quoted in the New being marked by the use
of open type."

From the *Spectator*.

"Mr. Scrivener has carefully collated the
text of our modern Bibles with that of the
first edition of 1611, restoring the original
reading in most places, and marking every
place where an obvious correction has been
made; he has made the spelling as uniform
as possible; revised the punctuation (punc-
tuation, as those who cry out for the Bible
without note or comment should remember,
is a continuous commentary on the text);
carried out consistently the plan of marking
with italics all words not found in the original,
and carefully examined the marginal refer-
ences. The name of Mr. Scrivener, the
learned editor of the 'Codex Augiensis,'
guarantees the quality of the work."

THE STUDENT'S EDITION of the above, on *good writing paper*,
with one column of print and wide margin to each page for MS. notes.
This edition will be found of great use to those who are engaged in
the task of Biblical criticism. Two Vols. Crown Quarto, cloth, gilt,
31s. 6d.

THE LECTIONARY BIBLE, WITH APOCRYPHA,

divided into Sections adapted to the Calendar and Tables of Lessons of 1871. Crown Octavo, cloth, 6*s.*

THE POINTED PRAYER BOOK,

being the Book of Common Prayer with the Psalter or Psalms of David, pointed as they are to be sung or said in Churches. Embossed cloth, Royal 24mo. 2*s.*

The same in square 32mo, cloth, 6*d.*

"The 'Pointed Prayer Book' deserves mention for the new and ingenious system on which the pointing has been marked, and still more for the terseness and clearness of the directions given for using it."— *Times.*

GREEK AND ENGLISH TESTAMENT,

In parallel Columns on the same page. Edited by J. SCHOLEFIELD, M.A. late Regius Professor of Greek in the University. Fourth Edition. Small Octavo. 7*s.* 6*d.*

GREEK TESTAMENT,

ex editione Stephani tertia, 1550. Small Octavo. 3*s.* 6*d.*

THE GOSPEL ACCORDING TO ST MATTHEW

in Anglo-Saxon and Northumbrian Versions, synoptically arranged: with Collations of the best Manuscripts. By J. M. KEMBLE, M.A. and Archdeacon HARDWICK. Demy Quarto. 10*s.*

THE GOSPEL ACCORDING TO ST MARK

in Anglo-Saxon and Northumbrian Versions synoptically arranged, with Collations exhibiting all the Readings of all the MSS. Edited by the Rev. W. W. SKEAT, M.A. Assistant Tutor and late Fellow of Christ's College, and author of a MŒSO-GOTHIC Dictionary. Demy Quarto. 10*s.*

THE GOSPEL ACCORDING TO ST LUKE,

uniform with the preceding, edited by the Rev. W. W. SKEAT. Demy Quarto. 10*s.*

THE GOSPEL ACCORDING TO ST JOHN,

by the same Editor. *In the Press.*

London Warehouse, 17 Paternoster Row.

THE MISSING FRAGMENT OF THE LATIN TRANSLATION OF THE FOURTH BOOK OF EZRA,

discovered, and edited with an Introduction and Notes, and a facsimile of the MS., by ROBERT L. BENSLY, M.A., Sub-Librarian of the University Library, and Reader in Hebrew, Gonville and Caius College, Cambridge. Demy Quarto. Cloth, 10s.

"Wer sich je mit 'dem 4 Buche Esra eingehender beschäftigt hat, wird durch die obige, in jeder Beziehung musterhafte Pub- lication in freudiges Erstaunen versetzt wer- den."—*Theologische Literaturzeitung.*

THEOLOGY—(ANCIENT).

SANCTI IRENÆI EPISCOPI LUGDUNENSIS

libros quinque adversus Hæreses, versione Latina cum Codicibus Claromontano ac Arundeliano denuo collata, præmissa de placitis Gnosticorum prolusione, fragmenta necnon Græce, Syriace, Armeniace, commentatione perpetua et indicibus variis edidit W. WIGAN HARVEY, S.T.B. Collegii Regalis olim Socius. 2 Vols. Demy Octavo. 18s.

M. MINUCII FELICIS OCTAVIUS.

The text newly revised from the original MS. with an English Com- mentary, Analysis, Introduction, and Copious Indices. Edited by H. A. HOLDEN, LL.D. Head Master of Ipswich School, late Fellow of Trinity College, Cambridge, Classical Examiner to the University of London. Crown Octavo. 7s. 6d.

CÆSAR MORGAN'S INVESTIGATION OF THE TRINITY OF PLATO,

and of Philo Judæus, and of the effects which an attachment to their writings had upon the principles and reasonings of the Fathers of the Christian Church. Revised by H. A. HOLDEN, LL.D. Head Master of Ipswich School, late Fellow of Trinity College, Cambridge. Crown Octavo. 4s.

THEOPHILI EPISCOPI ANTIOCHENSIS LIBRI TRES AD AUTOLYCUM.

Edidit, Prolegomenis Versione Notulis Indicibus instruxit GULIELMUS GILSON HUMPHRY, S.T.B. Collegii Sanctiss. Trin. apud Cantabri- gienses quondam Socius. Post Octavo. 5s.

London Warehouse, 17 Paternoster Row.

THEOPHYLACTI IN EVANGELIUM S. MATTHÆI COMMENTARIUS.

Edited by W. G. HUMPHRY, B.D. Prebendary of St Paul's, late Fellow of Trinity College. Demy Octavo. *7s. 6d.*

TERTULLIANUS DE CORONA MILITIS, DE SPECTACULIS, DE IDOLOLATRIA,

with Analysis and English Notes, by GEORGE CURREY, D.D. Preacher at the Charter House, late Fellow and Tutor of St John's College. Crown Octavo. *5s.*

THEOLOGY—(ENGLISH).

WORKS OF ISAAC BARROW,

Compared with the Original MSS., enlarged with Materials hitherto unpublished. A new Edition, by A. NAPIER, M.A. of Trinity College, Vicar of Holkham, Norfolk. 9 Vols. Demy Octavo. *£3. 3s.*

TREATISE OF THE POPE'S SUPREMACY.

And a Discourse concerning the Unity of the Church, by ISAAC BARROW. Demy Octavo. *7s. 6d.*

PEARSON'S EXPOSITION OF THE CREED,

edited by TEMPLE CHEVALLIER, B.D. Professor of Mathematics in the University of Durham, and late Fellow and Tutor of St Catharine's College, Cambridge. Second Edition. Demy Octavo. *7s. 6d.*

AN ANALYSIS OF THE EXPOSITION OF THE CREED

written by the Right Rev. Father in God, JOHN PEARSON, D.D. late Lord Bishop of Chester. Compiled, with some additional matter occasionally interspersed, for the use of the Students of Bishop's College, Calcutta, by W. H. MILL, D.D. late Principal of Bishop's College, and Vice-President of the Asiatic Society of Calcutta; since Chaplain to the most Reverend Archbishop Howley; and Regius Professor of Hebrew in the University of Cambridge. Fourth English Edition. Demy Octavo, cloth. *5s.*

WHEATLY ON THE COMMON PRAYER,

edited by G. E. CORRIE, D.D. Master of Jesus College, Examining Chaplain to the late Lord Bishop of Ely. Demy Octavo. 7s. 6d.

THE HOMILIES,

with Various Readings, and the Quotations from the Fathers given at length in the Original Languages. Edited by G. E. CORRIE, D.D. Master of Jesus College. Demy Octavo. 7s. 6d.

SELECT DISCOURSES,

by JOHN SMITH, late Fellow of Queens' College, Cambridge. Edited by H. G. WILLIAMS, B.D. late Professor of Arabic. Royal Octavo. 7s. 6d.

DE OBLIGATIONE CONSCIENTIÆ PRÆLEC-

TIONES decem Oxonii in Schola Theologica habitæ a ROBERTO SANDERSON, SS. Theologiæ ibidem Professore Regio. With English Notes, including an abridged Translation, by W. WHEWELL, D.D. late Master of Trinity College. Demy Octavo. 7s. 6d.

ARCHBISHOP USHER'S ANSWER TO A JESUIT,

with other Tracts on Popery. Edited by J. SCHOLEFIELD, M.A. late Regius Professor of Greek in the University. Demy Octavo. 7s. 6d.

WILSON'S ILLUSTRATION OF THE METHOD

of explaining the New Testament, by the early opinions of Jews and Christians concerning Christ. Edited by T. TURTON, D.D. late Lord Bishop of Ely. Demy Octavo. 5s.

LECTURES ON DIVINITY

delivered in the University of Cambridge. By JOHN HEY, D.D. Third Edition, by T. TURTON, D.D. late Lord Bishop of Ely. 2 vols. Demy Octavo. 15s.

London Warehouse, 17 Paternoster Row.

GREEK AND LATIN CLASSICS, &c.

See also p. 13.

SELECT PRIVATE ORATIONS OF DEMO-STHENES with Introductions and English Notes, by F. A. PALEY, M.A. Editor of Aeschylus, etc. and J. E. SANDYS, M.A. Fellow and Tutor of St John's College, Cambridge.

PART I. containing Contra Phormionem, Lacritum, Pantaenetum, Boeotum de Nomine, Boeotum de Dote, Dionysodorum. Crown Octavo, cloth. 6s.

PART II. containing Pro Phormione, Contra Stephanum I. II.; Nicostratum, Cononem, Calliclem. 7s. 6d.

"The six selected Orations, aided by introductions and notes which supply all that is needed for understanding the original text, will place clearly before the student some tolerably complete pictures of life and lawsuits at Athens in the fourth century B.C. For those who are preparing for the Cambridge Tripos, the assistance which this volume can give will be found of the utmost value." *Times.*

M. T. CICERONIS DE OFFICIIS LIBRI TRES,

New Edition, much enlarged and improved,

with Marginal Analysis, an English Commentary, and copious Indices, by H. A. HOLDEN, LL.D. Head Master of Ipswich School, late Fellow of Trinity College, Cambridge, Classical Examiner to the University of London. Crown Octavo, 7s. 6d.

PLATO'S PHÆDO,

literally translated, by the late E. M. COPE, Fellow of Trinity College, Cambridge. Demy Octavo. 5s.

ARISTOTLE.

THE RHETORIC. With a Commentary by the late E. M. COPE, Fellow of Trinity College, Cambridge, revised and edited for the Syndics of the University Press by J. E. SANDYS, M.A., Fellow and Tutor of St John's College, Cambridge. [*In the Press.*

London Warehouse, 17 Paternoster Row.

SANSKRIT.

NALOPÁKHYÁNAM, OR, THE TALE OF NALA;

containing the Sanskrit Text in Roman Characters, followed by a Vocabulary in which each word is placed under its root, with references to derived words in Cognate Languages, and a sketch of Sanskrit Grammar. By the Rev. THOMAS JARRETT, M.A. Trinity College, Regius Professor of Hebrew, late Professor of Arabic, and formerly Fellow of St Catharine's College, Cambridge. Demy Octavo. 10s.

ARABIC.

THE POEMS OF BEHÁ ED DÍN ZOHEIR OF EGYPT.

With a Metrical Translation, Notes and Introduction, by E. H. PALMER, M.A., Barrister-at-Law of the Middle Temple, Lord Almoner's Professor of Arabic and Fellow of St John's College in the University of Cambridge. 3 vols. Crown Quarto. Price 10s. 6d. each volume. Vols. I. and II. nearly ready.

MATHEMATICAL, PHYSICAL SCIENCE, &c.

A TREATISE ON NATURAL PHILOSOPHY.

Volume I. By Sir W. THOMSON, LL.D., D.C.L., F.R.S., Professor of Natural Philosophy in the University of Glasgow, Fellow of St Peter's College, Cambridge, and P. G. TAIT, M.A., Professor of Natural Philosophy in the University of Edinburgh; formerly Fellow of St Peter's College, Cambridge. *New Edition in the Press.*

ELEMENTS OF NATURAL PHILOSOPHY.

By Professors Sir W. THOMSON and P. G. TAIT. Part I. 8vo. cloth, 9s.

"This work is designed especially for the use of schools and junior classes in the Universities, the mathematical methods being limited almost without exception to those of the most elementary geometry, algebra, and trigonometry. Tyros in Natural Philosophy cannot be better directed than by being told to give their diligent attention to an intelligent digestion of the contents of this excellent *vade mecum.*"—*Iron.*

AN ELEMENTARY TREATISE ON QUATERNIONS.

By P. G. TAIT, M.A., Professor of Natural Philosophy in the University of Edinburgh; formerly Fellow of St Peter's College, Cambridge. Second Edition. Demy 8vo. 14s.

THE ANALYTICAL THEORY OF HEAT.

By JOSEPH FOURIER. Translated, with Notes, by A. FREEMAN, M.A., Fellow of St John's College, Cambridge.

London Warehouse, 17 Paternoster Row.

THE MATHEMATICAL WORKS OF
ISAAC BARROW, D.D.
Edited by W. WHEWELL, D.D. Demy Octavo. 7s. 6d.

ILLUSTRATIONS OF COMPARATIVE ANA-
TOMY, VERTEBRATE AND INVERTEBRATE,
for the Use of Students in the Museum of Zoology and Comparative
Anatomy. Second Edition. Demy Octavo, cloth, 2s. 6d.

A SYNOPSIS OF THE CLASSIFICATION OF
THE BRITISH PALÆOZOIC ROCKS,
by the Rev. ADAM SEDGWICK, M.A., F.R.S., Woodwardian Professor,
and Fellow of Trinity College, Cambridge; with a systematic descrip-
tion of the British Palæozoic Fossils in the Geological Museum of
the University of Cambridge, by FREDERICK MᶜCOY, F.G.S., Hon.
F.C.P.S., Professor of the Natural Sciences in the University of
Melbourne; formerly Professor of Geology and Mineralogy in the
Queen's University in Ireland; author of "Characters of the Car-
boniferous Limestone Fossils of Ireland;" "Synopsis of the Silurian
Fossils of Ireland;" "Contributions to British Palæontology," &c.
with Figures of the New and Imperfectly known Species. One
volume, Royal Quarto, cloth, with Plates, £1. 1s.

A CATALOGUE OF THE COLLECTION OF
CAMBRIAN AND SILURIAN FOSSILS
contained in the Geological Museum of the University of Cambridge,
by J. W. SALTER, F.G.S. With a Preface by the Rev. ADAM SEDG-
WICK, LL.D., F.R.S., Woodwardian Professor of Geology in the Uni-
versity of Cambridge, and a Table of Genera and Index added by
Professor MORRIS, F.G.S. With a Portrait of PROFESSOR SEDGWICK.
Royal Quarto, cloth, 7s. 6d.

CATALOGUE OF. OSTEOLOGICAL SPECIMENS
contained in the Anatomical Museum of the University of Cam-
bridge. Demy Octavo. 2s. 6d.

ASTRONOMICAL OBSERVATIONS
made at the Observatory of Cambridge by the Rev. JAMES CHALLIS,
M.A., F.R.S., F.R.A.S., Plumian Professor of Astronomy and Experi-
mental Philosophy in the University of Cambridge, and Fellow of
Trinity College. For various Years, from 1846 to 1860.

London Warehouse, 17 Paternoster Row.

2

LAW.

THE COMMENTARIES OF GAIUS AND RULES OF ULPIAN. (New Edition, revised and enlarged.)

With a Translation and Notes, by J. T. ABDY, LL.D., Judge of County Courts, late Regius Professor of Laws in the University of Cambridge, and BRYAN WALKER, M.A., LL.D., Law Lecturer of St John's College, Cambridge, formerly Law Student of Trinity Hall and Chancellor's Medallist for Legal Studies. Crown Octavo, 16s.

"Without endorsing all that has been uttered from time to time respecting the beauties of Roman law, we readily admit that its study must prove useful to the English legal aspirant, partly from its intrinsic merits as a system, and partly from the contrast which it presents to the chaotic agglomeration which Sir William Blackstone pronounced to be the perfection of common sense. As scholars and as editors Messrs Abdy and Walker have done their work well. . . . . For one thing the editors deserve special commendation. They have presented Gaius to the reader with few notes and those merely by way of reference or necessary explanation. Thus the Roman jurist is allowed to speak for himself, and the reader feels that he is really studying Roman law in the original, and not a fanciful representation of it."—*Athenæum.*

"The number of books on various subjects of the civil law, which have lately issued from the Press, shews that the revival of the study of Roman jurisprudence in this country is genuine and increasing. The present edition of Gaius and Ulpian from the Cambridge University Press indicates that the Universities are alive to the importance of the movement, and the fact that the new edition has made its appearance within four years from the original production of the book, should encourage the Syndics to further efforts in the same direction. The auspices under which Messrs Abdy and Walker produce their book are a guarantee that it is a scholarly and accurate performance; and Mr Abdy's practical experience as a County Court Judge supplies a link between theory and practice which, no doubt, has had a beneficial effect upon their work."—*Law Journal.*

THE INSTITUTES OF JUSTINIAN,

translated with Notes by J. T. ABDY, LL.D. Judge of County Courts, late Regius Professor of Laws in the University of Cambridge, and formerly Fellow of Trinity Hall; and BRYAN WALKER, M.A., LL.D. Law Lecturer of St John's College, Cambridge; late Fellow and Lecturer of Corpus Christi College; and formerly Law Student of Trinity Hall. Crown Octavo, 16s.

GROTIUS DE JURE BELLI ET PACIS,

with the Notes of Barbeyrac and others; accompanied by an abridged Translation of the Text, by W. WHEWELL, D.D. late Master of Trinity College. 3 Vols. Demy Octavo, 30s. The translation separate, 10s.

HISTORICAL WORKS.

STEIN, PRUSSIA, AND GERMANY,

by J. R. SEELEY, M.A., Regius Professor of Modern History in the University of Cambridge. [*In the Press.*

THE UNIVERSITY OF CAMBRIDGE FROM THE EARLIEST TIMES TO THE ROYAL INJUNCTIONS OF 1535,

by JAMES BASS MULLINGER, M.A. Demy 8vo. cloth (734 pp.), 12*s.*

"We have hitherto had no satisfactory book in English on the subject.... The fourth chapter contains a most interesting account of "Student Life in the Middle Ages," but an abstract of it would take up so much space that we must refer our readers to the book itself. Our difficulty throughout has been to give any adequate account of a book in which so much interesting information is condensed, and we must for the present give up any hope of describing the chapters on 'Cambridge at the Revival of Classical Learning' and 'Cambridge at the Reformation,' though a better account nowhere exists of one of the most eventful periods of our history.... We trust Mr Mullinger will yet continue his history and bring it down to our own day."—*Academy.*

"Any book which throws light on the origin and early history of our Universities will always be gladly welcomed by those who are interested in education, especially a book which is so full of varied information as Mr Mullinger's History of Cambridge. He has brought together a mass of instructive details respecting the rise and progress, not only of his own University, but of all the principal Universities of the Middle Ages...... We hope some day that he may continue his labours, and give us a history of the University during the troublous times of the Reformation and the Civil War."—*Athenæum.*

"Mr Mullinger's work is one of great learning and research, which can hardly fail to become a standard book of reference on the subject.... We can most strongly recommend this book to our readers."—*Spectator.*

HISTORY OF THE COLLEGE OF ST JOHN THE EVANGELIST,

by THOMAS BAKER, B.D., Ejected Fellow. Edited by JOHN E. B. MAYOR, M.A., Fellow of St John's. Two Vols. Demy 8vo. 24*s.*

"It may be doubted whether there is any MS. in existence which Cambridge men have been more anxious to see committed to the press, under competent editorship, than the History of St John's by that Socius Ejectus Thomas Baker, whose life Walpole desired to write..... It is perhaps well for Baker's reputation .. that it was reserved for so peculiarly competent an editor as Mr Mayor to give this history to the world... If it be highly to the credit of the Syndics of the Pitt Press to have printed the book, the manner in which he has edited it reflects no less credit upon Mr Mayor."—*Notes and Queries.*

"To antiquaries the book will be a source of almost inexhaustible amusement, by historians it will be found a work of considerable service on questions respecting our social progress in past times; and the care and thoroughness with which Mr Mayor has discharged his editorial functions are creditable to his learning and industry."—*Athenæum.*

"The work displays very wide reading,

and it will be of great use to members of the college and of the university, and, perhaps, of still greater use to students of English history, ecclesiastical, political, social, literary and academical, who have hitherto had to be content with 'Dyer.'"—*Academy.*

"It may be thought that the history of a college cannot be particularly attractive. The two volumes before us, however, have something more than a mere special interest for those who have been in any way connected with St John's College, Cambridge: they contain much which will be read with pleasure by a far wider circle. Many of the facts brought under our notice are of considerable value to the general historical student. . . . Every member of this ancient foundation will recognize the worth of Mr Mayor's labours, which, as it will appear, have been by no means confined to mere ordinary editorial work. . . . The index with which Mr Mayor has furnished this useful work leaves nothing to be desired."—*Spectator.*

London Warehouse, 17 Paternoster Row.

THE ARCHITECTURAL HISTORY OF THE UNIVERSITY AND COLLEGES OF CAMBRIDGE,

By the late Professor WILLIS, M.A.

Edited by JOHN WILLIS CLARK, M.A., formerly Fellow of Trinity College, Cambridge.

[*Preparing.*

CATALOGUES.

CATALOGUE OF THE HEBREW MANUSCRIPTS

preserved in the University Library, Cambridge. By Dr S. M. SCHILLER-SZINESSY. Volume I. containing Section I. *The Holy Scriptures;* Section II. *Commentaries on the Bible.*

A CATALOGUE OF THE MANUSCRIPTS

preserved in the Library of the University of Cambridge. Demy Octavo. 5 Vols. 10s. each.

INDEX TO THE CATALOGUE. Demy Octavo. 10s.

A CATALOGUE OF ADVERSARIA and printed

books containing MS. notes, preserved in the Library of the University of Cambridge. 3s. 6d.

A CHRONOLOGICAL LIST OF THE GRACES,

Documents, and other Papers in the University Registry which concern the University Library. Demy Octavo. 2s. 6d.

CATALOGUS BIBLIOTHECÆ BURCKHARD-TIANÆ. Demy Quarto. 5s.

MISCELLANEOUS.

STATUTA ACADEMIÆ CANTABRIGIENSIS.

Demy Octavo. 2s. sewed.

ORDINATIONES ACADEMIÆ CANTABRIGIENSIS.

Demy Octavo. 2s. 6d. sewed.

A COMPENDIUM OF UNIVERSITY REGULATIONS,

for the use of persons in Statu Pupillari. Demy Octavo. 6d.

London Warehouse, 17 Paternoster Row.

THE PITT PRESS SERIES.

I. GREEK.

THE ANABASIS OF XENOPHON, Book III.

With English Notes by ALFRED PRETOR, M.A., Fellow of St Catharine's College, Cambridge ; Editor of *Persius* and *Cicero ad Atticum* Book I. *Price 2s.*

"This little volume is on every account well suited, either for schools or for the Local Examinations."—*Times.*

BOOK IV. By the same Editor. *Price 2s.*

EURIPIDES. HERCULES FURENS. With

Introductions, Notes and Analysis. By J. T. HUTCHINSON, B.A., Christ's College, Cambridge, and A. GRAY, B.A., Fellow of Jesus College, Cambridge, Assistant Masters at Dulwich College. Cloth, extra fcap. 8vo. *Price 2s.*

II. LATIN.

P. VERGILI MARONIS AENEIDOS Liber XI.

Edited with Notes by A. SIDGWICK, M.A. (late Fellow of Trinity College, Cambridge, Assistant Master in Rugby School). Cloth, extra fcap. 8vo. *Price 1s. 6d.*

BOOK XII. By the same Editor. *Price 1s. 6d.*

M. T. CICERONIS ORATIO PRO L. MURENA,

with English Introduction and Notes. By W. E. HEITLAND. M.A., Fellow and Classical Lecturer of St John's College, Cambridge. *Second Edition.* Small 8vo. *Price 3s.*

London Warehouse, 17 Paternoster Row.

PITT PRESS SERIES (*continued*).

M. T. CICERONIS ORATIO PRO TITO ANNIO
MILONE, with a Translation of Asconius' Introduction, Marginal Analysis and English Notes. Edited by the Rev. JOHN SMYTH PURTON, B.D., late President and Tutor of St Catharine's College. Cloth, small crown 8vo. *Price 2s. 6d.*

M. ANNAEI LUCANI PHARSALIAE LIBER
PRIMUS, edited with English Introduction and Notes by W. E. HEITLAND, M.A. and C. E. HASKINS, M.A., Fellows and Lecturers of St John's College, Cambridge. *Price 1s. 6d.*

"A careful and scholarlike production."—*Times.*

III. FRENCH.

DIX ANNÉES D'EXIL. LIVRE II. CHAPITRES
1—8. Par MADAME LA BARONNE DE STAËL-HOLSTEIN. With a Biographical Sketch of the Author, a Selection of Poetical Fragments by Madame de Staël's Contemporaries, and Notes Historical and Philological. By GUSTAVE MASSON, B.A. Univ. Gallic., Assistant Master and Librarian, Harrow School. *Price 2s.*

LE VIEUX CÉLIBATAIRE. A Comedy, by
COLLIN D'HARLEVILLE. With a Biographical Memoir, and Grammatical, Literary and Historical Notes. By the same Editor. *Price 2s.*

LA MÉTROMANIE, A Comedy, by PIRON, with
a Biographical Memoir, and Grammatical, Literary and Historical Notes. By the same Editor. *Price 2s.*

LASCARIS, ou LES GRECS DU XVᵉ. SIÈCLE,
Nouvelle Historique, par A. F. VILLEMAIN, Secrétaire Perpétuel de l'Académie Française, with a Biographical Sketch of the Author, a Selection of Poems on Greece, and Notes Historical and Philological. By the same Editor. *Price 2s.*

PITT PRESS SERIES (*continued*).

IV. GERMAN.

Goethe's Knabenjahre. (1749—1759.) GOETHE'S
BOYHOOD: being the First Three Books of his Autobiography.
Arranged and Annotated by WILHELM WAGNER, Ph. D., Professor at the Johanneum, Hamburg. *Price 2s.*

GOETHE'S HERMANN AND DOROTHEA.
With an Introduction and Notes. By the same Editor. *Price 3s.*

Das Jahr 1813 (THE YEAR 1813), by F. KOHLRAUSCH.
With English Notes. By the same Editor. *Price 2s.*

V. ENGLISH.

THE TWO NOBLE KINSMEN, edited with
Introduction and Notes by the Rev. W. W. SKEAT, M.A.,
formerly Fellow of Christ's College, Cambridge. *Price 3s. 6d.*

"Mr Skeat is a conscientious editor, and has left no difficulty unexplained,
either of sense or language."—*Times.*

LORD BACON'S HISTORY OF THE REIGN
OF KING HENRY VII. With Notes by the Rev. J. RAWSON
LUMBY, B.D., Fellow of St Catharine's College, Cambridge.
[*Nearly ready.*]

SIR THOMAS MORE'S UTOPIA. With Notes
by the Rev. J. RAWSON LUMBY, B.D., Fellow of St Catharine's
College, Cambridge. [*Preparing.*]

London Warehouse, 17 Paternoster Row.

UNIVERSITY OF CAMBRIDGE LOCAL EXAMINATIONS.

EXAMINATION PAPERS,

for various years, with the *Regulations for the Examination*.
Demy Octavo. 2*s.* each, or by Post 2*s.* 2*d.*

CLASS LISTS FOR VARIOUS YEARS.

6*d.* each, by Post 7*d.*

ANNUAL REPORTS OF THE SYNDICATE,

With Supplementary Tables showing the success and failure of the Candidates. 2*s.* each, by Post 2*s.* 2*d.*

HIGHER LOCAL EXAMINATIONS.
EXAMINATION PAPERS FOR 1875,

Demy Octavo. 2*s.* each, by Post 2*s.* 2*d.*

REPORTS OF THE SYNDICATE.

Demy Octavo. 1*s.*, by Post 1*s.* 1*d.*

CAMBRIDGE UNIVERSITY REPORTER.

Published by Authority.

Containing all the Official Notices of the University, Reports of Discussions in the Schools, and Proceedings of the Cambridge Philosophical, Antiquarian, and Philological Societies. 3*d.* weekly.

CAMBRIDGE UNIVERSITY EXAMINATION PAPERS.

Published in occasional numbers every Term, and in volumes for the Academical year.

London:

CAMBRIDGE WAREHOUSE, 17 PATERNOSTER ROW.
Cambridge: DEIGHTON, BELL AND CO.

CAMBRIDGE: PRINTED BY C. J. CLAY, M.A. AT THE UNIVERSITY PRESS.

هذا ديوان شعر

الوزير الفاضل الرئيس البليغ البارع العلامة

بهاء الدين ابى الفضل زهير

ابن محمد بن على بن يحيى بن الحسن بن جعفر بن

منصور بن عاصم المهلّى المصرى الكاتب

رحمة الله عليه

عُنى بتصحيحه وشرحه و ترجمته الى اللغة الانكليزية نظماً

الفقير المقرّ بالعجز و التقصير ادورد هنرى بلمر

مدرس العربية فى المدرسة السلطانية فى قمبرج

و طُبع بنفقة الجمعية المعيّنة لنظر احوال مطبع المدرسة المذكورة ويباع

فى دُكان ادارة المطبعة فى دار السلطنة لندن و فى قمبرج ايضا

عند الخواجات ديتن و بل وشركائهم و فى مدينة لِپزِگ

عند الخواجة فِردرك بركهوس و قد استتب طبعه

سنة ١٨٧٦ مسيحية الموافقة سنة ١٢٩٣ هجرية

بسم الله الرحمن الرحيم

الحمد لله الذى خلق الانسان وعلمه البيان وزانه بالاصغرين القلب واللسان اما بعد فانه لما كان الناس فى ايامنا هذه يميلون الى السفر فى جميع الجهات ويخالط بعضهم بعضًا على اختلاف الامم و المذاهب وبعد المسافات كان ولا بدّ لمن اراد التوغل فى البلاد الشاسعة من معرفة لغاتٍ شتّى ولله درّ القائل

بقدر لغات المرء يكثر نفعه فتلك له عند المهمّات اعوان
فلازم على حفظ اللغات مجاهدًا فكل لسانٍ فى الحقيقة انسان

ثم لا يخفى على من أمعن النظر فى احوال اهل الادب ان الشعراء فى كل لسان هم كما قال الخليل بن احمد امراء الكلام يصرفونه كيف شاءوا ويجوز لهم ما لا يجوز لغيرهم من اطلاق اللفظ و تقييده ومدّ مقصوره وقصر ممدوده والجمع بين لغاته والتعلق بين صفاته ومن يعرف كلام الشعراء حق معرفته و يفهم

دقائق افكارهم ويطلع على رقائق اشعارهم فلا يصعب عليه بعد ذلك شيء من الكلام المنثور ولا من الكلام الدارج الذى هو بين عوام الناس مشهور ولما رايت الصدر الاجل الفاضل الاكمل اللبيب الاديب الاريب لسان المتكلمين وقريع المتأدبين وحيد عصره وفريد دهره ابا الفضل زهير بن محمد المهلبى رحمة الله عليه كاتب الانشآء والمتسنم من ذرى البلاغة ما شآء قد ذهب فى الشعر كل مذهب وابدع فى نظمه و اغرب انشرح صدرى لطبع ديوان شعره فشمرت عن ساعد العزم و طبعته و الحقت به ترجمة انكليزية منظومة واتحفت بها محبى الشعر من الطائفتين اعنى ابنآء العرب وبنى الاصفر و ذيلتها بشرح موجز يفسر ما استغلق من معانيه وما ابهم من الفاظه ويلخص احوال الانفار والموادّ التى ورد ذكرها فى بعض الابيات وينبه القارئ على ما يحويه الديوان من الامثال العربية و النكات الادبية

و قد ادرك بهآء الدين زهير صاحب الديوان زماناً ابتدأ فيه امم الشرق والغرب يخالط بعضهم بعضاً اكثر مما اتفق فى القرون التالية للمتأخرين و قلما حصل ذلك للمتقدمين ولهذا ترى فى اشعاره كلام اهل الفلاة و افكارهم مستعملة فى وصف عادات غير عادات اهل البادية منقولة لحالة الحضارة و الحرية دون ذكر الضيافات و الغزوات والايام الموصوفة فى اشعار الجاهلية و اوائل الاسلام

ثم لا يخفى على اهل النظر ان الديار المصرية ولاسيما مدينة الاسكندرية كانت فيما مضى من الزمان وسالف من العصر والاوان مجمع البحرين لافكار اهل الشرق والغرب فى كل ما يتعلق بعلم الفلسفة و الكلام والادب و كذلك صارت فيمابعد مجمعاً لافكار الشعراء الشرقيين و المغربين ولاسيما فى زمان بهاء الدين صاحب هذا الديوان و بالواقع ان اهل المشرق واهل المغرب قد تباعدوا بعد الخافقين فى عاداتهم حتى لا يكاد يوجد فى مؤلفات الامتين شئ يدل على المشاركة فى افكارهم و تصوراتهم مع ان كثيراً من الامثال السائرة فى العجم و العرب تشابه امثالاً اخرى توهم اهل اروبا انها ما جرت الا على السنة اهل المغرب ومن جملة هذه الامثال ماقاله الفردوسى الشاعر الفارسى الشهير فى مقدمة الشاهنامه

توانا بود آنكه دانا بود

فهذا يوافق لفظًا و معنى المثل الانكليزى السائر وهو انما العلم قوة Knowledge is power و من ذلك ايضا قول العرب العبد يدبر والله يقدر فمثل ذلك بالمعنى و التسجيع المثل الفرنساوى

L'homme propose et Dieu dispose.

و فى اشعار البهآء زهير ترى اشياء كثيرة من هذا القبيل مثلاً

اياك يدرى حديثاً بيننا احدٌ فهم يقولون للحيطان آذان

والانكليز ايضا يقولون Walls have ears.

لكن نظم البهآء زهير ليس فى البديهيات و الامثال فقط يشابه اشعار شعراء اوربا بل اكثر افكاره تحاذى افكار شعرآئنا الانكليزيين فى القرن السابع عشر بعد المسيح حتى لا يكاد احد من الافرنج يصدّق انها من مؤلفات شاعرٍ مسلم فى ايام بنى ايوب

والظاهر ان اكثر اشعار المشرق ولاسيما اشعار الفرس لاتخلو عن التصنع فى الاستعارة و المبالغة فى المدح و الذم والبهرجة فى العبارة و هذا كله عند اهل اوربا غير مرغوب فيه بل يعدّونه من اقبح العيوب واما نظم بهاء الدين زهير فانك لا ترى فيه غير البساطة الطبيعية والايجاز على ما فيه من حسن الاستعارة و المجاز الذى يذكّر غزليات هيرك الشاعر الانكليزى المعروف و اما المقاطيع الرقيقة والنكات الدقيقة التى كان شعرآء الانكليز فى ايام ارجاع دولة آل استورت مولعين بها فالبهآء مالك زمام صناعتها كما يشهد لذلك قوله

و يختق حين يبصره فؤادى ولا عجب اذا رقص الطروبُ

و ان كان المعنى مطروقاً كالموت عشقاً ووصف العاشق بالشهادة فترى صاحب الديوان يزينه باسلوب جديد و يأتى فيه بنكتة زائدةٍ كقوله

فخذ مرة روحى ترحنى ولم اكن اموت مراراً فى النهار و ابعث

و كقوله فى موضع آخر

انت روحى و قد تملكت روحى و حياتى و قد سلبت حياتى
متُّ شوقاً فاحينى بوصالٍ اخبر الناس كيف طعم الممات

فزاد هذا الكلام حسناً وكساه رونقاً جديداً وقال جداً مالم يقله غيره الا هزلا

ثم فى قرب الهرم وظهور الشيب ابدع فى المعنى واغرب فى الكلام حيث قال

فقد انجلى ليل الشباب وقد بدا صبح المشيب
و رايت فى انواره ما كان يخفى من عيوبى

و قلما توجد استعارة الطف من هذه او افصح فانظر ايها المتأدب الى حسن المقابلة بين الشبية و المشيب وذكر التيقظ بغتةً من ليل الشباب و ظلام الغفلة و الصبابة الى صبح المشيب وفجر رصانة الرأى و الاصابة وما املح أيضا تلميحه للمناسبة بين ظهور الخطوط البيض فى ديجور الذوائب وبين شروق شعاع الحكمة فى وسط دجى الجهالة والمعائب

فاذا اردت منه الكلام الرقيق الغريب فهاك قوله مخاطباً رسول الحبيب

و دعني افز من مقلتيك بنظرة فعهدهما ممن احب قريب

قلت اينما غلبت كثرة الزوجات والنسوان وقصر الحرائر فى مذلة الجهل و الهوان فلا سبيل ثَمّ للمحبة الحقيقية والمودة الغرامية فيما بين العاشق والمعشوق ولهذا نرى اكثر شعراء العرب جرئى الاقلام فصيحى الكلام فى وصف العشق والغرام وبيان ولوع الصب المستهام ولكن اذا نظرت هذا العشق بعين الانصاف لا تجد فيه الا مطاوعة الهوى النفسانى او تظاهر التعجب الشهوانى فيبذل الشاعر جهده فى تصور محاسن الحبية وتزيين اوصافها بالاستعارات الغرية ويهذى فى نار الغرام المحرق صدره ويشتكى من سيل الدموع المغرق بصره هذا و انى لا انكر وجود بديهة الفكر و قوة المخيلة فى غزليات العرب الّا انها لا تعبر عن صحة الاحساس و صدق الطوية

و اما البهآء زهير فقد ترفّع نظمه عن مثل هذه المعائب فانه بينه و بين اقرانه بونٌ ما بين المشارق و المغارب ولا يُذكر الهوى فى شعره الا عن قلبٍ قد احسّ بالولع فلهذا نرى قصائده متنزهة عن التصنع فهل رايتَ فى لغةٍ ما نظماً ارق من غزله الذى مطلعه

قالوا تعشقتَها عمياً قلتُ لهم ما شانها ذاك فى عيني ولا قدحا
بل زاد وجدىَ فيها انها ابداً لا تبصر الشيب فى فودى اذا وضحا

يصف فيه جارية عمياء ويعتذر عن حبه اياها لكنى أقر ان البهاء زهير و ان كان صباً مستهاما كان ايضا متقلب الاهواء لا يثبت على وداد ولا يستمر على عشق محبوبة واحدة كما قال عن نفسه

اذكر اليوم سليمى وغدا اذكر زينب

ثم تراه يعتذر عن تقلب فوءاده ببيان اسباب غريبة حيث يقول

لى فى ذلك سر برقه فى الناس خلب
ايها السائل عنى مذهبى فى العشق مذهب

الى آخره

ولعله لا يوجد شىء فى ديوانه مما يدل على مناقب اصحاب زمانه او يعكس لنا فى مرآة المخيلة شعاع ديانة اقرانه احسن من تلك المواضع التى يُلمح فيها عن المذاهب السرية كما كانت فى ذلك الزمان ولكى يعرف القارىء احوال هذه المذاهب ينبغى ان اورد هاهنا نبذةً من تواريخ الاسلام فى ايام صاحب الديوان

(قال الرواة) انه بعدما انقضت دولة الكهنوت المجوسية القديمة ظهرت فى بلاد الفرس نحو القرن الثالث بعد المسيح عدة مذاهب سرية مقتفيةً آثار الطريقة الاولى الزرادشتية و مختلطة مع العقائد الخيالية الحكمية المعروفة عند الافرنج بمذهب الاغنسطيين و يكفى

فى هذا المقام ذكر الاهم من هذه المذاهب و هى سبعة فقط

ع١ الكيومرثية اصحاب الزعيم الاول كيومرث و هو اول من ملك ايران وهو بزعم المجوس اول من خلق من الناس على الارض

ع٢ الزروانية اصحاب زروان اقارنه و معنى الاسم فى اللغة الزندية القديمة الزمان الغيس المنتهى قالوا ان النور ابدع اشخاصا من طبيعته كلها روحانية نورانية ربانية لكن الشخص الاعظم وهو المسمى زروان شك فى شىء من الاشياء فحدث اهرمان اى الشيطان من ذلك الشك

ع٣ الزرادشتية اصحاب زرادشت بن بورشب الذى ظهر على راے صاحب الشاهنامه فى زمان كشتاسب بن لهرسب الملك

ع٤ الثنوية اصحاب الاصلين الازليين يزعمون ان النور والظلمة ازليان قديمان بخلاف اعتقاد المجوس

ع٥ المانوية اصحاب مانى بن فاتك الحكيم الذى ظهر فى زمان شابور بن ازدشير وقتله بهرام بن هرمز بن شابور وضع دينا بين النصرانية و المجوسية

ع٦ المرقونية الذين اثبتوا قديمين متضادين النور و الظلمة

وقيل الاب و الابن واثبتوا مبدأً ثالثا هو المعدل الجامع و هو سبب المزاج فان المتضادين لا يمتزجان الا بجامع و الجامع عندهم دون النور فى الرتبة وفوق الظلمة وحصل من الاجتماع و الامتزاج هذا العالم

ع٧ المزدكية تباع مزدك الذى ظهر فى ايام كى قباد والد انوشروان ودعا قباد الى مذهبه فاجابه واطلع انوشروان على خزيه وافترائه فطلبه فوجده وقتله كان ينهى عن الموافقة والمباغضة و القتال ولما كان اكثر ذلك انما يقع بسبب النساء و الاموال احل النساء و اباح الاموال و جعل الناس شركة فيها كاشتراكهم فى الماء و النار و الكلأ و كان مذهبه قريبًا من مذهب الكمونية (اى اصحاب المشاركة) فى فرانسه فى سنه ١٨٧١ع وحكى عنه انه امر بقتل النفس ليخلصها من الشر و مزاج الظلمة

ثم بعد ذلك لما استولت العرب على بلاد الفرس لم تزل هذه المذاهب كلها تؤثر فى الاسلام تأثيرًا عظيما وصارت الموحدة المحمدية مشوبة بخيالات الصابئة فاما وقع ما وقع من المنازعة فى الخلافة وخرج احد الفريقين على علىّ بن ابى طالب انحازت الفرس مع علىّ وذويه و انحازت العرب مع معاوية واصحابه وهكذا حصلت اول بدعة فى الاسلام اعنى خروج اهل التشيع على اهل السنة الّا انه ما كان بغضهم بغضًا جديدًا بل عداوة قديمة عداوة بنى سام مع بنى يافث وعداوة

اليهود مع الامم الاخرى فبعد مدة من الزمان صارت الطريقة الجديدة تمتدّ رويداً رويداً مع توالى القرون حتى نالت رواجاً بين المسلمين وتواترت الفتن والبدعة والفساد فى الاسلام بسببها حتى انه فى سنة ٩١٠ بعد المسيح المطابقة لسنة ٢٩٨ هجرية تسلّط عبيد الله بن المهدى امام هذا المذهب على مصر واخذ البيعة لنفسه با لخلافة مدعياً انه كان من نسل فاطمة الزهراء مقاوماً للخليفة العباسى فى بغداد فمن ذلك الوقت تغلبت البدعة الفارسية الاغنسطية فى الديار المصرية وانتشرت بواسطة دعاة مرسلين من قِبَل الدولة الفاطمية فسُمى رئيسهم داعى الدعاة ثم جعل الخوارج يرتبون اجتماعاتٍ فى القاهرة تشابه فى نظامها اجتماعات الفرمسون فى يومنا هذا وسموها مجالس الحكمة و المكان الذى كانت تقام فيه تلك الاجتماعات سموه دار الحكمة واما الطريقة فانها كانت تُعرف بالاسماعيلية لاثباتهم الامامة لاسمعيل ابن جعفر الصادق وفشت بعد ذلك فى الشام و تفرع عنها هنالك مذاهب كثيرة منها الحشاشية وغيرها ويجوز ان اعدّ فى جملتها معشر الدوية اى Knights Templars مع انهم اظهروا الدين المسيحى

واعلم ان السلطان صلاح الدين بن ايوب لما دخل الديار المصرية هدم الخلافة الفاطمية واعاد الخطبة باسم الخليفة العباسى وكان صلاح الدين المذكور سُنّياً متعصباً واول ما فعله بعد ان تبوّأ سدة

السلطنة المستقلة انه محا آثار البدعة الفاطمية و حرم اصالة الاجتماعات الخفية دينيةً كانت ام سياسية واستمر السلاطين من بنى ايوب كلهم على هذا السلوك مع الاسماعيليه فلهذا ترى البهآء زهير فى ايام الملك الصالح نجم الدين السلطان الثالث من الدولة الايوبية يستهزئ بعقائد ومناسك كانت قبل خمسين سنة فرضت على مسلمى مصر

لكنه وان كان البهاء زهير قد استخف فى نظمه ببعض الاشيآء التى ينظرها المسلمون بعين الاعتبار والاحترام فذلك يعزى الى نفوره من المذهب الاسماعيلى لا الى عدم مرعاته الدين المحمدى وان اقتبس بعض آيات القرآن فصرفها الى مآرب نظمه فلا ترى تلك الآيات مما يشتمل على اصول التوحيد حتى يحط قدر الموحدية ويرتكب اثم الكفر بل هى من المواضع التى زعم الخوارج انها تشير الى اتيان المهدى ومجئ صاحب الزمان التى اعتمد عليها اكثر الافاكين والكذابين الذين ادعوا النبوة والرسالة الالهية من بدء الاسلام الى الآن

ولهذا تجد فى ديوانه ابياتًا يحسبها المتورع كبيرةً كقوله

انا فى الحب صاحب الوقت حقًا والمحبون شيعتى ودعاتى

وفى الحقيقة ان هذه القصيدة تشتمل على عدة آيات مقتبسة من القران مصروفة عن معناها الاصلى ومستعملة فى وصف العشق والخمر وهذا مع عدم وجود العذر الذى يلجأ اليه شعراء العجم بانها من اصطلاحات الصوفيه يُراد بها العشق الربانى دون الهوى النفسانى ولا شك ان ايراده لفظة الدعاة والشيعة وذكره صاحب الوقت وما اشبه ذلك يدل على تعريض منه باعدآء المذهب السنّى ولم يرد الطعن فى نفس الايمان ومما يدل على ان البهآء زهير كان يرمق الاسلام بعين الاحترام لابل كان يقوم بنصرة الدين ويسلّ حسام فصاحته على المخالفين و الملحدين كقوله فى بعض المتفلسفة المعترضين

وجاهل يدعى فى العلم فلسفة   قد راح يكفر بالرحمن تقليدا
وقال اعرف معقولاً فقلت له   عنيت نفسك معقولاً ومعقودا
من اين انت وهذا الشئ تذكره   اراك تقرع باباً عنك مسدودا
فقال ان كلامى لست تفهمه   فقلت لست سليمان بن داوُدا

يعنى انه ما فهم منطق الطير ولسان الوحوش والبهائم

وقدكثر فى اشعار البهاء زهير التلميح الى قصة سليمان بن داوُد عليهما السلام وسلطانه على الجان والابالسة والرياح كقوله

استخدم الريح فى حمل السلام لكم   كأنما انا فى عصرى سليمانُ

فانّ وقوع مثل هذه المقامات يذكر فيها الاحاديث والتواريخ العربية قد صيّر ديوانه خزانة العلوم الشرقية يستخرج منه الطالب ما يريد عند الحاجة اليه

ولا شك ان من يروم خدمة ملك من ملوك المشرق يجب عليه التذلل والتصاغر والتملق واما البهآء زهير فانه بالعكس بقى طول عمره فى خدمة السلطان واستمر على منصب كتابة الديوان وصار اقرب المقربين والندماء ومع كل ذلك ما نسى قط همته العالية ولا حميته الغالية بل كان دائما من اصحاب الوقار الملحوظ من كل جهة بعين الاعتبار والدليل على ذلك انه كان ياتى فى شعره بكلام حرّ مستقل الرأى غير متشكٍ عدم التفات الاكابر والاعيان اليه غير انه و ان كان آحل لنفسه الشكاية فقد حرّم الشكاسة وعلى هذا النحو يقول مخاطباً الوزير فخر الدين ابا الفتح عبدالعزيز قاضى داريا ويتشكى من سوء ادب بعض غلمانه

واغضب للفضل الذى انت ربه لاجلك لا انى لنفسى اغضب
وآنف اما عزة منك نلتها واما بادلال به اتعتّب
واذ كنت لم اعتد لهاتيك ذلةً فحسبى بها من خجلة حين اذهب

ثم ان الاشعار الشرقية مع كثرة ما فيها من التشبيه والاستعارة

الماخوذة من الاشياء الطبيعية كالاثمار والازهار والجبال والانهار فانك قلما تجد فى قصيدة من قصائد العرب والفرس بيتاً يدل على شوق صحيحٍ الى عالم الحسن الا ان البهاء زهير كان مغرماً بالمناظر الجمياة مستلذاً غاية اللذة من مشاهدة جمال الطبيعة وهاك قوله فى وصف بستان على شط النيل

لله بستانى و ما قضيت فيه من المآرب
ابهى على زمنى به و العيش مخضر الجوانب
فيروقنى و الجو منه ساكن و القطر ساكب
ولكم بكرت له وقد بكرت له غر السحائب
و الطل فى اغصانه يحكى عقوداً فى ترائب

فانه من ابدع التشابيه تشبيه الطل فى الاغصان بالعقود فى ترائب الحسان ومن شاهد غروب الشمس فى مصر او راى الصور المشهورة للمعلم الياس ولتن الانكليزى او غيره التى فيها رسم صور المواضع المشهورة فى الديار المصرية فلا يخفى عنه حسن قول هذا الشاعر فى وصف الشفق حيث يقول

و كانما آصاله ذهب على الاوراق ذائب

ومع ان البهاء زهير يميل كل الميل الى العشق والتغزل

ولايلتفت الا قليلاً للتصوف والتنسك والكلام الجد فقد اورد فى بعض اباته اصطلاحات صوفية واشارات الهية لا اظن الحافظ الشيرازى اتى بشئ احسن منها مع علو رتبته فى هذه الطريقة السنية واما بقية خمرياته فما اغناها عن تاويل صوفى اوتفسير فلسفى

وكان صاحب الديوان ماهراً ذرب اللسان فى الهجو والتهكم واما المدائح فما بلغ فيها مقاما عاليًا ولا عجب لان الابيات الرسميه التى ينظمها الشاعر ليمدح فيها سلطانًا او وزيرا او يهنى بها رجلا كبيرا ولو كانت دقيقة فصيحة فانها ليست كالابيات السايلة طوعاً من القريحة على ان البهاء زهير حلّى مدايحه ببدائع افكاره مع كونها احيانًا عاطلةً من اللطائف التى ترى فى سائر اشعاره لكنها مع ذلك لها افادة مخصوصة لما تحتويه من الاشارة الى الوقائع والامور وتعرف منها حقيقة تواريخ ذلك الزمان والمناقب والاوصاف الذاتية لمعاصرى صاحب الديوان

اما الرواية التى تبعتها فى تصحيحى هذا الديوان فهى النسخة المطبوعة فى مصر سنه ١٢٧٨ من الهجرة الموافقة سنه ١٨٦١ مسيحية غير انى لما رايت تلك النسخة مشحونة من الغلط مملوءة من التحريف والتصحيف بحيث لا يُعتمَد عليها البتّة صححتُها على نسختين موجودتين فى مكتبة اوكسفورد احداهما (موسومة Hunt 337) لا تاريخ لها

لكن الظاهر انها قديمة جداً قريبة من زمان الموءلف وهى غير مرتبة على حروف المعجم والاخرى (موسومه Laud. A 86) مرقومة فى سنه ١٠٣٠ هجرية الموافقة سنه ١٦٣٠ مسيحية و هى رواية شرف الدين المذكور فى الترجمة الاتية لابن خلكان

حرره ادورد هنرى بامر
فى مدينة قمبرج المحمية

E. H. Palmer,
St. John's College, Cambridge, 1875.

ترجمة بهآء الدين زهير من كتاب وفيات الاعيان وابآء

ابنآء الزمان لابن خلكان

البهآء زهير

ابو الفضل زهير بن محمد بن على بن يحيى بن الحسن بن جعفر بن منصور بن عاصم المهلبي العتكي الملقب بهاء الدين الكاتب من فضلاء عصره و احسنهم نظماً و نثراً وخطاً و من اكبرهم مروءة كان قد اتصل بخدمة السلطان الملك الصالح نجم الدين ابى الفتح ايوب بن الملك الكامل بالديار المصرية و توجه فى خدمته الى البلاد الشرقية واقام بها الى ان ملك الملك الصالح مدينة دمشق فانتقل اليها فى خدمته واقام كذلك الى ان جرت الكائنة المشهورة على الملك الصالح وخرجت عنه دمشق و خانه عسكره وهو على نابلس وتفرق عنه وقبض عليه ابن عمه الملك الناصر داود صاحب الكرك واعتقله بقلعة الكرك فاقام بهآء الدين زهير المذكور بنابلس محافظة لصاحبه ولم يتصل بغيره ولم يزل على ذلك حتى خرج الملك الصالح وملك الديار المصرية وقدم اليها فى خدمته

وذلك فى اواخر ذى القعدة سنة سبع وثلثين و ستمائة وهذا الفصل مذكور فى ترجمة ابيه الملك الكامل محمد فينظر هناك وكنت يومئذ مقيما بالقاهرة واود لو اجتمعت به لما كنت اسمع عنه فلما وصل اجتمعت به ورايته فوق ما سمعت عنه من مكارم الاخلاق وكثرة الرياضة و دماثة السجايا و كان متمكنا من صاحبه كبير القدر عنده لايطلع على سره الخفى غيره ومع هذا كله فانه كان لا يتوسط عنده الا بالخير ونفع خلقا كثيرا بحسن وساطته وجميل سفارته وانشدنى كثيراً من شعره فمما انشدنيه قوله

يا روضة الحسن صلى فما عليك ضير
فهل رايت روضة ليس بها زهير

وانشدنى ايضا لنفسه

كيف خلاصى من هوى مازج روحى واختلط
و تائه اقبض فى حبى له وما انبسط
يا بدر ان رمت به تشبها رمت شطط
ودعه يا غصن النقا ما انت من ذاك النمط
قام بعذرى وجهه عند عذولى و بسط
لله اى قام لواو ذاك الصدغ خط
و يا له من عجب فى خده كيف نقط

يمر بى ملتفتا فهل رايت الظبى قط
ما فيه من عيب سوى فتور عينيه فقط
يا قمر السعد الذى نجمى لديه قد سقط
يا مانعى حلو الرضا و مانحى مر السخط
حاشاك ان ترضى بان اموت فى الحب غلط

وانشدنى لنفسه ايضا

انا ذا زهيرك ليس الا جود كفك لى مزينه
اهوى جميل الذكر عنك كأنما هو لى بثينه
فاسأل ضميرك عن ودادى انه فيه جهينه

وانشدنى ايضا لنفسه ابياتا لم يعلق على خاطرى منها سوى بيتين و هما

وانت يانرجس عينيه كم نشرب من قلبى وما اذبلكْ
ما لك فى فعلك من مشبه ما ثم فى العالم ما ثم لَكْ

وشعره كله لطيف و هو كما يقال السهل الممتنع واجازنى رواية ديوانه وهو كثير الوجود بايدى الناس فلا حاجة الى الاكثار من ذكر مقاطيعه واخبرنى جمال الدين ابو الحسن يحيى بن مطروح الآتى ذكره فى حرف الياء ان شاء الله تعالى قال كتبت اليه وكان خصيصا به

اقول وقد تتابع منك برّ وأهلاً ما برحت لكل خيرِ
الا لا تذكروا هِرماً بجود فما هِرمٌ باكرم من زهيرِ

واخبرنى بهآء الدين المذكور انه توجه الى الموصل رسولاً من جهة مخدومه الملك الصالح لما كان ببلاد الشرق وانه كان ببلاد الموصل يومئذ صاحبنا الامير شرف الدين ابو العباس احمد بن محمد بن ابى الوفاء بن خطاب المعروف بابن الحلاوى الموصلى الاصل الدمشقى المولد والدار فحضر اليه ومدحه بقصيدة طويلة احسن فيها كل الاحسان وكان من جملتها قوله

تجنيها وتجنى المادحين بها فقل لنا ازهير انت ام هِرمُ

وانه لما رجع من الموصل اجتمع بجمال الدين بن مطروح المذكور فاوقفه على القصيدة المذكورة فاعجبه منها البيت المذكور فكتب اليه البيتين المذكورين قات وبيت ابن الحلاوى المذكور ينظر الى قول ابن القسم فى الداعى سبا بن احمد الصليحى احد ملوك اليمن وكان شاعرا جواداً من قصيدة

ولما مدحت الهِبرِزى بن احمد اجاز وكافانى على المدح بالمدحِ
فعوضنى شعراً بشعر وزادنى عطآءً فهذا راس مالى وذا ربحى

واخبرنى بهآء الدين المذكور ان مولده فى خامس ذى الحجة

سنة احدى و ثمانين و خمسمائة بمكة حرسها الله تعالى وقال لى مرة اخرى انه ولد بوادى نخلة وهو بالقرب من مكة والله اعلم وهو الذى املى نسبه علىّ على هذه الصورة و اخبرنى ان نسبه الى المهلب بن ابى صفرة وسيأتى ذكره ان شآء الله تعالى وكنت سطرت هذه الترجمة وهو فى قيد الحياة منقطعًا فى داره بعد موت مخدومه ثم حصل بمصر والقاهرة مرض عظيم لم يكد يسلم منه احد وكان حدوثه يوم الخميس الرابع والعشرين من شوال سنة ست و خمسين و ستمائة وكان بهآء الدين المذكور ممن مسّه الم فاقام به اياماً ثم توفى قبيل المغرب يوم الاحد رابع ذى القعدة من السنة المذكورة و دفن من الغد بعد صلوة الظهر بالقرافة الصغرى بتربته بالقرب من قبة الامام الشافعى رضى الله عنه فى جهتها القبلية ولم يتفق لى الصلوة عليه لاشتغالى بالمرض رحمه الله تعالى ولما ابللت من المرض مضيت الى تربته وزرته و ترحمت عليه وقرأت عنده شيئًا من القرآن لمودة كانت بيننا

انتهى بحروفه

بسم الله الرحمن الرحيم

قال الوزير الصاحب الفاضل الرئيس البليغ البارع العلامة بهاء الدين ابو الفضل زهير بن محمد بن علي بن يحيى بن الحسن بن جعفر بن منصور بن عاصم المهلبي الصالحي القانكي المصرى الازدى الكاتب سقى الله بصيب الرحمة ثراه ۞

اما بعد حمد الله وكفى ۞ وسلام على عباده الذين اصطفى ۞ فقد سنح لى ان اذكر فى هذه الاوراق ما اتفق لى من النظم فى زمن الشباب ۞ على حروف المعجم ليسهل الامر فيه على الطلاب ۞ والله تعالى المهيء للاسباب والمهون للصواب ۞

قافيـة الالف

قال من الطويل والقافية المتواتر

إلى عذلكم انهي حديثي و انتهي فجودوا باقبال علي و اصغاء
عتبتكم عتب المحب حبيه وقلت بادلال فقولوا باغضاء
لعلكم قد صدكم عن زيارتي مخافة امواه لدمعي و انواء
فلو صدق الحب الذي تدعونه واخلصتم فيه مشيتم على الماء
و ان تك انفاسي خشيتم لهيبها و هالتكم نيران وجد باحشاءي
فكونوا رفاعيين في الحب مرة وخوضوا لظى نار لشوق حراء
حرمت رضاكم ان رضيت بغيركم او اعتضت عنكم في الجنان بحوراء

وقال من بحره وقافيته

جزى الله عني الحب خيرا فانه به ازداد مجدي في الانام وعلياءي
وصير لي ذكرا جميلا لانني احسن افعالي لتسمع اسماءي

وقال من مجزو الرمل والقافية المتواتر

لك في الارض دعاء سد افاق السماء
لم يكن ينسي لك ا لله ابتهال الفقراء
يسر الله بلقيا ك سرور الاولياء
و تلقى بقبول حسن فيك دعاءي

وقال من مشطور الرجز والقافية المتواتر

وجاهلٍ طال به عناى   لازمني وذاك من شقاى
كانه الاشهر من اسماى   اخرق ذو بصيرةٍ عمياء
لا يعرف المدح من الهجاء   افعاله الكل بلا استواء
اقبح من وعدٍ بلا وفاء   ومن زوال النعمة الحسناء
ابغض للعين من الاقذاء   اثقل من شماتة الاعداء
فهو اذا رأته عين الراءى   ابو معاذٍ و اخو الخنساء

وقال من مجزو الكامل المرفل والقافية المتواتر

احبابنا ازف الرحيـــل   فزودونا بالدعـاء
احبابنا هل بعد هـــذا   اليوم يوم للقـاء
اني لاعرف منكم   يا سادتي حسن الوفاء
مذ كنت فيكم لم يخب   املي ولم يخب رجاى
ولقد رحلت وانني   بالفضل منشور اللواء
لا تستقل بي المطيـــى   لما حملن من الثناء
و اذا ذكرتكم غنيـــت   بذاك عن زادٍ وماء
عندي لكم ذاك الوفا   ء المستمر على الولاء
فعليكم ابدا سلا   مي في الصباح وفي المساء

قافية الباء الموحدة

وقال و كتب الى بعض اصدقائه و كان قد غرقت سفينته و ذهب كلما كان فيها من اول البسيط والقافية المتواتر

لَا تَعْتِبِ الدَّهْرَ فِي خَطْبٍ رَمَاكَ بِهِ   اِنِ اسْتَرَدَّ فَقِدْمًا طَالَ مَا وَهَبَا

حَاسِبْ زَمَانَكَ فِي حَالَيْ تَصَرُّفِهِ   تَجِدْهُ اَعْطَاكَ اَضْعَافَ الَّذِي سَلَبَا

وَاللهِ قَدْ جَعَلَ الْاَيَّامَ دَائِرَةً   فَلَا تَرَى رَاحَةً تَبْقَى وَلَا تَعَبَا

وَرَاسُ مَالِكَ وَهِيَ الرُّوحُ قَدْ سَلِمَتْ   لَا تَاسَفَنْ لِشَيْءٍ بَعْدَهَا ذَهَبَا

مَا كُنْتَ اَوَّلَ مَمْنُوٍّ بِحَادِثَةٍ   كَذَا مَضَى الدَّهْرُ لَا بِدْعًا وَلَا كَذِبَا

وَرُبَّ مَالٍ نَمَا مِنْ بَعْدِ مَرْزِئَةٍ   اَمَا تَرَى الشَّمْعَ بَعْدَ الْقَطِّ مُلْتَهِبَا

وكتب الى صديق له فى جواب كتاب من مجزو الكامل والقافية المتواتر

وَافَى كِتَابُكَ وَهُوَ بِا   لْاَشْوَاقِ عَنِّي يُعْرِبُ

قَلْبِي لَدَيْكَ اَظُنُّهُ   يُمْلِي عَلَيْكَ وَتَكْتُبُ

وقال وكتب بها الى صديق كان يساله السفر فامتنع من مجزو الكامل والقافية المتدارك

يَا غَائِبًا وَجَمِيلُهُ   مَا غَابَ فِي بُعْدٍ وَقُرْبِ

اَشْكُو لَكَ الشَّوْقَ الَّذِي   لَاقَيْتُهُ وَالذَّنْبُ ذَنْبِي

فَعَسَى بِفَضْلٍ مِنْكَ اَنْ   تَرْعَى رَفِيقَكَ وَهُوَ قَلْبِي

وَاَسَالُهُ عَنْ اَخْبَارِهِ   وَاسْتَغْنِ عَنْ مَضْمُونِ كُتْبِي

وقال من بحره وقافيته

يَا صَاحِبي فِيمَا يَنُو ... بُ وَاَيْنَ اَيْنَ هُنَاكَ صَحْبِي
لَوْ كُنْتُ لَمْ اَعْرِفْ سِوَا ... كَ مِنَ الْاَنَامِ لَكَانَ حَسْبِي
اِنِّي اَدَّخَرْتُكَ لِلزَّمَا ... نِ وَمَا عَرَى مِنْ كُلِّ خَطْبِ
يَا نَازِحًا يُرْضِيهِ مِنِّـ ... ـي الْوُدُّ فِي بُعْدٍ وَقُرْبِ
قَلْبِي لَدَيْكَ فَكَيْفَ اَنْـ ... ـتَ عَلَى الْبِعَادِ وَكَيْفَ قَلْبِي

وقال من ثاني الطويل والقافية المتواتر

اَيَا صَاحِبِي مَا لِي اَرَاكَ مُفَكِّرًا ... وَحَتَّى مَ قُلْ لِي لَا تَزَالُ كَئِيبَا
لَقَدْ بَانَ لِي اَشْيَاءُ مِنْكَ تُرِيبُنِي ... وَهَيْهَاتَ يَخْفَى مَنْ يَكُونُ مُرِيبَا
تَعَالَى فَحَدِّثْنِي حَدِيثَكَ آمِنًا ... وَجَدْتَ مَكَانًا خَالِيًا وَحَبِيبَا
تَعَالَى اُطَارِحْكَ الْاَحَادِيثَ فِي الْهَوَى ... فَيَذْكُرُ كُلٌّ مِنْ هَوَاهُ نَصِيبَا

وقال من مجزوء الرمل والقافية المتواتر

اَنَا فِيمَا اَنَا فِيهِ ... وَعَذُولِي يَتَعَتَّبْ
اَنَا لَا اَصْغِي لِمَا قَا ... لَ فَيَرْضَى اَوْ فَيَغْضَبْ
وَلَقَدْ اَصْغِي وَلَكِنْ ... اَسْمَعُ الْعَذْلَ فَاَطْرَبْ
جَهِلَ الْعَاذِلُ اَمْرِي ... اَنَا بِالْجَاهِلِ اَلْعَبْ

يا حبيبي و نديمي   و الليالي تتقلب
هات فيما نحن فيه   ودع العاذل يتعب

وقال من بحره وقافيته

قال لي العاذل تسلو   قلت للعاذل تتعب
انا بالعاذل لا بل   انا بالعالم العب
كلماتي هي سحر   و هي الباب المجرب
انكر العاذل مني   ان قلبي يتقلب
اذكر اليوم سليمى   و غدا اذكر زينب
لي في ذلك سر   برقه في الناس خلب
ايها السائل عني   مذهبي في الحب مذهب
ليس في العشاق الا   من يغني لي و اشرب
فلنفسي انا اطري   ولنفسي انا اطرب

وقال من مجزو الخفيف والقافية المتدارك

و ثقيل كانما   ملك الموت قربه
ليس في الناس كلهم   من تراه يحبه
لو ذكرت اسمه على الـ   ـماء ما ساغ شربه

وقال من ثانى الطويل والقافية المتدارك

الى كم مقامى فى بلاد معاشر   تساوى بها آسادها وكلابها
و قلدتها الدر الثمين وانه   لعمرك شىء انكرته رقابها
و ما ضاقت الدنيا على ذى مروءة   ولا هى مسدود عليه رحابها
فقد بشرتنى بالسعادة همتى   وجاء من العلياء نحوى كتابها

وقال من اول الرجز والقافية المتدارك

يا حبذا الموز الذى ارسلته   و لقد اتانا طيبا من طيب
فى ريحه او لونه او طعمه   كالمسك او كالتبر او كالضرب
وافت به اطباقه منضدا   كانه مكاحل من ذهب

وقال من مجزو الكامل والقافية المتواتر

لله بستانى و ما   قضيت فيه من المارب
لهفى على زمنى به   والعيش مخضر الجوانب
فيروقنى والجو منـ   ـه ساكن والقطر ساكب
و لكم بكرت له و قد   بكرت له غر السحائب
و الطل فى اغصانه   يحكى عقودا فى ترائب
و تفتحت ازهاره   فتارجت من كل جانب

وَ بدا على جنباته   ثمر كاذناب الثعالب

وَ كانما اصاله   ذهب على الاوراق ذائب

فهناك كم ذهبية   لي في الولوع بها مذاهب

وقال من المجتث و القافية لمتواتر

نغصتم حين غبتم   على عيشا خصيبا

فلو رايتم سروري   بكم لكان عجيبا

وقال يمدح الامير جلدك شهاب الدين النقوى من ثاني الطويل والقافية المتدارك

لك الله من وال ولي مقرب   فكم لك من يوم اغر محجب

حللت من المجد الممنع في الورى   بارفع بيت في العلاء مطنب

يقصر عن امثاله كل قيصر   ويغلب عن امثاله كل اغلب

فيا طالبا للجود من غير جلدك   نصحتك لا تتعب و لا تتطلب

جواد متى تحلل بواديه تلقه   كما قيل في آل الجواد المهلب

احق بما قال ابن اوس لمالك   و اولى بما قال ابن قيس لمصعب

و لو شاهد العجلي جدواه ما انتمى   لعكرمة الفياض يوما وحوشب

مقيم على الخلق الجميل وبعضهم   كثير استحالات كحرباء تنضب

مقال تُفديه اوائل وائلٍ ونعبده حسنا اعارب يعربِ
هو الزهر الغض الذى في كمامه او اللؤلؤ الرطب الذى لم يثقبِ
خليلى عوجا بى على الذب جلدك اقضى لبانات الفؤاد المعذبِ
فتى ماجد طابت مواهب كفه فلا تذكرانى بعدها ام جندبِ

وقال وكتب بها الى الوزير فخر الدين ابى الفتح عبد الله بن قاضى داريا يشكو اليه سوء ادب بعض غلمانه من ثالث الطويل والقافيه المتدارك

سواك الذى ودى لديه مضيع وغيرك من سعيى اليه مخيب
و والله ما اتيك الا محبة و انى في اهل الفضيلة ارغب
ابث لك الشكر الذى طاب نشره و اطرى بما اثنى عليك و اطرب
فما لى الفى دون بابك جفوة لغيرك تعزى لا اليك وتنسب
أرد برد الباب ان جئت زائرا فيا ليت شعرى اين اهل و مرحب
و لست باوقات الزيارة جاهلا و لا انا ممن قربه يتجنب
و قد ذكروا في خادم القوم انه بما كان من اخلاقهم يتهذب
فهلا سرت منك اللطافة فيهم و اعدتهم آدابها فتادبوا
وتصعب عندى حالة ما الفتها على ان بعدى من جنابك اصعب
وامسك نفسى عن لقائك كارها اغالب فيك الشوق و الشوق اغلب

واغضب للفضل الذى انت ربه لاجلك لا انى لنفسى اغضب
وانف اما عزة منك تلتها و اما باذلال به اتعتب
و اذ كنت لم اعتد بهاتيك ذلة فحسبى بها من خجلة حين اذهب

وقال من الوافر والقافيه المتواتر

احدثه اذا غفل الرقيب و اساله الجواب فلا يجيب
و اطمع حين اعطفه عساه يلين لانه غصن رطيب
اذوب اذا سمعت له حديثا تكاد حلاوة فيه تذوب
و يخفق حين يبصره فؤادى ولا عجب اذا رقص الطروب
لقد اضحى من الدنيا نصيبى و ما لى منه فى الدنيا نصيب
فيا مولاى قل لى اى ذنب جنيت لعلنى منه اتوب
اراك على اقسى الناس قلبا و لى حال ترق له القلوب
حبيبى انت قل لى ام عدوى ففعلك ليس يفعله حبيب
حبيبى فيك اعداءى ضروب حسود عاذل واش رقيب
وهئذا و حقك فى جهاد عسى من وصلك الفتح القريب
ساظهر فى هواك اليك سرى و ما ادرى الخطىء ام اصيب
ارى هذا الجمال دليل خير يبشرنى بانى لا اخيب

وقال من ثانى الطويل والقافية المتدارك

رسولَ الرضا اهلًا وسهلًا و مرحبا   حديثك ما احلاه عندي و اطيبا
و يا مهديًا ممن احب سلامه   عليك سلام الله ما هبّت الصبا
و يا محسنًا قد جاء من عند محسنٍ   و يا طيبًا اهدى من القول طيبا
لقد سرّني ما قد سمعت من الرضا   و قد هزّني ذاك الحديث و اطربا
و بشّرت باليوم الذى فيه نلتقي   الا انّه يوم يكون له نبا
فعرّض اذا ما جزت بالبان والحمى   و اياك ان تنسى فتذكر زينبا
ستكفيك من ذاك المسمى اشارة   و دعه مصونًا بالجمال محجبا
اشر لى بوصفٍ واحدٍ من صفاته   تكن مثل من سمى وكنى ولقبا
و زدني من ذاك الحديث لعلّني   اصدّق امرًا كنت فيه مكذبا
ساكتب مما قد جرى في عتابنا   كتابًا بدمعي للمحبين مذهبا
عجبت لطيفٍ زار بالليل مضجعي   و عاد و لم يشف الفؤاد المعذبا
فاوهمني امرًا و قلت لعله   راى حالةً لم يرضها فتجنبا
و ما صدّ عن امرٍ مريبٍ و انما   رآني قتيلًا في الدجى فتهيبا

وقال من الطويل والقافية المتواتر

كَلِفْتُ بِشَمْسٍ لَا تَرَى الشَّمْسَ وَجْهَهَا أُرَاقِبُ فِيهَا أَلْفَ عَيْنٍ وَ حَاجِبِ

مُمَنَّعَةٍ بِالخَيْلِ وَ القَوْمِ وَ القَنَا وَ تَضْعُفُ كُتْبِي عَنْ زِحَامِ الكَتَائِبِ

وَ لَوْ حَمَلَتْ عَنِّي الرِّيَاحُ تَحِيَّةً لَمَا نَفَذَتْ بَيْنَ القَنَا وَ القَوَاضِبِ

فَمَا لِي مِنْهَا رَحْمَةٌ غَيْرَ أَنَّنِي أُعَلِّلُ نَفْسِي بِالأَمَانِي الكَوَاذِبِ

أَغَارُ عَلَى حَرْفٍ يَكُونُ مِنَ اسْمِهَا إِذَا مَا رَآهُ العَيْنُ فِي خَطِّ كَاتِبِ

وقال من بحره وقافيه

سَمِعْتُ حَدِيثًا مَا سَمِعْتُ بِمِثْلِهِ فَأَكْثَرْتُ فِيهِ فِكْرَتِي وَ تَعَجُّبِي

وَهَا أَنَا أُلْقِيهِ إِلَيْكَ مُفَصَّلًا وَ دُونَكَ فَاسْمَعْ مَا يَسُرُّكَ وَ اطْرَبِ

وقال من الخفيف والقافية المتواتر

قَدْ أَتَانِي مِنَ الحَبِيبِ رَسُولٌ وَ رَسُولُ الحَبِيبِ عِنْدِي حَبِيبُ

جَاءَ فِي حَاجَةٍ وَ جِئْتُكَ فِيهَا فَأَنَا اليَوْمَ طَالِبٌ مَطْلُوبُ

وقال من ثاني الطويل والقافية المتواتر

وَ غَانِيَةٍ لَمَّا رَأَتْنِي أَعْوَلَتْ وَ قَالَتْ عَجِيبٌ يَا زُهَيْرُ عَجِيبُ

رَأَتْ شَعَرَاتٍ لُحْنَ بِيضًا بِمَفْرِقِي وَ غُصْنِي مِنْ مَاءِ الشَّبَابِ رَطِيبُ

لَقَدْ أَنْكَرَتْ مِنِّي مَشِيًا عَلَى صِبًا وَ قَالَتْ مَشِيبًا قُلْتُ ذَاكَ مَشِيبُ

وَمَا شِبْتُ إِلَّا مِنْ وَقَائِعِ هَجْرِهَا   عَلَى أَنَّ عَهْدِي بِالصِّبَا لَقَرِيبُ
عَرَفْتُ الْهَوَى مِنْ قَبْلِ أَنْ يُعْرَفَ الْهَوَى   وَمَا زَالَ بِي فِي الْعَيْنِ مِنْهُ نَصِيبُ
وَلَمْ أَرَ قَلْبًا مِثْلَ قَلْبِي مُعَذَّبًا   لَهُ كُلَّ يَوْمٍ لَوْعَةٌ وَوَجِيبُ
وَكُنْتُ قَدِ اسْتَهْوَنْتُ فِي الْحُبِّ نَظْرَةً   وَقَدْ صَارَ مِنْهَا فِي الْفُؤَادِ لَهِيبُ
تَرَكْتُ عَذُولِي مَا أَرَادَ بِقَوْلِهِ   يُسَفِّهُ يُزْرِي يَسْتَخِفُّ يَعِيبُ
فَمَا رَابَهُ إِلَّا دَمَاثَةُ مَنْطِقِي   وَأَنِّي مِزَاحُ اللِّسَانِ لَعُوبُ
أَرُوحُ وَلِي فِي نَشْوَةِ الْحُبِّ هِزَّةٌ   وَلَسْتُ أُبَالِي أَنْ يُقَالَ طَرُوبُ
مُحِبٌّ خَلِيعٌ عَاشِقٌ مُتَهَتِّكٌ   يَلَذُّ لِقَلْبِي كُلُّ ذَا وَيَطِيبُ
خَلَعْتُ عِذَارِي بَلْ لَبِسْتُ خَلَاعَتِي   وَصَرَّحْتُ حَتَّى لَا يُقَالَ مُرِيبُ
وَفَى لِي مَنْ أَهْوَى وَأَنْعَمَ بِالرِّضَى   يَمُوتُ بِغَيْظٍ عَاذِلٌ وَرَقِيبُ
فَلَا عَيْشَ إِلَّا أَنْ تَدُورَ مُدَامَةٌ   وَلَا أُنْسَ إِلَّا أَنْ يَزُورَ حَبِيبُ
وَإِنِّي لَيَدْعُونِي الْهَوَى فَأُجِيبُهُ   وَإِنِّي لَيَثْنِينِي التُّقَى فَأُنِيبُ
رَجَوْتُ كَرِيمًا قَدْ وَثِقْتُ بِصُنْعِهِ   وَمَا كَانَ مَنْ يَرْجُو الْكَرِيمَ يَخِيبُ
فَيَا مَنْ يُحِبُّ الْعَفْوَ إِنِّي مُذْنِبٌ   وَلَا عَفْوَ إِلَّا أَنْ تَكُونَ ذُنُوبُ

١٤

و قال من مجزوء الكامل والقافية المتواتر

رَحَلَ الشَّبَابُ وَ لَمْ أَنَلْ مِنْ لَذَّةٍ فِيهَا نَصِيبِي

يَا طِيبَهُ لَوْ لَمْ يَكُنْ مَلَأَ الصَّحَائِفَ بِالذُّنُوبِ

أَرْسَلْتُ دَمْعِي خَلْفَهُ فَعَسَاهُ يَرْجِعُ مِنْ قَرِيبِ

هَيْهَاتَ لَا وَاللهِ مَا هُوَ بِالسَّمِيعِ وَ لَا الْمُجِيبِ

فَلَقَدِ انْجَلَى لَيْلُ الشَّبَا بِ وَقَدْ بَدَا صُبْحُ الْمَشِيبِ

فَقُلِ السَّلَامُ عَلَيْكَ يَا وَصْلَ الْحَبِيبَةِ وَ الْحَبِيبِ

وَ رَأَيْتُ فِي أَنْوَارِهِ مَا كَانَ يَخْفَى مِنْ عُيُوبِي

وَمَعَ الْمَشِيبِ فَبُعْدُ فِي شَمَائِلِ الْمَرِحِ الطَّرُوبِ

أَهْوَى الرَّقِيقَ مِنَ الْمَحَا سِنِ وَ الرَّقِيقَ مِنَ النَّسِيبِ

وَ يَشُوقُنِي زَمَنُ الْكَئِيبِ وَقَدْ مَضَى زَمَنُ الْكَثِيبِ

وَ يَرُوقُنِي الْغُصْنُ الرَّطِيبُ فَكَيْفَ بِالْغُصْنِ الرَّطِيبِ

وَ يَهُزُّنِي كَأْسُ الْمُدَا مَةِ فِي يَدِ الرَّشَا الرَّبِيبِ

وَ أَهِيمُ بِالدُّرِّ الَّذِي بَيْنَ الْأَزِرَّةِ وَ الْجُيُوبِ

وَ لَكَمْ كَتَمْتُ صَبَابَتِي وَاللهُ عَلَّامُ الْغُيُوبِ

وَ رَجَوْتُ حُسْنَ الْعَفْوِ مِنْــهُ فَهُوَ لِلْعَبْدِ الْمُنِيبِ

وقال في المشيب من ثاني الطويل والقافية المتدارك

سَلَامٌ عَلَى عَهْدِ الشَّبِيبَةِ وَ الصِّبَا ... وَ اَهْلاً وَ سَهْلاً بِالْمَشِيبِ وَ مَرْحَبَا

وَ يَا رَاحِلاً عَنِّي رَحَلْتَ مُكَرَّمًا ... وَ يَا نَازِلاً عِنْدِي نَزَلْتَ مُقَرَّبَا

اَحْبَابَنَا اِنَّ الْمَشِيبَ لَوَازِعٌ ... سَيَنْسَخُ اَحْكَامَ الصَّبَابَةِ وَ الصِّبَا

وَ فِي مَعِ الشَّيْبِ الْمُلِمِّ بَقِيَّةٌ ... تُجَدِّدُ عِنْدِي هِزَّةً وَ تَطَرُّبَا

اَحِنُّ اِلَيْكُمْ كُلَّمَا لَاحَ بَارِقٌ ... وَ اَسْأَلُ عَنْكُمْ كُلَّمَا هَبَّتِ الصَّبَا

وَ مَا زَالَ وَجْهِي اَبْيَضًا فِي هَوَاكُمْ ... اِلَى اَنْ سَرَى ذَاكَ الْبَيَاضُ فَشَيَّبَا

وَ لَيْسَ مَشِيبًا مَا تَرَوْنَ بِعَارِضِي ... فَلَا تَمْنَعُونِي اَنْ اَهِيمَ وَ اَطْرَبَا

فَمَا هُوَ اِلَّا نُورُ ثَغْرٍ لَثَمْتُهُ ... تَعَلَّقَ فِي اَطْرَافِ شَعْرِي فَالْهَبَا

وَ اَعْجَبَنِي التَّجْنِيسُ بَيْنِي وَ بَيْنَهُ ... فَلَمَّا تَبَدَّى اَشْنَبًا رُحْتُ اَشْيَبَا

وَ هَيْفَاءَ بَيْضَاءِ التَّرَائِبِ اَبْصَرَتْ ... مَشِيبِي فَاَبْدَتْ رَوْعَةً وَ تَعَجُّبَا

جَنَتْ لِي هَذَا الشَّيْبَ ثُمَّ تَجَنَّبَتْ ... ذَوَا حَرْبًا مِمَّنْ جَنَى وَ تَجَنَّبَا

تَنَاسَبَ خَدِّي فِي الْبَيَاضِ وَ خَدُّهَا ... وَلَوْ دَامَ مُسْوَدًّا لَقَدْ كَانَ اَنْسَبَا

وَ اِنِّي وَاِنْ هَزَّ الْغَرَامُ مَعَاطِفِي ... لَاٰبَى الدَّنَايَا نَخْوَةً وَ تَعَرُّبَا

اَتِيهُ عَلَى كُلِّ الْاَنَامِ نَزَاهَةً ... وَ اَشْمَخُ اِلَّا لِلصَّدِيقِ تَاَدُّبَا

وَإِنْ قُلْتُمْ اهْوَى الرَّبَابَ و زَيْنَبَا   صَدَقْتُمْ سَلُوا عَنِّي الرَّبَابَ و زَيْنَبَا

وَلَكِنْ فَتًى قَدْ نَالَ فَضْلَ بَلَاغَةٍ   تَلَعَّبَ فِيهَا بِالْكَلَامِ تَلَعُّبَا

قال من ثاني الطويل والقافيته المتواتر

يُحَدِّثُنِي زَيْدٌ عَنِ الْبَانِ و الْحِمَى   أَحَادِيثَ يَحْلُو ذِكْرُهَا و يَطِيبُ

فَقُلْتُ لِزَيْدٍ انَّهَا لَبِشَارَةٌ   و انِّي لَنَشْوَانُ بِهَا و طَرُوبُ

و يَا زَيْدُ زِدْنِي مِنْ حَدِيثِكَ انَّهُ   حَدِيثٌ عَجِيبٌ كُلُّهُ و غَرِيبُ

و دَعْنِي أَفُزْ مِنْ مُقْلَتَيْكَ بِنَظْرَةٍ   فَعَهْدُهُمَا مِمَّنْ أُحِبُّ قَرِيبُ

قال من ثالث المتقارب والقافية المتدارك

أَتَتْنِي مِنْ سَيِّدِي رُقْعَةٌ   فَعَلْتُ الزُّلَالَ وَقُلْتُ الضَّرْبَ

وَرُحْتُ لِوَسْمِ اسْمِهِ لَاثِمًا   كَأَنِّي لَثَمْتُ اللَّمَا و الشَّبَ

فَيَا حَبَّذَا غُرِّ أَبْيَاتِهَا   و مَا اودِعَتْ مِنْ فُنُونِ الْأَدَبْ

فَأَرْدَفْتُهَا فِي صَمِيمِ الْفُؤَادِ   وَلَمْ أَرْضَ نَسْطِيرَهَا بِالذَّهَبْ

فَيَا أَيُّهَا السَّيِّدُ الْفَاضِلُ الـــشَّرِيفُ الْقَعَّالُ الْمُنِيفُ الْحَسَبْ

رَقِيتَ هِضَابَ الْعُلَى مُسْرِعًا   كَأَنَّكَ مُنْحَدِرٌ مِنْ صَبَبْ

و كُلُّ بَعِيدٍ مِنَ الْمَكْرُمَاتِ   كَأَنَّكَ تَأْخُذُهُ مِنْ كَثَبْ

أَتَيْتُكَ مُعْتَرِفًا بِٱلْقُصُورِ وَ أَيْنَ ٱللَّآلِي مِنَ ٱلْمُخَشْلَبِ
وَ إِنِّيَ مِنْكَ لَفِي خَجْلَةٍ لِأَنِّي أُقَصِّرُ عَمَّا وَجَبْ

و قال من مجزوء الخفيف و القافية المتدارك

أَكِتَابٌ مِنْ فَاضِلٍ قَالَ قَوْلًا فَأَسْهَبَا
أَمْ أَزَاهِيرُ رَوْضَةٍ فَتَّقَتْهَا يَدُ ٱلصَّبَا
قُلْتُ لَمَّا رَأَيْتُهُ مَرْحَبًا ثُمَّ مَرْحَبَا
ثُمَّ لَمَّا قَرَأْتُهُ هَزَّ عِطْفِي تَطَرُّبَا
وَ تَوَهَّمْتُ أَنَّهُ رَدَّ لِي رِيقَ ٱلصِّبَا

و قال من بحره و قافيته

أَيُّهَا ٱلزَّائِرُونَ أَهْلًا وَ سَهْلًا وَ مَرْحَبَا
لَسْتُ أَنْسَى جَمِيلَكُمْ كُلَّمَا هَبَّتِ ٱلصَّبَا
وَ قَلِيلٌ لِمِثْلِكُمْ بَسْطُ خَدِّي تَأَدُّبَا
إِنَّ يَوْمًا أَرَاكُمْ ذَاكَ يَوْمٌ لَهُ نَبَا

و قال من الوافر و القافية المتواتر

رَاَيْتُكَ قَدْ عَبِرتَ و لَمْ تُسَلِّمْ   كَاَنَّكَ قَدْ عَبِرتَ عَلَى خَرَابَهْ
وَ كُنْتُ كُسورَةِ ٱلْاِخْلَاصِ لَمَّا   دَبِرتَ وَكُنْتَ اَنْتَ كَذِى جَنَابَهْ
فَكَيْفَ نَسِيتَ يَا مَوْلَاىَ وُدًّا   عَهِدْتَ ٱلنَّاسَ نَحْسِبُهُ قَرَابَهْ

و قال من المجتث و القافية المتواتر

يَا ذَا ٱلنَّدَا وَ ٱلْمَعَالِى   وَ ٱلْعِشْرَةِ ٱلْمُسْتَطَابَهْ
وَ رُبَّ رَايَةِ مَجْدٍ   قَدْ كُنْتَ فِيهَا عِرَابَهْ
أَنَا لِبُعْدِكَ عَنَّا   فِي وَحْشَةٍ وَ كَآبَهْ
وَ قَدْ شَوَيْنَا خَرُوفًا   وَ تَحْتَهُ جَوْذَابَهْ
وَ ٱلْجُوعُ قَدْ نَالَ مِنَّا   فَكُنْ سَرِيعَ ٱلْاِجَابَهْ
وَ اِنْ تَاَخَّرْتَ صَارَتْ   لَنَا عَلَيْكَ طِلَابَهْ

و قال من مجزوء الكامل والقافية المتواتر

اِنْ غِبْتَ عَنِّي اَوْ حَضَرْ   تَ فَلَسْتَ عَنْ عَيْنِي تَغِيبْ
لَكِنْ اَرَى عَيْشِي اِذَا   مَا غِبْتَ عَنِّي لَا يَطِيبْ
وَ عَلَى كِلَا ٱلْحَالَيْنِ مِنْـــكَ فَاَنْتَ وَٱللّهِ ٱلْحَبِيبْ

سِيَّانِ فِي صِدْقِ ٱلْهَوَى عِنْدِى حُضُورُكَ وَ ٱلْمَغِيب

وَ إِذَا رَأَيْتَ مِنَ ٱلْبَعِيـــدِ مَوَدَّةً فَهُوَ ٱلْقَرِيب

إِنِّى لَأَعْلَمُ أَنَّ ظَــــنِّى فِيكَ ظَنٌّ لَا يَخِيب

وقال من بحره و قافيه وقد التمس بعض أصحابه ان ينظم له ذلك

كَمْ ذَا ٱلتَّصَاغُرِ وَ ٱلتَّصَابِى غَالَطْتَ نَفْسَكَ فِى ٱلْحِسَاب

لَمْ يَبْقَ فِيكِ بَقِيَّةٌ إِلَّا ٱلتَّعَلُّلُ بِٱلْخِضَاب

لَا أَقْتَضِيكِ مَوَدَّةً رِدْعَ ٱلْخَرَاجَ عَنِ ٱلْخَرَاب

مَا ٱلْعَيْشُ إِلَّا فِى ٱلشَّبَا بِ وَ فِى مُعَاشَرَةِ ٱلشَّبَاب

وَ لَقَدْ رَأَيْتُكِ فِى ٱلْقَفَا بِ وَ ذَاكَ عُنْوَانُ ٱلْكِتَاب

وَ سَأَلْتُ عَمَّا تَحْتَهُ قَالُوا عِظَامٌ فِى جِرَاب

وَ سَمِعْتُ عَنْكِ فَضَائِحًا سَارَتْ بِهَا أَيْدِى ٱلرِّكَاب

هَذَا وَ كَمْ مِنْ وَقْفَةٍ لَكِ فِى ٱلْأَزِقَّةِ لِلْعِتَاب

وَ ٱلْيَوْمَ قَالُوا حُرَّةٌ سِتُّ ٱلْحَرَائِرِ فِى ٱلْحِجَاب

وَ أَرَدْتُ أَنْطِقُ بِٱلْجَوَا بِ فَلَمْ يَكُنْ وَقْتُ ٱلْجَوَاب

يَا هَذِهِ ذَهَبَ ٱلصِّبَا فَإِلَى مَتَى هَذَا ٱلتَّصَابِى

فدعى معاشرة الشبا ب فقد يئست من الشباب
ما هذه شيم الحرا ئر لا و لا شيم القحاب
فاذا عددتك فى الكلا ب حططت من قدر الكلاب
ما انت ممن يرتجى لا فى الخطوب ولا الخطاب

و قال من ثانى الطويل و القافية المتدارك

و زائرة زارت و قد هجم الدجى و كنت لميعاد لها مترقبا
فما راعني الا رخيم كلامها تقول حبيبى قلت اهلا و مرحبا
فقبلت اقداما لغيرى ما مشت و وجها مصونا عن سواى محجبا
ولم تر عيني ليلة مثل ليلتي فيا سهرى فيها لقد كنت طيبا
جزى الله بعض الناس ما هو اهله و حياه عني كلما هبت الصبا
حبيب لاجلي قد تعنى و زارني و ما قيمتي حتى مشى و تعذبا
وفى لي بوعد مثله من وفى به و مثلي فيه عاشق هام او صبا
فانقذ عينا فى الدموع غريقة و خلص قلبا بالجفاء معذبا
سأشكر كل الشكر احسان محسن تحيل حتى زارني و تسببا
وما زارني حتى رأى الناس نوما و راقب ضوء البدر حتى تغيبا

وكتب اليه جمال الدين يحيى بن مطروح و يذكر انه فى مرض
فاجابه من الوافر و القافية المتراكب

أيَا مَن جَاءَنِي مِنهُ كِتَابٌ يَشتَكِي ٱلوَصَبَا
بَعِيدٌ مِنكَ مَا نَشكُو و بِالوَاشِينَ و الرُقَبَا
لَقَد ضَاعَفتَ يَا رُوحِي لِرُوحِي ٱلهَمَّ و ٱلنَصَبَا
و قُلتُ لَعَلَّهُ أَلَمٌ يَكُونُ لَهُ ٱلهَوَى سَبَبَا
و رُحتُ اظُنُّهُ قَولاً يُكَاذِبُنِي بِهِ لَعِبَا
فَلَيتَ ٱللهَ يَجعَلُهُ و حَاشَا سَيِّدِي كَذِبَا

و اجابه ابن مطروح من بحره وقافيته

أيَا مَن رَاحَ عَن حَالِي يُسَائِلُ مُشفِقًا حَدِبَا
و مَن اَضحَى اَخًا لِي فِي ٱلـوِدَادِ و فِي ٱلحُنُوِّ اَبَا
و حَقِّكَ لَو نَظَرتَ اِلَيَّ كُنتَ تُشَاهِدُ ٱلعَجَبَا
جُفُونٌ تَشتَكِي غَرَقًا و قَلبٌ يَشتَكِي لَهَبَا
و جِسمٌ حَالَتِ ٱلاَسقَا مُ فِيهِ فَرَاحَ مُنتَهَبَا
تُسَائِلُ اَعيُنَ ٱلوَاشِيـن عَنِّي اَعيُنَ ٱلرُقَبَا
فَتَذكُرُ اَنَّهَا لَمَحَت خَيَالاً فِي خِلَالِ هَبَا

فبالود الذی امسی و اصبح بیننا نسبا

اذا ما مت فاندبنی فرب اخ اخا ندبا

و قل مات الغریب واین من یبکی علی الغربا

قضی اسفا کما شاء الغرام و ما قضی اربا

قال شرف الدین[1] و قال ایضا و کتب به الی ادام الله نعمته و خلد سعادته حین توفی اخی عبد القادر تغمده الله برحمته و رضوانه و ذلك یوم الاحد العشرین من شهر شعبان سنة ٦٤١

من اول الخفیف والقافیة المتواتر

شرف الدین ما برحت ادیبا   و حبیبا الی القلوب حبیبا

فاذا نالك الزمان بخطب   نال كل الاحباب منه نصیبا

و لعمری لقد رزئت اخا بـــرا و مولی ندبا و فرعا نجیبا

وغریب الصفات مذ كان حیا   و قضی الله ان یموت غریبا

نال فضلا علی حداثة سن   فراینا الولید منه حبیبا

ما رای الناس مثله و هو طفل   فاضلا عارفا ظریفا ادیبا

[1] هو الذی جمع دیوان بهاء الدین زهیر بعد وفاته و قد قرات ذلك فی نسخة حسنة موجودة فی مكتبة اوكسفورد التی نفعتنی كثیرا فی تصحیحی هذا الكتاب المستطاب E. H. P.

وَ هِلالًا كَما استَقَلّ مُنيرا   وَقَضيبًا كَما استَقام رَطيبا
فَسقى اللهُ قَبرَه وَ ثَراهُ   صَيبًا مِن رِضاه اضحى سَكوبا

و قال من مجزوء الكامل المرفل و القافية المتواتر

لا تَلحَ فِي السُمرِ المِلا   حِ فهم مِن الدنيا نَصيبي
وَ البِيض انفر عَنهم   لا اشتَهِي لونَ المَشيبِ

قال من مجزوء الوافر و القافية المتواتر

ارَى قوما بُلِيت بِهِم   نَصِيبِي مِنهم نَصَبِي
وَ مِنهم مَن يُنافِقُنِي   فَيَحلِف لِي وَ يكذِب بِي
وَ يُلزِمُنِي بِتَصدِيقِ الـــذِى قَد قَال مِن كَذِبِ
وَ ذو عَجَبٍ اِذا حدثـــت عَنه جِئتَ بِالعَجَبِ
وَ مَا يَدرِي بِحَمدِ اللهِ   مَا شَعبان مِن رَجَبِ
وَ مَا ابصرت احمق مِنـــه فِي عَجَمٍ وَ فِي عَرَبِ
وَ احمَق قَد شَحَنتَ بِهِ   بِلا عَقلٍ وَ لا اَدَبِ
فَلا يَنفَك يَتبَعنِي   وَ اِن امعنتَ فِي الهَرَبِ
كَانِي قَد قَتَلتُ لَه   قَتِيلًا وَهوَ فِي طَلَبِي

لِأَمْرٍ مَا صَحِبْتُهُمْ فَلَا تَسْأَلْ عَنِ ٱلسَّبَبِ
فَحَسَّنَ عِقْلُنَا أَنَّا نَصِيدُ ٱلبَازَ بِٱلْخَرِبِ
وَكُنَّا قَدْ ظَنَنَّا ٱلصُّفْرَ عِنْدَ ٱلنَّقْدِ كَٱلذَّهَبِ
فَلَمْ نَظْفَرْ بِحَاجَتِنَا وَأَشْفَيْنَا عَلَى ٱلعَطَبِ
رَجَعْنَا مِثْلَ مَا رُحْنَا وَلَمْ نَرْبَحْ سِوَى ٱلتَّعَبِ

وكتب الى صديقه الفقيه الحافظ النبيه ابراهيم الاجهورى معتذرا من مجزوء الكامل والقافية المتواتر

قَالُوا ٱلنَّبِيهُ فَقُلْتُ أَهْلًا بِٱلنَّبِيهِ وَمَرْحَبَا
قَالُوا صَدِيقُكَ قُلْتُ أَعْرِفُهُ ٱلصَّدِيقَ ٱلْمُجْتَبَى
قَالُوا أَتَى لَكَ زَائِرًا مُتَوَدِّدًا مُتَحَبِّبَا
قُلْتُ ٱلْكَرِيمُ وَمِثْلُهُ دُولَى يَحُلُّ لَهُ ٱلْحُبَا
فَنَهَضْتُ إِكْرَامًا لَهُ عَجَبًا وَقُمْتُ تَأَدُّبَا
قَالُوا أَقَامَ هُنَيْهَةً ثُمَّ ٱنْثَنَى مُتَغَضِّبَا
فَعَجِبْتُ مِمَّا قَدْ سَمِعْتُ وَحَقَّ لِي أَنْ أَعْجَبَا
وَلَعَلَّ أَمْرًا سَاءَهُ مِنْ جَانِبِي فَتَجَنَّبَا

اَوْ لَا فَبَعْضُ الْحَاسِدِ يْنَ سَعَى اِلَيْهِ فَاَلِبَا
لَا اُمَّ لِي اِن كَانَ مَا نَقَلَ الْحَسُودُ وَ لَا اَبَا

قافية التاء المثناة

قال من مجزوء الكامل و القافية المتدارك

يَا مَنْ لِعَيْنٍ اُرِّقَتْ اَوْحَشْهَا مَنْ عَشِقَتْ
مُذْ فَارَقَتْ اَحْبَابَهَا لَهَا جُفُونٌ مَا الْتَقَتْ
وَ غَادَةٍ كَاَنَّهَا شَمْسُ الضُّحَى تَاَلَّقَتْ
كَمْ شَرَقَتْ بِدَمْعِهَا عَيْنِي لَمَّا اَشْرَقَتْ
رُومِيَّةٌ اَلْحَاظُهَا مِثْلُ سِهَامٍ رُشِقَتْ
مَمْشُوقَةُ الْقَدِّ لَهَا صُدْغٌ كَنُونٍ مُشِقَتْ
اَمَا تَرَى الْغُصُونَ مِنْ خَجْلَتِهَا قَدْ اَطْرَقَتْ
قَدْ جَمَعَتْ حُسْنًا بِهِ اَلْبَابُنَا تَفَرَّقَتْ
مَا تَرَكَتْ لِي رَمَقًا مُقْلَتُهَا اِذْ رَمَقَتْ
لِمُهْجَتِي وَ عَبْرَتِي قَدْ قَيَّدَتْ وَ اَطْلَقَتْ

فِي فَمِهَا مُدَامَةٌ صَافِيَةٌ تُرُوقِتْ
وَا عَجَبًا مِنْ فِعْلِهَا قَدْ اَسْكَرَتْ وَ مَا سُقِيَتْ

وقال ايضا

قَدْ رَاحَ رَسُولِي وَ كَمَا رَاحَ اَتَى بِٱللّٰهِ مَتَى نَقَضْتُمُ ٱلْعَهْدَ مَتَى
مَا ذَا ظَنِّي بِكُمْ وَ مَا ذَا اَمَلِي قَدْ اَدْرَكَ فِي سُؤَالِهِ مَنْ شَمِتَا

وقال من الخفيف والقافية المتواتر

وَ رَقِيبٍ عَدِمْتُهُ مِنْ رَقِيبِ اَسْوَدُ ٱلْوَجْهِ وَ ٱلْقَفَا وَ ٱلصِّفَاتِ
هُوَ كَٱللَّيْلِ فِي ظَلَامٍ وَ عِنْدِي هُوَ كَٱلصُّبْحِ قَاطِعُ ٱللَّذَّاتِ

و قال يمدح الامير النصير اللمطى و يهنيه بالقدوم من اول الكامل والقافيه المتواتر

صَفْحًا لِصَرْفِ ٱلدَّهْرِ مِنْ هَفَوَاتِهِ اِنْ كَانَ هَذَا ٱلْيَوْمُ مِنْ حَسَنَاتِهِ
يَوْمٌ يُسَطَّرُ فِي ٱلْكِتَابِ مَكَانُهُ كَمَكَانِ بِسْمِ ٱللّٰهِ فِي خَتَمَاتِهِ
مَطَلَ ٱلزَّمَانُ بِهِ زَمَانًا اَنْفُسًا نَفِسَى وَ عَادَلَهَا اِلَى عَادَاتِهِ
وَٱلْغَيْمُ لَا يَسِمُ ٱلْبِلَادَ بِنَفْعِهِ اِلَّا اِذَا اشْتَاقَتْ لِوَسْمِيَاتِهِ
يَا مُعْجِزَ ٱلْاَيَّامِ قَرْعَ صَفَاتِهِ وَ مُجْمِلَ ٱلدُّنْيَا بِحُسْنِ صِفَاتِهِ

بل احنفاً في حلمه وثباته ... بل حارث الهيجاء في وثباته

بل كعبة المعروف بل كعب الندا ... و الماء يقسم شربه بحصاته

ان كنت غبت عن البلاد فلم تغب ... عن خاطري اذ انت من خطراته

او كنت فتشت النسيم وجدته ... و دعاؤنا يأتيك في طياته

احبب بسفرتك التي بقدومها ... جمعت الينا الجود بعد شتاته

و افادك الملكان زائد رفعة ... كالسيف يصقل بعد حد ظباته

و كفى اهتماما منهما بك ان غدا ... كل يريدك ان تكون لذاته

و المجد ان امضى عزيمة ماجد ... راح السكون ينوب عن حركاته

و اتى البشير فما يسوغ لواجد ... منا يقاسمه لذيذ حياته

فاربأ بعزمك لم تدع من منصب ... يفضي الى رتب العلا لم تأته

و تفرعت للمجد منك ثلاثة ... كثلاثة الجوزاء في جنباته

من كل مهدي غدا في مهده ... يسمو الى اسلافه بسماته

افضى اليه المشتري بسعوده ... و اعاده بهرام من سطواته

شرفت بنصر في البرية معشر ... هم فيهم كالسن فوق لثاته

قوم هم في اليد خير سراتها ... حسبا و هم في الدهر خير سراته

شرف الزمان بكل ندب منهم ... متيقظ وهب العلا عفواته

الف الندا و رای وجوب صلاته   کرما و لم یفرض وجوب صلاته
یوتی المنایا و المنا کاللیث فی   غاباته و الغیث فی غاباته
ذو عزمة ان راح فی سفراته   سکبت شبا الهندی من شفراته
یا منسك المعروف احرم منطقی   زمنا و قد لباك من میقاته
هذا زهیرك لا زهیر مزینة   وافاك لا هرما علی علاته
دعه و حولیاته ثم استمع   لزهیر عصرك حسن لیلیاته
لو انشدت فی ال جفنة اضربوا   عن ذکر حسان و عن جفناته

و قال من خامس المتقارب و القافیة المتدارك

فلانة من تیهها   تغص بها مقلتی
و قد زعمت انها   و لیست بتلك التی
فلا وجه ان اقبلت   و لا ردف ان ولت

و قال من ثانی المتقارب و القافیة المتدارك

مقیم علی العهد من صبوتی   و این العواذل من سلوتی
یروم العواذل لی سلوة   ابیت و اصبح فی نشوتی
و لی لیلة طرقت بالسعود   فحدث بما شئت عن لیلتی

فَمَا كَانَ أَحسَنَ مِن مَجْلِسِى وَ مَا كَانَ أَرفَعَ مِنْ هِمَّتِى
بِشَمسِ ٱلضُّحى و بَدرِ ٱلدُّجى عَلَى يُمْنَتِى وَ عَلَى يُسْرَتِى
وَ بِتُّ وعن خبرى لا تَسَلْ بِذَاكَ ٱلَّذِى وَ بِتِلْكَ ٱلَّتِى
فَقَضَّيتُهَا فِى ٱلْهَوى لَيْلَةً أَخَالُ ٱلْخَلِيفَةَ فِى خِدْمَتِى
سَأَشْكُرُهَا أَبَدًا مَا بَقِيتُ وَ إِنْ عَظُمَتْ بَعْدَهَا حَسْرَتِى
فَمَا كَانَ أَسْهَلَ إِذ أَقْبَلَتْ وَ مَا كَانَ أَصْعَبَ إِذْ وَلَّتِ

وقال من اول البسيط و القافية المتراكب

جَاءَتْ تُوَدِّعُنِى وَ ٱلدَّمعُ يَغْلِبُهَا يَومَ ٱلرَّحِيلِ وَ حَادِى ٱلْبَينِ مُنْصَلِتُ
فَلَمْ تُطِقْ خِيفَةَ ٱلْوَاشِى تُوَدِّعُنِى وَيْحَ ٱلْوُشَاةِ لَقَدْ قَالُوا وَ قَدْ شَمِتُوا
وَقَفْتُ أَبْكِى وَ رَاحَتْ وهى بَاكِيَةٌ تَسِيرُ عَنِّى قَلِيلًا ثُمَّ تَلْتَفِتُ
فَيَا فُؤَادِى كَمْ وَجْدٍ وَكَمْ حُرَقٍ وَيَا زَمَانِى ذَا جَورٍ وَذَا عَنَتِ

و قال من اول الخفيف و القافية المتراكب

أَنَا فِى ٱلْحُبِّ صَاحِبُ ٱلْمُعجِزَاتِ جِئْتُ لِلْعَاشِقِينَ بِٱلْآيَاتِ
كَانَ أَهلُ ٱلْغَرَامِ قَبْلِى أُمِيِّينَ حَتَّى تَلَقَّنُوا كَلِمَاتِى
فَأَنَا ٱلْيَومَ صَاحِبُ ٱلْوَقْتِ حَقًّا وَ ٱلْمُحِبُّونَ شِيعَتِى وَ دُعَاتِى

ضربت فيهم طبولي وسارت   خافقات عليهم راياتي

خلب السامعين سحر كلامي   وسرت في عقولهم نشاتي

اين اهل الغرام اتلو عليهم   باقيات من الهوى صالحات

ختم الحب من حديثي بمسك   رب خبر يجيء في الخاتمات

فعلى العاشقين مني سلام   جاء مثل السلام في الصلوات

مذهبي في الغرام مذهب حق   و لقد قمت فيه بالبينات

فلكم في من مكارم اخلا   ق و كم في من حميد صفات

لست ارضى سوى الوفاء لذى الود   د و لو كان في وفاءى وفاتي

والوف و لو افارق بؤسا   لتوالت لفقده حسراتي

طاهر اللفظ و الشمائل و الاخـ   ـلاق عف الضمير و اللحظات

ودع الصمت و الوقار فاني   دمث الخلق طيب الخلوات

يعشق الغصن ذا الرشاقة قلبي   و يحب الغزال ذا اللفتات

و حبيبي هو الذى لا اسميـ   ـه على ما استفز من عاداتي

و يقولون عاشق وهو وصف   من صفاتي المقومات لذاتي

ان لي نية و قد علم الله   بها وهو عالم النيات

يَا حَبِيبِي وَ أَنتَ أَىُّ حَبِيبٍ لَا قَضَى اللهُ بَيْنَنَا بِشَتَاتِ

إِنْ يَوْمًا نَرَاكَ عَيْنِى فِيهِ ذَاكَ يَوْمٌ مُضَاعَفُ البَرَكَاتِ

أَنتَ رُوحِى وَ قَدْ مَلَكْتَ رُوحِى وَ حَيَاتِى وَ قَدْ سَلَبْتَ حَيَاتِى

مِتُّ شَوْقًا فَأَحِيِنِى بِوِصَالٍ أَخْبِرِ النَّاسَ كَيْفَ طَعْمُ المَمَاتِ

وَ كَمَا قَدْ عَلِمْتَ كُلُّ سُرُورٍ لَيْسَ يَبْقَى فَوَاتُ قَبْلَ الفَوَاتِ

فَرَعَى اللهُ عَهْدَ مِصْرَ وَ حَيَّى مَا مَضَى لِى بِمِصْرَ مِنْ أَوْقَاتِ

حَبَّذَا النِّيلُ وَ المَرَاكِبُ فِيهِ مُصْعِدَاتٍ بِنَا وَ مُنْحَدِرَاتِ

هَاتِ زِدْنِى مِنَ الحَدِيثِ عَنِ النِّيـــلِ وَدَعْنِى مِنْ دِجْلَةٍ وَ فُرَاتِ

وَلَيَالِى فِى الجَزِيرَةِ وَ الجِيـــزَةِ فِيمَا اشْتَهَيْتُ مِنْ لَذَّاتِ

بَيْنَ رَوْضٍ حَكَى ظُهُورَ الطَّوَاوِيـــسِ وَ جَوٍّ حَكَى بُطُونَ البُزَاتِ

حَيْثُ مَجْرَى الخَلِيجِ كَالحَيَّةِ الرَّقْـــطَاءِ بَيْنَ الرِّيَاضِ وَالجَنَّاتِ

وَ نَدِيمٍ كَمَا نُحِبُّ ظَرِيفٍ وَ عَلَى كُلِّ مَا نُحِبُّ مُوَاتِى

كُلُّ شَىْءٍ أَرَدْتَهُ فَهُوَ فِيهِ حَسَنُ الذَّاتِ كَامِلُ الأَدَوَاتِ

يَا زَمَانِى الَّذِى مَضَى يَا زَمَانِى لَكَ بِنَى نَوَائِرُ الزَّفَرَاتِ

وقال ملغزًا فى مدينة يافا من ثانى الطويل و القافية المتدارك

بِعَيْشِكَ خَبِّرْنِى عَنِ اسْمِ مَدِينَةٍ   يَكُونُ رُبَاعِيًا إِذَا مَا ذَكَرْتَهُ

عَلَى أَنَّهُ حَرْفَانِ حِينَ تَقُولُهُ   وَمَعْنَاهُ حَرْفٌ وَاحِدٌ إِنْ قَلَبْتَهُ

و قال من الوافر و القافية المتواتر

بِرُوحِى مَنْ أُسَمِّيهَا بِسِتِّى   فَتَنْظُرُنِى النُّحَاةُ بِعَيْنِ مَقْتِ

يَرَوْنَ بِأَنَّنِى قَدْ قُلْتُ لَحْنًا   وَكَيْفَ وَ اِنَّنِى لَزُهَيْرِ وَقْتِى

وَلٰكِنْ غَادَةٌ مَلَكَتْ جِهَاتِى   فَلَا لَحْنَ إِذَا مَا قُلْتُ سِتِّى

و قال من مجزوء الرجز و القافية المتواتر

وَ جَاهِلٍ لَازَمَنِى لَقِيتُ مِنْهُ عَنَتَا

كَأَنَّمَا حَتَمَ عَلَيْـــهِ الدَّهْرَ أَنْ لَا يَسْكُتَا

أَنْسَى بِهِ إِذَا نَأَى وَ وَحْشَتِى إِذَا أَتَى

طَالَتْ بِهِ بَلِيَّتِى يَا رَبِّ مَا أَدْرِى مَتَى

و قال من مجزوء الرمل و القافية المتواتر

هُوَ حَظِّى قَدْ عَرَفْتُهُ لَمْ يَحُلْ عَمَّا عَهِدْتُهُ

فَإِذَا قَصَّرَ مَنْ أَهْــــوَاهُ فِى الْوُدِّ عَذَرْتُهُ

غير ان لي في الحب طريقا قد سلكته
لو اراد البعد عني نور عيني ما تبعته
ان قلبي لو تجنى وهو قلبي ما صحبته
كل شيء من حبيبي ما عدا الغدر احتملته
انا في الحب غيور ذاك خلقي لا عدمته
ابصر الموت اذا ابصر غيري من عشقته
لست سمحا بودادي كل من نادى اجبته
طالما تهت على خاطب ودي و رددته
قد شكرت الله فيما كان لي منكم طلبته
حين خلصت فؤادي من يديكم و ملكته
كان قلبي مستريحا من هواكم ما ارحته
فلو ان القرب يحييني منكم ما طلبته

وقال من السريع و القافية المتدارك

فديت من ارسل تفاحة ارسالها دل على فطنته
و قصده اني اذا ذقتها تشتد اشواقي الى رؤيته
فاللون من خديه والطعم من ريقته والطيب من نكهته

وقال من المنسرح والقافية المتدارك

لا تطرح خامل الرجال فقد   تضطر يوما الى ارادته
فاللين في البرد وهو محتقر   خير من اليبس عند حاجته

قافية الثــاء المثلثة

وقال من ثانى الطويل والقافية المتدارك

يعاهدني لا خانني ثم ينكث   واحلف لا كلمته ثم احنث
وذلك دابي لا يزال و دابه   فيا معشر الناس اسمعوا و تحدثوا
اقول له صلني يقول نعم غدا   و يكسر جفنا هازئا بي و يعبث
و ما ضر بعض الناس لو كان زارنا   و كنا خلونا ساعة نتحدث
امولای انی فی هواك معذب   و حتى م ابقى في العذاب و امكث
فخذ مرة روحي ترحني و لم اكن   اموت مرارا في النهار و ابعث
و اني لهذا الضيم منك لحامل   و منتظر لطفا من الله يحدث
أعيذك من هذا الجفاء الذى بدا   خلائقك الحسنى ارق و ادمث
تردد ظن الناس فينا و اكثروا   اقاويل منها ما يطيب و يخبث
و قد كرمت في الحب مني شمائلي   و يسال عني من اراد و يبحث

وقال من مجزوء الكامل المرفل و القافية المتواتر

عتب الحبيب ولم اجد   سببا لذاك العتب حادث

و اليوم لي يومان لم   اره و هذا اليوم ثالث

فعجبت كيف تغيرت   منه خلائقه الدمائث

ما كنت احسب انه   ممن تغيره الحوادث

و يلذ لي العتب الذي   صدق الوداد عليه باعث

عتب الحبيب الذ من   نغم المثاني و المثالث

مولاى من سكر الدلا   ل عبثت و السكران عابث

و نكثت عهدا في الهوى   ما خلت انك فيه ناكث

لك لا اشك قضية   انا سائل عنها و باحث

و قال من الوافر و القافية المتواتر

صديق لي ساذكره بخير   و اعرف كنه باطنه الخبيثا

و حاشا السامعين يقال عنه   و بالله اكتموا ذاك الحديثا

قافية الجيم

قال من مشطور الرجز و القافية المتدارك

يَا رَبِّ مَا أَقْرَبَ مِنْكَ ٱلْفَرَجَا   أَنْتَ ٱلرَّجَاءُ وَ إِلَيْكَ ٱلْمُلْتَجَا
يَا رَبِّ أَشْكُو لَكَ أَمْرًا مُزْعِجَا   أَبْهَمَ لَيْلُ ٱلْخَطْبِ فِيهِ وَ دَجَا
يَا رَبِّ فَٱجْعَلْ لِي مِنْهُ مَخْرَجَا

وقال من ثانى الطويل والقافية المتدارك

أَلَا إِنَّ عِنْدِي عَاشِقَ ٱلسُّمْرِ غَالِطٌ   وَإِنَّ ٱلْمِلَاحَ ٱلْبِيضَ أَبْهَى وَ أَبْهَجُ
وَإِنِّي لَأَهْوَى كُلَّ بَيْضَاءَ غَادَةٍ   يُضِيءُ لَهَا وَجْهٌ وَ ثَغْرٌ مُفَلَّجُ
وَ حَسْبِي أَنِّي أَتْبَعُ ٱلْحَقَّ فِي ٱلْهَوَى   فَلَا شَكَّ أَنَّ ٱلْحَقَّ أَبْيَضُ أَبْلَجُ

قافية الحاء

وقال من المجتث والقافية المتواتر

هَبَّ ٱلنَّسِيمُ عَلِيلًا   وَهُوَ ٱلنَّسِيمُ ٱلصَّحِيحُ
وَ طَابَ وَقْتُكَ فَٱنْهَضْ   فَٱلْآنَ طَابَ ٱلصَّبُوحُ
وَ خُذْ عَنِ ٱلْكَأْسِ نُورًا   يُضِيءُ مِنْهُ ٱلْفَسِيحُ

مِن قَهوةٍ راقَ مِنهَا طَعمٌ وَ لَونٌ وَ رِيحْ

فِي دَنِّهَا هِيَ رَاحٌ وَ فِي الحَشَا هِيَ رُوحْ

يَابنَ الكِرَامِ جُدْ وَدًّا عَلَيَّ أَنتَ شَحِيحْ

أَنتَ المُعَذِّبُ قَلبِي وَ قَلبُكَ المُستَرِيحْ

وقال ايضا يمدح الامير المكرم مجد الدين اسمعيل اللمطى من مجزوء الكامل و القافية المتواتر

أَضنَى الفُؤادَ و مَن يُرِيحُهُ وَ حَمَى الرُّقَادَ و مَن يُبِيحُهُ

وَنَضَا مِنَ الأَجفَانِ سَيـفًا قَلَّ مَا يُشفَى جَرِيحُهُ

نَشوَانُ مِن خَمرِ الدَّلا لِ غَبُوقُهُ وَ بِهَا صَبُوحُهُ

مُتَمَايِلُ الأَعطَافِ كَالـغُصنِ الَّذِي هَزَّتهُ رِيحُهُ

أَمُعَذِّبِي بِالـهَجرِ هَل لِي فِيكَ يَومٌ أَستَرِيحُهُ

سَارُدُّ نُصحَ عَوَاذِلِي فَالحُبُّ مَردُودٌ نَصِيحُهُ

أَهوَى الحِمَى وَ أَحِنُّ مِنـهُ لِنَوحِ قُمرِيٍّ يَنُوحُهُ

وَ يَشُوقُنِي الوَادِي إِذَا نَاجَى النَّسِيمَ الرَّطبَ شِيحُهُ

وَ يَهُزُّنِي الغَزَلُ الرَّقِيـقُ إِذَا تَجَنَّبَهُ قَبِيحُهُ

وَ لَرُبَّمَا صَيَّرْتُهُ غَزَلاً يُكَفِّرُهُ مَدِيحُهُ
وَ مَنَحْتُ مَجْدَ الدِّينِ مَا أَنَا مِنْ عُلاَهُ مُسْتَمِيحُهْ
مَوْلَى كَأَنَّ بَنَانَهُ خُلِقَتْ لِمَعْرُوفٍ تُتِيحُهْ
وَ كَأَنَّهُ مِنْ فِطْنَةٍ حَاشَاهُ شِقٌّ أَوْ سَطِيحُهْ
وَ كَأَنَّ حَاسِدَ مَجْدِهِ يَحْوِيهِ مِنْ غَمٍّ ضَرِيحُهْ
وَ مُبَارَكُ الْغَدَوَاتِ لاَ يَبْدُو لَهُ إِلاَّ سَنِيحُهْ
وَ فَسِيحُ بَاعِ الْجُودِ مُنْطَلِقُ اللِّسَانِ بِهِ فَصِيحُهْ
يَلْقَى الْوُفُودَ وَ صَدْرُهُ رَحْبٌ إِذَا سَأَلُوا وَسُوحُهْ
وَ تَهُزُّهُ الْعَلْيَاءُ وَالْهِنْدِيُّ مَهْزُوزٌ صَفِيحُهْ
وَ الْمُنْتَمِي لِلْمَجْدِ فِي الْقَوْمِ الَّذِينَ لَهُمْ صَرِيحُهْ
يَرْوِي النَّدَى أَبَدًا فَلاَ يُرْوَى لَهُمْ إِلاَّ صَحِيحُهْ
يَا سَيِّدًا إِحْسَانُهُ مَا غَابَ عَمَّنْ يَسْتَمِيحُهْ
كَمْ غَدْوَةٍ لَكَ فِي النَّدَا وَ رَوَاحِ مَكْرُمَةٍ تَرُوحُهْ
وَ قَدِيمِ مَجْدٍ صُنْتَهُ بِحَدِيثِ مَجْدٍ تَسْتَبِيحُهْ
مَلَكْتَهُ دُونَ الْوَرَى وَ الْحَقُّ لاَ يَخْفَى وُضُوحُهْ
لاَ يَدَّعِيهِ مُدَّعٍ لَوْ عَاشَ مَا قَدْ عَاشَ نُوحُهْ

فاسلم فانت موفق السمرى مسدده نجيحه
اردى يخاف نزياه و ظلوم مظالمة نريحه

وقال من بحره و قافيته

انا لا اُبالى بالرقيب و لا بمنظره القبيح
غمز الحواجب بيننا احلى من القول الصريح

وقال من المجتث و القافية المتواتر

وعائد هو سقم لكل جسم صحيح
لا بالاشارة يدرى و لا المقال الصريح
و ليس يخرج حتى تكاد تخرج روحى

وقال من الهزج والقافية المتواتر

اراني كلما استخبر ت عن حالك لا تفصح
و في غالب ظني ان هذا الوجه لا يفلح
لقد اصبحت تستحسن ما غيرك يستقبح
و قد اخرت ما كنت به من قبل تستفتح

إِذَا لَمْ تَحْفَظِ ٱلْحَمْدَ فَلِمْ تَسْأَلْ عَنِ سَبْحْ
إِلَى كَمْ أَنْتَ فِي غَيِّك تُمْسِي مِثْلَ مَا تُصْبِحْ
وَكَمْ تَصْحَبُ مَنْ يُفْسِدُ فِي ٱلْأَرْضِ وَلَا يُصْلِحْ
وَكَمْ يَنْهَاكَ مَخْلُوقٌ وَإِنْ كَانَ فَلَا يَنْجَحْ
فَبِٱللّٰهِ مَتَى يُفْلِحْ مَنْ لَيْسَ يَرَى يُفْلِحْ

وقال من مجزوء الكامل والقافية المتواتر

يَا مُعْرِضًا مُتَغَضِّبًا حَاشَاكَ يَا عَيْنِي وَرُوحِي
لَمْ تَدْرِ مَا فَعَلَ ٱلْبُكَا ءُ عَلَيْكَ بِٱلْجَفْنِ ٱلْقَرِيحِ
وَجَرَحْتَ قَلْبِي بِٱلْجَفَا ءِ فَآهِ لِلْقَلْبِ ٱلْجَرِيحِ
قَبُحَتْ فِيَّ بِمَا فَعَلْـتَ وَلَسْتَ مِنْ أَهْلِ ٱلْقَبِيحِ
إِنْ كُنْتَ مِنِّي مُسْتَرِيـحًا لَسْتُ مِنْكَ بِمُسْتَرِيحِ
فَمَتَى أَفُوزُ بِنَظْرَةٍ مِنْ وَجْهِكَ ٱلْحَسَنِ ٱلْمَلِيحِ
لَكَ فِي ضَمِيرِي مَا عَلِمْـتَ بِهِ مِنَ ٱلْوُدِّ ٱلصَّرِيحِ
وَكَذَاكَ أَنْتَ فَسَلْ ضَمِيـرَكَ فَهْوَ يَشْهَدُ بِٱلصَّحِيحِ

وقال من الرجز والقافية المتدارك

وَ لَيلةٍ مِن اللَّيالِي الصالِحَه بَاتَت بِهَا الهُمومُ عنّي نازِحَه

وَ غادةٍ بِوَصلِها مُسامِحَه تَحفَظُ وُدّي مِثلَ حِفظِ الفاتِحَه

كَأَنَّها بَعضُ الظِّباءِ السَّانِحَه بَاتَت بِها صَفقَةُ ودّي رابِحَه

ما سَكَنَت مِن طَرَبٍ لِي جارِحَه فَالسِّنُ بِما تُحِنّ بائِحَه

وَ اعيُنٍ عِندَ التَّشاكِي طافِحَه اِذ اختَصَرنا فالدُّموعُ شارِحَه

وَفَت بِوَعدٍ ثُمَّ قامَت رائِحَه وَ اَودَعَت قَلبِي نَارًا لافِحَه

وَاللهِ ما اللَّيلَةُ مِثلُ البارِحَه فَيَا صِحَابِي فِي الخُطُوبِ القادِحَه

هَبكُم رَحِمتُم لِي نَفسًا طائِحَه هَبكُم اعَنتُم بِدُموعٍ سافِحَه

ما تَنفَعُ الثَّكلى بِنَوحِ النّائِحَه

و قال و قد ساله بعض الموءذنين عمل ابيات ينشدها فى الاسحار من الهزج والقافية المتواتر

اَلَا يَا اَيُّهَا النَّائِمُ اِنَّ اللَّيلَ قَد اَصبَح

وَ هذا الشَّرقُ قَد اَعلَنَ بِالنُّورِ وَ قَد صَرَّح

اَلَم يُوقِظكَ مَن ذَكَّرَ بِاللهِ وَ مَن سَبَّح

فَمَا بَالُ دَوَاعِيكَ اِلَى الخَيرَاتِ لَا تَنجَح

اِذَا حَرَّكَكَ الذِّكْرُ تَشَاغَلْتَ وَ لَمْ تَبْرَحِ

أَضَعْتَ العُمْرَ خُسْرَانَا فَبِاللهِ مَتَى تَرْبَحِ

لَقَدْ أَفْلَحَ مَنْ فِيهِ يَقُولُ اللهُ قَدْ أَفْلَحِ

اِذَا أَصْبَحْتَ فِي عُسْرٍ فَلَا تَحْزَنْ لَهُ وَافْرَحِ

فَبَعْدَ العُسْرِ يُسْرٌ عَا جِلٌ وَ اقْرَأِ الَمْ نَشْرَحِ

قال شرف الدين وقال ايضا و انشدنيها فى يوم الاربعاء لثلاث عشرة
خلون من جمادى الاول سنة ٦٤٤ و انا اسايره من القاهرة الى مصر قلتها بعد
ذلك بخطه رحمه الله تعالى يصف جارية عمياء، و قال سامحه الله تعالى
آمين من اول البسيط و القافية المتراكب

قَالُوا تَعَشَّقْتَهَا عَمْيَاءَ قُلْتُ لَهُمْ مَا شَانَهَا ذَاكَ فِي عَيْنِي وَ لَا قَدَحَا

بَلْ زَادَ وَجْدِي فِيهَا اَنَّهَا اَبَدًا لَا تُبْصِرُ الشَّيْبَ فِي فَوْدِي اِذَا وَضَحَا

اِن يَجْرَحِ السَّيْفُ مَسْلُولًا فَلَا عَجَبٌ وَ اِنَّمَا اَعْجَبُ لِسَيْفٍ مُغْمَدٍ جَرَحَا

كَأَنَّمَا هِيَ بُسْتَانٌ خَلَوْتُ بِهِ وَ نَامَ نَاطُورُهُ سَكْرَانَ قَدْ طَفَحَا

تَفَتَّحَ الوَرْدُ فِيهِ مِنْ كَمَائِمِهِ وَ النَّرْجِسُ الغَضُّ فِيهِ بَعْدَ مَا انْفَتَحَا

وقال يمدح الملك الناصر صلاح الدين يوسف بن الملك العزيز محمد بن الملك الظاهر غازى بن الملك صلاح الدين يوسف بن ايوب لما ملك دمشق سنه ٦٤٨ و كان متغير المزاج ثم عوفى

من ثانى الطويل والقافية المتدارك

لكم مني الود الذى ليس يبرح   و لى فيكم الشوق الشديد المبرح
و كم لى من كتب و رسل اليكم   و لكنها عن لوعتي ليس تفصح
و فى النفس ما لا استطيع ابثه   و لست به للكتب و الرسل اسمح
زعمتم بأني قد نقضت عهودكم   لقد كذب الواشى الذى يتنصح
و الا فما ادرى عسى كنت ناسيا   عسى كنت سكرانا عسى كنت امزح
خلقت وفيا لا ارى الغدر فى الهوى   و ذلك خلق عنه لا اتزحزح
سلوا الناس غيرى عن وفاى بعهدكم   فانى ارى شكرى بنفسى يقبح
احبابنا حتى متى و الى متى   اعرض بالشكوى اليكم و اصرح
حياتى و صبرى مذ هجرتم كلاهما   غريب و دمعى للغريبين يشرح
رعى الله طيفا منكم بات مؤنسي   فما ضره اذ بات لو كان يصبح
و لكن اتى ليلا و عاد بسحرة   درى ان ضوء الصبح ان لاح يفضح
و لى رشاء ما فيه قدح لقادح   سوى انه من خده النار تقدح

فتنت به حلوا مليحا فحدثوا … باعجب شيء كيف يحلو و يملح

تبرأ من قتلي و عيني ترى دمي … على خده من سيف جفنيه يسفح

وحسبي ذاك الخال لي منه شاهدا … ولكن اراه باللواحظ يجرح

ويبسم عن ثغر يقولون انه … حباب على صهباء بالمسك تنفح

وقد شهد المسواك عندي بطيبه … ولم ار عدلا قط سكران يطفح

ويا عاذلي فيه جوابك حاضر … ولكن سكوتي عن جوابك اصلح

اذا كنت ما لي في كلامي راحة … فان بقاءي ساكتا لي اروح

واسمر اما قده فمهفهف … رشيق واما وجهه فهو اصبح

كان الذي فيه من الحسن والضيا … يداخله زهو به و هو يمرح

كان النسيم الرطب هز قوامه … ليخجل غصن البانة المتطوح

كان المدام الصرف مالت بعطفه … كما مال في الارجوحة المترجح

كأني قد انشدته مدح يوسف … فاطربه حتى انثنى يترنح

و ان مديح الناصر بن محمد … ليصبو اليه كل قلب وينجح

مديحا ينيل المادحين جلالة … و مدحا بمدح ثم يربي و يمنح

وليس بمحتاج الى مدح مادح … مكارمه تثني عليه و تمدح

وكل فصيح الكون في مديحه | لان لسان الجود بالمدح افصح
وقد قاس قوم جود يمناه بالحيا | وقد غلطوا يمناه اسمى و اسمح
وغيث سمعت الناس ينتجعونه | فاين يرى غيلان منه و صدح
لئن كان يختار انتجاع بلاله | فان بلالا عينه تترشح
دعوا ذكر كعب في السماح و حاتم | فليس بعد اليوم ذاك التسمح
وليس صعاليك العزيز كيوسف | تعالوا نباه الحق و الحق اوضح
فما يوسف تعزى بباب مبيتة | ولا العرق مفصود و لا الشاة تذبح
و لكن سلطاني اقل عبيده | يتيه على كسرى الملوك و يجمح
و بعض عطاياه المدائن و القرى | فمن ذا الذى في ذلك البحر يسبح
فلو سئل الدنيا رءاها حقيرة | و جاد بها سرا و لا يتبجح
و ان خليجا من اياديه للردى | يرى كل بحر دونه يتضحضح
فقل لملوك الارض ما تلحقونه | لقد اتعب الغازى الذى يتروح
كثير حياء الوجه يقطر ماءوه | على انه من بأسه النار تلفح
كذا الليث قد قالوا اجن و انه | لاجراء من يلقى جنانا و اوقح
مناقب قد اضحى بها الدهر حاليا | فيها عطفه منها موشى موشح

مِنَ النفرِ الغرِ الذين وجوههم   مصابيح في الظلماء بل هي اصبح
بهاليل املاك كان اكفهم   بحار بها الارزاق للناس تسبح
فكم اشرقت فيهم شموس طوالع   و كم هطلت فيهم سحائب ولح
كذاك بنو ايوب ما زال منهم   عظيم مرجى او كريم ممرح
اناس هم احيوا الطريق الى العلا   و هم اعربوا عنها و قالوا و افصحوا
و لم يتعبوا من جاء في الناس بعدهم   لقد بينوا للسالكين و اوضحوا
ليهن دمشق اليوم صحتك التي   بها فرحت و المدن كالناس تفرح
فلا زهر الا ضاحك متعطف   و لا دوح الا مائس مترنح
و لا غصن الا وهو نشوان راقص   و لا طير الا و هو فرحان يصدح
و قد اشرقت اقطارها فاغتدى لها   شعاع له فوق المجرة مطرح
فشرفت مغناها فلو امكن الورى   لطافوا باركان لها وتمسحوا
و والله ما زالت دمشق مليحة   و لكنها عندي بك اليوم املح
عرضت على خير الملوك بضاعتي   فالفيت سوقا صفقتي فيه تربح
وقد وثقت نفسي باني عنده   سازداد عزا ما بقيت و افلح
وان خطوبا اشتكيها ستنجلي   وان امورا ابتغيها ستنجح

وان صلاح الدين ذا المجد و العلا　　　لما افسدت مني الحوادث يصلح

يشرف غيري او يقرب انني　　　لدى يوسف في العصر ليس يبرح

امولاي سامحني فانك لم تزل　　　تسامح بالذنب العظيم و تسمح

لك العذر ما للقول نحوك مرتقى　　　مقامك اعلا من مقالي و ارجح

فما كل لفظ في خطابك يرتضى　　　و ما كل معنى في مديحك يصلح

اتتك و ان كانت كثيرا تاخرت　　　فانك تعفو عن كثير و تصفح

و هب لي انيسا منك يذهب وحشتي　　　و يبسط قلبا ذا انقباض و يشرح

و جد لي بالقرب الذي قد عهدته　　　و ارضى ببعض منه ان كنت اصلح

و اني لديك اليوم في الف نعمة　　　و لكن عسى ذكرى ببالك يسنح

لعمرك كل الناس لا شك ناطق　　　و لكن ذا يلغو و هذا يسبح

و قد يحسن الناس الكلام و انما　　　كلامي هو الدر المنقى المنقح

كلام ينشي السامعين كانما　　　لسامعه فيه الشراب المفرح

نسيب كما رق النسيم من الصبا　　　و غازله زهر الرياض المفتح

و مدح يكون الدهر بعض رواته　　　فيمسي و يضحي و هو يسري و يسرح

وقال من ثالث الطويل والقافية المتواتر

لئن بحت بالشكوى اليك محبة فلست لمخلوق سواك ابوح

وان سكوتي ان عرتني ضرورة وكتمانها ممن احب قبيح

ومالي اخفي عن حبيبي ضرورتي ولي منه فيها مشفق ونصيح

بروحي من اشكو اليه واشتكي وقد صار لي من لطفه بي روح

ولو لم يكن الا الحديث فانه يخفف اشجان الفتى ويريح

وكم خفت اني لا اقول فخفت ان يقول لسان الحال وهو فصيح

وكدت بكتماني اصير مفرطا فابكي على ما فاتني وانوح

واندم بعد الفوت اوفى ندامة واغدو كما لا اشتهي واروح

تكهنت في الامر الذي قد لقيته ولي خطرات كلهن فتوح

فراسة عبد مؤمن لا كهانة ومن هو شق عندها وسطيح

فما حرفت من ذاك حرفا كهانتي فلله ظني انه لصحيح

قافية الخاء

قال من ثانى الطويل و القافية المتدارك

كِتَابٌ اَتَانِي مِنْ حَبِيبٍ وَ بَيْننَا لِطُولِ اَلتَّنَاءِى بَرْزَخٌ اَىُّ بَرْزَخِ
تَقَدَّمَ لِي عَنْهُ مِنَ اَلْبُعْدِ اَنَّهُ وَفَاحَ اِلَى اَلطِّيبُ مِنْ رَاسِ فَرْسَخِ
كَاَنَّ نَسِيمَ اَلرَّوْضِ عِنْدَ قُدُومِهِ سَرَى بِقَمِيصٍ بِالْعَبِيرِ اَلْمُضَمَّخِ
لَقَدْ بَانَ مِنْ تَارِيخِهِ فِي هِزَّةٍ فَقُلْ فِي كِتَابٍ بِالسُّرُورِ مُؤَرَّخِ

وقال من الخفيف والقافية المتواتر

اَيُّهَا اَلْغَافِلُ اَلَّذِى لَيْسَ يُجْدِى كَثْرَةُ اَللَّوْمِ فِيهِ وَ اَلتَّوْبِيخِ
اِنَّهَا غَفْلَةٌ لَكَ اَلْوَيْلُ مِنْهَا مَا رَاهَا اَلرُّوَاةُ فِي اَلتَّأْرِيخِ
وَ كَمَا قِيلَ هَبْ بِأَنَّكَ اَعْمَى كَيْفَ يَخْفَى رَوَائِحُ اَلْبِطِّيخِ

قافية الدال

قال من الكامل و القافية المتدارك

وَمُهَفْهَفٍ كَالْغُصْنِ فِي حَرَكَاتِهِ حُلْوِ اَلْقَوَامِ رَشِيقِهِ مَيَّادِهِ
صَنَمٌ لَعَمْرُكَ مَا بَرَاهُ اَللّٰهُ فِي ذَا اَلْحُسْنِ اِلَّا فِتْنَةً لِعِبَادِهِ

وَ مِنَ ٱلْعَجَائِبِ فِعَالُهُ بِمُحِبِّهِ   يُصْلِيهِ نَارًا وَهُوَ مِنْ عُبَّادِهِ
وَ يُبِيحُ لِلتَّعْذِيبِ فِي سَهَرِ ٱلدُّجَى   طَرْفَ ٱلْمُحِبِّ وَ ذَاكَ مِنْ أَجْنَادِهِ
يَا عَاذِلِي مَا كُنْتُ أَوَّلَ عَاشِقٍ   فَتَكَ ٱلْغَرَامُ بِلُبِّهِ وَ فُؤَادِهِ
فَالْقَلْبُ يَعْلَمُ أَنَّهُ فِي غَيِّهِ   لَكِنْ تَقَطَّعَتْ عَنْهُ سُبُلُ رَشَادِهِ
لَا تَطْلُبَنْ هَيْهَاتَ مِنْهُ صَلَاحَهُ   إِنْ كَانَ رَبُّكَ قَدْ قَضَى بِفَسَادِهِ

و قال من مجزوء الرمل و القافية المتواتر

مَا لَهُ قَدْ خَانَ عَهْدَهُ   وَ نَسَى تِلْكَ ٱلْمَوَدَّهْ
أَنْعَمَ ٱلدَّهْرُ بِهِ فِي   خُلْسَةٍ ثُمَّ ٱسْتَرَدَّهْ
هُوَ كَالزُّهَرَةِ وَٱلْمِرِّيخِ   فِي لِينٍ وَ شِدَّهْ
وَجْهُهُ ٱلْبُسْتَانُ فَاقْطِفْ   آسَهُ أَوْ فَاجْنِ وَرْدَهْ
لَيْسَ عِنْدِي غَيْرُ شِعْرِي   لَيْتَهُ يَنْفُقُ عِنْدَهْ
يَا كَلِيلَ ٱلطَّرْفِ إِلَّا   فِي فُؤَادِي مَا أَحَدَّهْ
هَزَمَ ٱلْهَجْرُ ٱصْطِبَارِي   فَعَسَى لِلْوَصْلِ رَدَّهْ
لَيْتَهُ يَرْثِي لِمَا عِنْدِي   أَوْ يَرْحَمُ عَبْدَهْ

و قال من الهزج و القافية المتواتر

حَبيبي تايِهٌ جِدًّا أطالَ ٱلعَتْبَ وٱلصّدا

حمانِي ٱلشَّهدَ مِن فِيهِ وَ خَلَّا عِندِي ٱلسُّهدا

وَ قَدْ ابدَى اِلَى ٱلبُستَا نِ مِن خَدَّيهِ مَا ابدا

فَيَا لِلّهِ مَا اَحلَا وَ مَا اَحيَا وَ مَا اَندا

وَ ذَاكَ ٱلسُّقمُ مِن جَفنَيـــهِ مَا اَسرَعَ مَا اَعدَا

وَ فِي ٱلدَّنِّ لَنَا راحٌ لَهَا تِسعُونَ اَوْ اِحدا

وَ مَا اَلفِي بِهَا اِلَّا لِمَنْ قَدْ عَرَفَ ٱلرُّشدا

وَ هَيفَاءُ كَمَا تَهوَى تُرِيكَ ٱلقَدَّ وَ ٱلخَدَّا

وَ تُشجِيكَ بِالحَانٍ تُذِيبُ ٱلجَلمَدَ ٱلصَّلدا

وَ لَفظٌ يُوجِبُ ٱلغُسلَ عَلَى ٱلسَّامِعِ وَ ٱلخَدَّا

جَزَى ٱلرَّحمنُ شَعبَانَا تَقَضَّى ٱلشُّكرُ وَ ٱلحَمدا

وَ اِن عِشنَا لِشَوَّالٍ اَعَدنَا ذَلِكَ ٱلعَهدا

و قال و قد حضر مع جماعة يقولون بالمردان من ثالث الطويل
و القافية المتواتر

أيا معشر الاصحاب ما لي اراكم على مذهبٍ والله غير حميد
فهل انتم من قوم لوطٍ بقيّة فما منكم من فعله برشيد
فان لم تكونوا قوم لوطٍ بعينهم فما قوم لوطٍ منكم ببعيد

و قال من مخلع البسيط والقافية المتواتر

ان كان قد سار عنك شخصي فانّ قلبي اقام عندك
و اينما كنت كنت مولى و اينما كنت كنت عبدك

و قال يمدح الامير المكرم مجد الدين بن اسمعيل بن اللمطى و يهنيه
بشهر الصوم سنة ٦٠٩ من الكامل و القافية المتواتر

جمل الرقاد لكي يواصل موعدا من اين لي في حبه ان ارقدا
و هو الحبيب فكيف اصبح قاتلي و الله لو كان العدو لما عدا
كم راح نحوي لائم و غدا و ما راح الملام بمسمعي و لا غدا
في كل معتدل القوام مهفهف حلو التثني و الثنايا اغيدا
يحكي الغزالة بهجة و تباعدا و يذول قوم مقلة و مقلدا

وكذاك قالوا الغصن يشبه قده　　يا قده كل الغصون لك الفدا
يا راميا قلبي باسهم لحظه　　احسبت قلبي مثل قلبك جامدا
وهواك لولا جور احكام الهوى　　ما بات طرفي في هواك مسهدا
واليك عاذل عن ملامة مغرم　　ما اتهم العذال الا انجدا
او ما ترى ثغر الازاهر باسما　　فرحا وعريان الغصون قد ارتدا
وقف السحاب على الربا متحيرا　　ومشى النسيم على الرياض مقيدا
ويشوقني وجه النهار ملثما　　ويروقني خد الاصيل موردا
وكان انفاس النسيم اذا سرت　　شكرت لمجد الدين مولانا يدا
مولى له في الناس ذكر مرسل　　وندا رونه السحب عنه مسندا
الف الندا والسيف راحة كفه　　فهما هناك معربا ومهندا
واذا استقل على الجواد كانه　　ظام وقد ظن المجرة موردا
مولى بدا من غير مسئلة بما　　حاز المنا كرما وعاد كما بدا
وانال جودا لا السحاب ينيله　　يوما وان كان السحاب الاجودا
يعزى لاكرم سادة تيمية　　اعلا الورى قدرا وازكى محتدا
الخالين البدن من اوداجها　　والمرفدين لها القنا المتقصدا

وَ الْغَالِبِينَ عَلَى الْقُلُوبِ مَهَابَةً   وَ الْوَاصِلِينَ إِلَى الْقُلُوبِ تَوَدُّدَا
وَ إِذَا الصَّرِيخُ دَعَاهُمْ لِمُلِمَّةٍ   جَعَلُوا صَلِيلَ الْمُرْهَفَاتِ لَهَا صَدَى
يَا سَيِّدًا لِلْمَكْرُمَاتِ مُشَيِّدًا   لَا فُلَّ غَيْرُكَ سَيِّدًا وَ مُشَيِّدَا
لَكَ فِي الْمَعَالِي حُجَّةٌ لَا تُدَّعَى   لِمُعَانِدٍ وَ مَحَجَّةٌ لَا تُهْتَدَى
وَافَاكَ شَهْرُ الصَّوْمِ يَا مَنْ قَدْرُهُ   فِينَا كَلَيْلَةِ قَدْرِهِ لَنْ يُجْحَدَا
وَ بَقِيتَ تُدْرِكُ أَلْفَ عَامٍ مِثْلَهُ   مُتَضَاعِفًا لَكَ أَجْرُهُ مُتَعَدِّدَا
وَ الدَّهْرُ عِنْدَكَ كُلُّهُ رَمَضَانُ يَا   مَنْ لَيْسَ يَبْرَحُ صَائِمًا مُتَهَجِّدَا
جَعَلَ الْعِنَانَ لَهُ هُنَالِكَ سُبْحَةً   وَ غَدَا لَهُ سَرْجُ الْمُطَهَّمِ مَسْجِدَا

وقال من اول الطويل والقافية المتواتر

تُرَى هَلْ عَلِمْتُمْ مَا لَقِيتُ مِنَ الْوَجْدِ   لَقَدْ جَلَّ مَا أُخْفِيهِ مِنْكُمْ وَ مَا أُبْدِي
فِرَاقٌ وَ وَجْدٌ وَاشْتِيَاقٌ وَ وَحْشَةٌ   تَعَدَّدَتِ الْبَلْوَى عَلَى وَاحِدٍ فَرْدِ
رَعَى اللهُ أَيَّامًا تَقَضَّتْ بِقُرْبِكُمْ   كَأَنِّي بِهَا قَدْ كُنْتُ فِي جَنَّةِ الْخُلْدِ
هَبُونِي امْرَأً قَدْ كُنْتُ بِالْبَيْنِ جَاهِلًا   أَمَا كَانَ فِيكُمْ مَنْ هَدَانِي إِلَى الرُّشْدِ
وَ كُنْتُ لَكُمْ عَبْدًا وَ لِلْعَبْدِ حُرْمَةٌ   فَمَا بَالُكُمْ ضَيَّعْتُمْ حُرْمَةَ الْعَبْدِ
وَ مَا بَالُ كُتْبِي لَا يُرَدُّ جَوَابُهَا   فَهَلْ أُكْرِمَتْ أَنْ لَا تُقَابَلَ بِالرَّدِّ

فَأَيْنَ حَلَاوَاتُ ٱلرَّسَائِلِ بَيْنَنَا   وَأَيْنَ امارات ٱلْمَحَبَّةِ وَ ٱلْوِدِّ
وَ مَا لِي ذَنْبٌ يَسْتَحِقُّ عُقُوبَةً   وَ يَا لَيْتَهَا كَانَتْ بِشَيْءٍ سِوَى ٱلصَّدِّ
وَ يَا لَيْتَ عِنْدِي كُلَّ يَوْمٍ رَسُولَكُمْ   فَأُسْكِنَهُ عَيْنِي وَ أَفْرِشَهُ خَدِّي
وَ انِّي لَأَرْعَاكُمْ عَلَى كُلِّ حَالَةٍ   وَ حَقِّكُمْ أَنْتُمْ أَعَزُّ ٱلْوَرَى عِنْدِي
عَلَيْكُمْ سَلَامُ ٱللّٰهِ وَ ٱلْبُعْدُ بَيْنَنَا   وَ بِٱلرَّغْمِ مِنِّي أَنْ أُسَلِّمَ مِنْ بُعْدِ

و قال من السريع والقافية المتواتر

مَوْلَايَ وَافَانِي ٱلْكِتَابُ ٱلَّذِي   وَصَفْتَ فِيهِ أَلَمَ ٱلْبُعْدِ
فَكُلَّمَا عِنْدَكَ مِنْ وَحْشَةٍ   فَإِنَّهُ بَعْضُ ٱلَّذِي عِنْدِي
مَا حُلْتُ عَنْ عَهْدٍ وَ لَا خُنْتُ فِي   وُدِّي وَ مَا قَصَّرْتُ مِنْ وَجْدِي

و قال من ثانى الطويل والقافية المتواتر

يُبَشِّرُنِي مِنْكَ ٱلرَّسُولُ بِزَوْرَةٍ   وَ إِنْ صَحَّ هٰذَا إِنَّنِي لَسَعِيدُ
وَ لَسْتُ إِخَالُ ٱلدَّهْرَ يَسْخُو بِهٰذِهِ   أَلَا إِنَّهَا مِنْ فِعْلِهِ لَبَعِيدُ
فَيَا أَيُّهَا ٱلْمَوْلَى ٱلَّذِي أَنَا عَبْدُهُ   لَقَدْ زَادَنِي شَوْقٌ إِلَيْكَ شَدِيدُ
مَتَى تَتَمَلَّى مِنْكَ عَيْنِي بِنَظْرَةٍ   وَ حَقِّكَ ذَاكَ ٱلْيَوْمُ عِنْدِي عِيدُ

و قال من مجزوء الكامل المرفل و القافية المتواتر

يَا غَائِبِينَ عَنِ ٱلْعِيَا نِ لَقَدْ حَضَرْتُمْ فِي ٱلْفُوءَادِ
وَ حَيَاتِكُمْ مَا حُلْتُ عَمَّا تَعْهَدُونَ مِنَ ٱلْوِدَادِ
عِنْدِي لَكُمْ ذَاكَ ٱلْغَرَا مُ وَ قَدْ تَزَايَدَ بِٱلْبِعَادِ
أَتُرَى يُسَلِّفُنِي ٱلزَّمَا نُ بِقُرْبِكُمْ يَوْمًا مُرَادِي

و قال من الهزج والقافية المتواتر

بِحَقِّ ٱللّٰهِ مُتِّعْنِي مِنْ وَجْهِكَ بِٱلْبُعْدِ
فَمَا أَشْوَقَنِي مِنْكَ إِلَى ٱلْهِجْرَانِ وَ ٱلصَّدِّ
فَمَا تَصْلُحُ لِلْهَزْلِ وَ لَا تَصْلُحُ لِلْجِدِّ
وَ مَا ذَا فِيكَ مِنْ ثِقْلٍ وَ مَا ذَا فِيكَ مِنْ بَرْدِ
فَلَا صُبِّحْتَ بِٱلْخَيْرِ وَ لَا مُسِّيتَ بِٱلسَّعْدِ

وقال من الرجز و القافية المتدارك

وَ لَيْلَةٍ مَا مِثْلُهَا قَطُّ عُهِدْ مِثْلَ حَشَا ٱلْعَاشِقِ بَاتَتْ تَتَّقِدْ
طَلَبْتُ فِيهَا مُونِسًا فَلَمْ أَجِدْ بِتُّ أُقَاسِيهَا وَحِيدًا مُنْفَرِدْ
طَالَتْ فَأَمَّا صُبْحُهَا فَقُدْ فُقِدْ فَتَحْجُلُ ٱلْمَرْأَةُ فِيهَا وَ تَلِدْ

و قال من مشطور الرمل والقافية المتدارك

حدثوا عن طول ليلٍ بته   هل رايتم او سمعتم هل عهد
لا رعاه الله ما اطوله   تحبل المراة فيه و تلد
ليس ما اشكوه منه واحدا   كل شيء مر بي فيه نكد

و قال من المنسرح و القافية المتراقب

يا فاعل الفعلة التي اشتهرت   لم تجر في خاطري و لا خلدي
فعلتها بعد عفة و تقى   فيا لها سبة الى الابد
هذا وانت الذي يشار له   لا عتب من بعدها على احد

و قال بديها و كتب بها الى نجم الدين عبد الرحمان الوصى من اول الخفيف و القافية المتواتر

قربت دارنا و لم يفد القر   ب اجتماعا فلا تلوم البعادا
كان ذاك البعاد اروح للقلـ   ـب لان الغرام بالقرب زادا

فاجابه من بحره و قافيته

لا احس الالام في القرب و البعـ   ـد و لم يبق لي الغرام فؤادا
كل جسم لاقيته يستثير الـ   ـنار مني متى عهدت الجمادا

و قال من مجزوء الرمل و القافية المتواتر

لَيتَ شِعرِى هَل زَمانِى بَعدَ ذا البُعدِ يجود
مَا ارَى الشِدَّةَ الَّا كُلَّمَا جازَت تَزِيدُ
ينقضِى يَومٌ فيومٌ فِى حَدِيثٍ لا يُفِيد
فمتَى اليومُ الَّذِى ابلُغُ فِيهِ مَا اُرِيدُ

و قال من بحره و قافيته

كُلَّمَا قُلتُ استرَحنَا جَاءَنَا شُغلٌ جَدِيدُ
وَ خُطُوبٌ ينقُصُ الصَّبرُ عليهَا وَ تَزِيدُ
تَعَبٌ لَا حَمدَ فِيهِ لَا وَلَا عَيشٌ حَمِيدُ
اِنَّ هذا عَلِمَ اللهُ هُوَ الغَبنُ الشَّدِيدُ
وَارَى الشَّكوَى لِغَيرِ اللهِ شَئٌ لَا يُفِيدُ

و قال فى صدر كتاب و هو بآمد الى بعض اصحابه بمصر المحروسة
من مجزوء الرجز و القافية المتدارك

كَتَبتُهَا مِن آمِدِ عَن فَرطِ شَوقٍ زَائِدِ
وَاللهِ مُذ فَارقتكم لم تَصفُ لِى مَوارِدِى

فهل زمانى بعدها بقربكم مساعدى
فكم نذورا اصبحت على للمساجد
وهبت باقى عمرى لكم بيوم واحد

و قال من ثانى البسيط و القافية المتواتر

و جاهل يدعى فى العلم فلسفة قد راح يكفر بالرحمن تقليدا
و قال اعرف معقولا فقلت له عنيت نفسك معقولا و معقودا
من اين انت و هذا الشىء تذكره اراك تقرع بابا عنك مسدودا
فقال ان كلامى لست تفهمه فقلت لست سليمان بن داءودا

و قال من اول الطويل و القافية المتواتر

تساويتم لا اكثر الله منكم فما فيكم و الحمد لله محمود
رايتكم لا ينجح القصد عندكم و لا العرف معروف و لا الجود موجود
وددت بانى ما رايت وجوهكم و ان طريقا جئتكم منه مسدود
متى تبعدنى عن حدود بلادكم مطهمة جرد و مهرية قود
و اصبح لا يجرى ببالى ذكركم و يقطع ما بينى و بينكم البيد

و قال من اول الخفيف و القافية المتواتر

مَا انتِفاعِي بِالقُربِ مِنكُم اِذَا لَم   يَكُنِ القُربُ مُثمِرًا لِلوِدَادِ
كُنتُ اَشكُو البِعَادَ حَتّى التَقَينَا   فَاَنَا اليَومَ شَاكِرٌ لِلبِعَادِ
فَعَلَ القُربُ فَوقَ مَا فَعَلَ البُعـدُ بِقَلبِي مِن شِدَّةِ الاَنكَادِ
وَ لَعَمرِي لَقَد تَزَايَدَ مَا بِي   مِن غَرَامٍ وَ لَوعَةٍ وَسُهَادِ
لَو فَعَلتُم بِمُهجَتِي مَا فَعَلتُم   لَم يَحُل فِيكُم صَحِيحُ اعتِقَادِي
وَ اِذَا كُنتُم مِنَ اللّهِ فِي خَيـرٍ وَ فِي نِعمَةٍ فَذَاكَ مُرَادِي

و قال يصف امراة طويلة سمراء من ثانى الطويل و القافية المتواتر

وَ سَمرَاءَ تَحكِي الرُمحَ لَونًا وَ قَامَةً   لَهَا مُهجَتِي مَبذُولَةٌ وَ قِيَادِي
وَ قَد عَابَهَا الوَاشِي فَقَالَ طَوِيلَةٌ   مَقَالَ حَسُودٍ مُظهِرٍ لِعِنَادِ
فَقُلتُ لَهُ بَشَّرتَ بِالخَيرِ اِنَّهَا   حَيَاتِي فَاِن طَالَت فَذَاكَ مُرَادِي
نَعَم اَنَا اَشكُو طُولَهَا فَيَحِقُّ لِي   لَقَد طَالَ فِيهَا لَوعَتِي وَ سُهَادِي
وَ مَا عَابَهَا القَدُّ الطَّوِيلُ وَاِنَّهُ   لَاَوَّلُ حُسنٍ فِي المَلِيحَةِ بَادِي
رَاَيتُ الحُصُونَ الشُّمَّ تَحفَظُ اَهلَهَا   فَاَعدَدتُهَا حِصنًا لِحِفظِ وِدَادِي

و قال من مجزوء الكامل والقافية المتدارك

قَدْ طَالَ فِي ٱلْوَعْدِ ٱلْأَمَدْ وَ ٱلْحُرُّ يَنجِزُ مَا وَعَدْ
وَ وَعَدْتَنِي يومَ ٱلْخَمِيسِ فَلَا ٱلْخَمِيسُ وَلَا ٱلْأَحَدْ
وَ إِذَا ٱقْتَضَيْتُكَ لَمْ تَزِدْ عَنْ قَوْلِ إِي وَ ٱللهِ غَدْ
فَاعُدْ أَيَّامًا تَمُرُّ وَ قَدْ ضَجِرْتُ مِنَ ٱلْعَدَدْ
وَ تَقُولُ اوصَيْتُ ٱلْخَطِيبَ فَهَلْ نَفَوْهُ مِنَ ٱلْبَلَدْ
وَ إِذَا ٱتَّكَلْتُ عَلَى ٱلْخَطِيبِ فَمَا ٱتَّكَلْتُ عَلَى أَحَدْ

و قال من مجزوء الرمل والقافية المتواتر

دُمْتَ فِي أَرْغَدِ عَيْشٍ كُلَّ يَوْمٍ فِي مَزِيدِ
قَدْ أَتَانَا ٱلطَّبَقُ ٱلْمَلَا نُ بِٱلْوَرْدِ ٱلنَّضِيدِ
غَيْرَ أَنِّي لَا أُحِبُّ ٱلْـوَرْدَ إِلَّا فِي ٱلْخُدُودِ
وَ أَتَانِي مِنْكَ شِعْرٌ كُلُّ بَيْتٍ بِقَصِيدِ
كَامِلُ ٱلْحُسْنِ فَمَا أَغْـنَاهُ مِنْ حُسْنِ ٱلنَّشِيدِ
فَلَكَ ٱلْحَمْدُ إِذَا مَا قُلْتَ يَا عَبْدَ ٱلْحَمِيدِ

اِنَّ حالًا أَنْتَ فِيهَا فِي قِيَامٍ أَوْ قُعُودِ
قَرَّبَ ٱللَّهُ لِمَوْلَا نَا بِهَا كُلَّ ٱلسُّعُودِ
وَ تَمَلَّيْتَ مِنَ ٱلصِّـــحَّةِ بِٱلثَّوْبِ ٱلْجَدِيدِ

وقال فى جارية اسمها ملوك من ثانى السريع و القافية المتدارك

فَدَيْتُ مَنْ قَدْ أَنْجَزَتْ وَعْدَهَا   وَ جَدَّدَتْ فِي ٱلْحُبِّ لِي وُدَّهَا
وَ قَلَّدَتْنِي فِي ٱلْهَوَى مِنَّةً   يَا شُكْرَهَا مِنِّي وَ يَا حَمْدَهَا
زَائِرَةً لَمْ أَدْرِ إِنْ اَقْبَلَتْ   اَثْغَرَهَا قَبَّلْتُ أَمْ عِقْدَهَا
تَمْنَعُنِي تَقْبِيلَ اَقْدَامِهَا   لَكِنَّهَا تَبْذُلُ لِي خَدَّهَا
حَسْنَاءُ فِي ٱلْحُسْنِ لَهَا ٱلْمُنْتَهَى   لَا قَبْلَهَا فِيهِ وَ لَا بَعْدَهَا
تَقْصُرُ ٱلْأَلْسُنُ عَنْ وَصْفِهَا   لَوْ بَالَغَتْ وَ اسْتَغْرَقَتْ جُهْدَهَا
اِنَّ مُلُوكًا مَلَكَتْ مُهْجَتِي   لَا تَدْعُنِي اِلَّا بِيَا عَبْدَهَا

و قال يهجو صديقًا له من ثانى السريع و القافية المتواتر

لَنَا صَدِيقٌ سَيِّءٌ فِعْلُهُ   لَيْسَ لَهُ فِي ٱلنَّاسِ مِنْ حَامِدِ
لَوْ كَانَ فِي ٱلدُّنْيَا لَهُ قِيمَةٌ   بِعْنَاهُ بِٱلنَّاقِصِ وَ ٱلزَّائِدِ
اَخْلَاقُهُ تَحْكِي ٱلطَّرِيقَ ٱلَّتِي   مِنَ ٱلسُّوَيْدَاءِ اِلَى آمِدِ

و قال من مجزوء الرمل والقافية المتواتر

يَا أعَزَّ ٱلنَّاسِ عِنْدِي   كَيْفَ خُنْتَ ٱلْيَوْمَ عَهْدِي
سَوْفَ أشْكُو لَكَ بُعْدِي   فَعَسَى شَكْوَايَ تُجْدِي
أيْنَ مَوْلَايَ يَرَانِي   وَ دُمُوعِي فَوْقَ خَدِّي
أقْطَعُ ٱللَّيْلَ أقَاسِي   زَفَرَاتِي فِيهِ وَحْدِي
لَيْتَنِي عِنْدَكَ يَا مَوْ   لَايَ أوْ لَيْتَكَ عِنْدِي
اِرْضَ عَنِّي لَيْسَ اِلَّا   ذَاكَ مَطْلُوبِي وَ قَصْدِي
أيْنَ مَنْ يَلْقَى لَهُ فِي ٱلنْ   نَاسِ وُدٌّ مِثْلُ وُدِّي
أنَا أفْدِيكَ عَنْ كُلْ   لِ مُحِبٍّ لَكَ بَعْدِي
وَ لَقَدْ أصْبَحْتُ عَبْدًا   لَكَ لَكِنْ أيُّ عَبْدِ
تَلَفِي فِيكَ حَيَاتِي   وَ ضَلَالِي فِيكَ رُشْدِي

و قال من ثاني الطويل و القافية المتدارك

بِرُوحِي مَنْ قَدْ زَارَنِي وَهُوَ خَائِفٌ   كَمَا اهْتَزَّ رَيَّانٌ مِنَ ٱلْبَانِ مَائِدُ
وَ مَا زَارَ اِلَّا طَارِقًا بَعْدَ هَجْعَةٍ   وَ قَدْ نَامَ وَاشٍ يَتَّقِيهِ وَ حَاسِدُ
فَلَمْ أرَ بَدْرًا قَبْلَهُ بَاتَ خَائِفًا   فَهَلْ كَانَ يَخْشَى أنْ تَغَارَ ٱلْفَرَاقِدُ

وَ كُنْتُ أَظُنُّ الْحُسْنَ قَدْ خَصَّ وَجْهَهُ   وَ مَا هُوَ إِلَّا قَائِمٌ فِيهِ قَاعِدُ

فَدَيْتُ حَيًّا زَارَنِي مُتَفَضِّلًا   وَ لَيْسَ عَلَى ذَاكَ التَّفَضُّلِ زَائِدُ

وَ مَا كَثَّرْتُ مِنِّي إِلَيْهِ رَسَائِلٌ   وَ مَا مَطَلَتْ بِالْوَصْلِ مِنْهُ مَوَاعِدُ

رَآنِي عَلِيلًا فِي هَوَاهُ فَعَادَنِي   حَبِيبٌ لَهُ بِالْمَكْرُمَاتِ عَوَائِدُ

قُمْتُ كَمَدًا يَا حَاسِدِيَّ فَأَنَا الَّذِي   لَهُ صِلَةٌ مِمَّنْ يُحِبُّ وَ عَائِدُ

وَ لِي وَاحِدٌ مَا لِي مِنَ النَّاسِ غَيْرُهُ   أَرَى أَنَّهُ الدُّنْيَا وَ إِنْ قُلْتُ وَاحِدُ

فَيَا مُؤْنِسِي لَا فَرَّقَ الدَّهْرُ بَيْنَنَا   وَ لَا أَقْفَرَتْ لِلْأُنْسِ مِنَّا مَعَاهِدُ

وَ يَا زَائِرًا قَدْ زَارَ مِنْ غَيْرِ مَوْعِدٍ   وَ حَظُّكَ أَنِّي شَاكِرٌ لَكَ حَامِدُ

وَ قال من مجزوء، الكامل و القافية المتواتر

يَا غَادِرِينَ أَلَمْ يَكُنْ   بَيْنِي وَ بَيْنَكُمْ عُهُودُ

ظَهَرَتْ وَ بَانَتْ لِي قَضِيَّتُكُمْ   فَمَا هَذَا الْجُحُودُ

وَ حَلَفْتُمُ مَا خُنْتُمُ   وَ عَلَى خِيَانَتِكُمْ شُهُودُ

يَا مَنْ تَبَدَّلَ فِي الْهَوَى   يَهْنِيكَ صَاحِبُكَ الْجَدِيدُ

إِنْ كَانَ أَعْجَبَكَ الصُّدُو   دُ كَذَاكَ أَعْجَبَنِي الصُّدُودُ

وَ اعْلَمْ بِأَنِّي لَا أُرِي   دُ إِذَا رَأَيْتُكَ لَا تُرِيدُ

وَ أَنَا ٱلْقَرِيبُ وَ إِنْ تَغَيَّرَ صَاحِبِي فَأَنَا ٱلْبَعِيدْ
يَوْمَ أَخْلُصُ فِيهِ قَلْبِي مِنْكَ ذَاكَ ٱلْيَوْمُ عِيدْ
وَ عَسَاكَ تَطْلُبُ أَنْ أَعُودَ إِلَى هَوَاكَ فَلَا أَعُودْ
وَ لَقَدْ عَلِمْتَ بِأَنَّنِي لِي فِي ٱلْهَوَى خُلُقٌ شَدِيدْ

و قال من ثانى الطويل و القافية المتدارك

إِلَى كَمْ أُدَارِي أَلْفَ وَاشٍ و حَاسِدِ — فَمَنْ مُرْشِدِي مَنْ مُنْجِدِي مَنْ مُسَاعِدِي
وَ لَوْ كَانَ بَعْضُ ٱلنَّاسِ لِي مِنْهُ جَانِبٌ — وَ عَيْشِكَ لَمْ أَحْفِلْ بِكُلِّ مُعَانِدِ
إِذَا كُنْتَ يَا رُوحِي بِعَهْدِي لَا تَفِي — فَمَنْ ذَا ٱلَّذِي يَرْجُو وَفَاءَ مُعَاهِدِي
أَظُنُّ فُؤَادِي شَوْقُهُ غَيْرُ زَائِدٍ — وَ أَحْسَبُ جَفْنِي نَوْمُهُ غَيْرُ عَائِدِ
أَبَى ٱللّٰهُ إِلَّا أَنْ أَهِيمَ صَبَابَةً — بِحِفْظِ عُهُودٍ أَوْ بِذِكْرِ مَعَاهِدِ
وَ كَمْ مَوْرِدٍ لِي فِي ٱلْهَوَى قَدْ وَرَدْتُهُ — وَ ضَيَّعْتُ عُمْرِي فِي ٱزْدِحَامِ ٱلْمَوَارِدِ
وَ مَا لِي مِنْ أَشْتَاقُهُ غَيْرُ وَاحِدٍ — فَلَا كَانَتِ ٱلدُّنْيَا إِذَا غَابَ وَاحِدِي
أَأَحْبَابَنَا أَيْنَ ٱلَّذِي كَانَ بَيْنَنَا — وَ أَيْنَ ٱلَّذِي أَسْلَفْتُمُ مِنْ مَوَاعِدِ
جَعَلْتُكُمُ حَظِّي مِنَ ٱلنَّاسِ كُلِّهِمْ — وَ أَعْرَضْتُ عَنْ زَيْدٍ وَ عَمْرٍو وَ خَالِدِ
فَلَا تُرْخِصُوا دَمْعًا عَلَيْكُمْ عَرَضْتُهُ — فَيَا رُبَّ مَعْرُوضٍ وَ لَيْسَ بِكَاسِدِ

وَحَقِّكُم عِندِي لَهُ أَلفُ طَالِبٍ ... وَأَلفُ زَبُونٍ يَشتَرِيهِ بِزَائِدِ
يَقُولُونَ لِي أَنتَ الَّذِي سَارَ ذِكرُهُ ... فَمِن صَادِرٍ يُثنِي عَلَيهِ وَوَارِدِ
هَبُونِي كَمَا قَد تَزعُمُونَ أَنَا الَّذِي ... فَأَينَ صِلَاتِي مِنكُم وَعَوَائِدِي
وَقَد كُنتُمُ عَونِي عَلَى كُلِّ حَادِثٍ ... وَذُخرِيَ الَّذِي أَعدَدتُهُ لِلشَّدَائِدِ
رَجَوتُكُمُ أَن تَنصُرُوا فَخَذَلتُمُ ... عَلَى أَنَّكُم سَيفِي وَكَفِّي وَسَاعِدِي
فَعَلتُم وَقُلتُم وَاستَطَلتُم وَجُرتُمُ ... وَلَستُ عَلَيكُم فِي الجَمِيعِ بِوَاجِدِ
فَجَازَيتُمُ تِلكَ المَوَدَّةَ بِالقِلَا ... وَذَاكَ التَّدَانِي مِنكُمُ بِالتَّبَاعُدِ
إِذَا كَانَ هَذَا فِي الأَقَارِبِ فِعلُكُم ... فَمَا ذَا الَّذِي أَبقَيتُمُ لِلأَبَاعِدِ

و قال من ثانى الطويل و القافية المتدارك

تَوَقَّ الأَذَى مِن كُلِّ رَذلٍ وَسَاقِطٍ ... فَكَم قَد تَأَذَّى بِالأَرَاذِلِ سَيِّدُ
أَلَم تَرَ أَنَّ اللَّيثَ تُؤذِيهِ بَقَّةٌ ... وَيَأخُذُ مِن حَدِّ المُهَنَّدِ مِبرَدُ

و قال من بحره و قافيته

عَفَى اللهُ عَنكُم أَينَ ذَاكَ التَّوَدُّدُ ... وَأَينَ جَمِيلٌ مِنكُم كُنتُ أَعهَدُ
بِمَا بَينَنَا لَا تَنقُضُوا العَهدَ بَينَنَا ... فَيَسمَعَ وَاشٍ أَو يَقُولَ مُفَنِّدُ

و يا ايها الاحباب ما لي اراكم و اني بحمد الله اهدى و ارشد
تعالوا نخلي العتب عنا و نصطلح و عودوا بنا للوصل و العود احمد
و لا تخدشوا بالعتب وجه محبة له بهجة انوارها تتوقد
و لا تتحمل منة الرسل بيننا و لا غرر الكتب التي تتردد
اذا ما تعاتبنا و عدنا الى الرضا فذلك ود بيننا يتجدد
عتبتم علينا و اعتذرنا اليكم و قلتم و قلنا و الهوى يتأكد
عتبتم فلم نعلم لطيب حديثكم اذلك عتب ام رضى و تودد
و ما تعتبوا الا لافراط غيرة و يا طيب عتب بالمحبة يشهد
و بتنا كما نهوى حبيبين بيننا عتاب كما انحل الجمان المنضد
و اضحى نسيم الروض يروى حديثنا فيا رب لا تسمع وشاة وحسد

و قال من مجزوء الرمل و القافية المتواتر

سيدي قلبي عندك سيدي اوحشت عبدك
سيدي قل لي و حدثني متى تنجز وعدك
اترى تذكر عهدي مثلما اذكر عهدك
ام ترى تحفظ ودي مثلما احفظ ودك

قُمْ بِنَا اِنْ شِئْتَ كُنْ عِنْدِى وَ اِلَّا كُنْتُ عِنْدَكْ
اَنَا فِى دَارِى وَحْدِى فَتَفَضَّلْ اَنْتَ وَحْدَكْ

وقال من المجتث و القافية المتواتر

مَوْلَاىَ كُنْ لِى وَحْدِى فَاِنَّنِى لَكَ وَحْدَكْ
وَكُنْ بِقَلْبِكَ عِنْدِى فَاِنَّ قَلْبِى عِنْدَكْ
لِى فِيكَ قَصْدٌ جَمِيلٌ لَا خَيَّبَ اللّٰهُ قَصْدَكْ
حَاشَاكَ تُؤْثِرُ بَعْدِى وَ لَسْتُ أُوثِرُ بَعْدَكْ
اِنْ تَنْسَ عَهْدِى اِنِّى وَ اللّٰهِ لَمْ اَنْسَ عَهْدَكْ
اَضَعْتَ وُدَّ مُحِبٍّ مَا زَالَ يَحْفَظُ وُدَّكْ
مَالِى عَلَيْكَ اعْتِرَاضٌ اَدِبْ كَمَا شِئْتَ عَبْدَكْ
مَوْلَاىَ اِنْ غِبْتَ عَنِّى وَا سُوءَ حَالِى بَعْدَكْ

و قال من مجزوء الخفيف و القافية المتدارك

وَ جَلِيسٍ حَدِيثُهُ لِلْمَسَرَّاتِ طَارِدْ
مِثْلِ لَيْلِ الشِّتَاءِ فَهْوَ طَوِيلٌ وَ بَارِدْ

و قال من المجتث والقافية المتواتر

أَمْسَيْتُ فِي قَعْرِ لَحَدِ   وَرُحْتُ مِنْكَ بِوَجْدِى

وَ عِشْتَ بَعْدَكَ يَا مَنْ   وَدِدْتُ لَوْ عِشْتَ بَعْدِى

و قال من رابع الكامل و القافية المتراكب

يَا سَائِلِى عَمَّا تَجَدَّدَ لِى   الْحَالُ لَمْ يَنْقُصْ وَ لَمْ يَزِدِ

وَ كَمَا عَلِمْتَ فَإِنَّنِى رَجُلٌ   أَفْنَى وَ لَا أَشْكُو اِلَى أَحَدِ

و قال من المجتث و القافية المتواتر

الْيَوْمَ أَنْتَ بِخَيْرٍ   وَ اَلْخَيْرُ عِنْدَكَ عَادَه

وَ مَا أَتَيْنَاكَ اِلَّا   زِيَارَةً لَا عِيَادَه

فَالْحَمْدُ لِلَّهِ هَذَا   كَ الْيَوْمُ يَوْمُ السَّعَادَه

وَ كُلَّمَا تَرْتَجِيهِ   نَالَهُ وَ زِيَادَه

و قال من مجزوء الكامل مرفلا و القافية المتواتر

الله اكبر يا محمد　　نبت العذار و تم اسود

ذهبت محاسنك التي　　كانت يقام لها و يقعد

فلك العزا في ما مضى　　و لنا الهنا فيما تجدد

و قال من المجتث و القافية المتواتر

شوقي اليك شديد　　كما علمت و ازيد

و كيف تنكر حبا　　به ضميرك يشهد

و قال يهجو من مجزوء الخفيف و القافية المتدارك

لعن الله صاعدا　　و اباه فصاعدا

و بنيه فنازلا　　واحدا ثم واحدا

قافية الذال

و قال يهجو من اول المتقارب و القافية المتواتر

ايا من اذا ما رءاه العدا　　لما عرفوا منه قالوا معاذا

اراك تلوذ على فائت　　و لست ارى لك فيه ملاذا

طلبت الجميع فغاب الجميع　　فمن سوء رايك لا ذا و لا ذا

قافية الراء

قال من اول البسيط و القافية المتواتر

لم يفض زيدكم من وصلكم وطره ... و لا قضى ليله من قربكم سحره
يا صارفي القلب الا عن محبتهم ... و سالبي الطرف الا عنهم نظره
جعلتكم خبري في الحب مبتدئا ... و كل معرفة لي في الهوى نكره
و بتم الليل في امن و في دعة ... و ليس عندكم علم بمن سهره
فكم غرست وفاءى في محبتكم ... فما جنيت لغرسي فيكم ثمره
و لم انل منكم شيأ سوى تهم ... تقال مشروحة فينا و مختصره
لله ليلة بتنا و الرقيب بها ... ناء فلا عينه نخشى ولا اثره
غراء ما اسود منها ان جعلت لها ... عيبا سوى مقلة كحلاء او شعره
بتنا بها حيث لا روع يخامرنا ... و نفحة الراح و الريحان مختمره
لم يكسر النوم عيني عن محاسنها ... حتى اتيت و عين النجم منكسره
ما زلت اشربها شمسا مشعشعة ... في الكاس حتى بدت في الشرق منتشره
مدامة تقرى الاعشى اذا برزت ... نقش الدنانير و الظلماء معتكره
عذراء ما راح ذو هم لخطبتها ... الا اتته صروف الدهر معتذره

باتت تناولنيها كف غانية تخال من لحظها و الخد معتصره
قوية العزم في ائتلاف عاشقها ضعيفة الخصر و الالحاظ و البشره
تجلو الكؤوس على لالاء بهجتها و تنشر الراح منها نكهة عطره
و بيننا من احاديث مزخرفة ما يخجل الروضة الغناء و الحبره

و قال من مجزوء الرجز و القافية المتواتر

يا روضة الحسن صلي فما عليك ضير
فهل رايت روضة ليس بها زهير

و قال من الرجز و القافية المتواتر

و صاحب جعلته اميرے شارك مني موضع الضمير
اودعته الخفي من اموري فكان مثل النار في البخور
صحبته و لم يكن نظيري قدمته وهو يرى تأخيري
نقصت اذ جعلته تكثيري كما تزاد الياء في التصغير

و قال من ثانى الطويل و القافية المتواتر

وَ عاذِلَةٍ بِانْتَ تلوم على الهوى | وَ بِالنسك مِن شرخ الشباب نَذير
لَقَد انكرت مِني مَشيًا على الصبا | ورقت لِقَلبي وهو فيها اَسير
انَّني وَ قالت يا زهير اصبوة | وانت حقيق بالعفاف جدير
فقلت دعيني اغتنمها مسرة | فما كل وقتٍ يستتم سرور
دعيني واللذات في زمن الصبا | فان لامني الاقوام قيل صغير
وَ عيشك هذا وقت لهوى و صبوتي | و غصني كما قد تعلمين نضير
يوله عقلي قامة و رشاقة | و يخلب قلبي اعين و ثغور
فان مت في ذا الحب لست باول | فقبلي مات العاشقون كثير
وَ اني على ما في من ولع الصبا | حريص على نيل العلا وَ قدير
وَ ان عرضت لي في المحبة نشوة | و حسبك اني ثابت و وقور
وَ ان رق مِني منطق وشمائل | فما هم مني بالقبيح ضمير
وَ ما ضرني اني صغير حداثة | وَ اني بفضلي في الانام كبير

و قال يهنىء الامير الاجل نصير الدين ابا الفتح بن اللمطى بقدومه من عيذاب لما وقع بالحدربى مقدم البجا فانهزم وترك ما له من مال وابل و اهل فاخذ جميع ذلك ووصل به الى مدينة قوص من ثانى الطويل و القافية المتدارك

لَهَا خَفَرٌ يومَ ٱللقَآءِ خَفِيرُهَا　　فمَا بَالُهَا ضَنَّتْ بِمَا لَا يَضِيرُهَا
اَعَادَتُهَا اَنْ لَّا يُعَادَ مَرِيضُهَا　　وَ سِيرَتُهَا اَنْ لَّا يُفَكَّ اَسِيرُهَا
رَعَيْتُ نُجُومَ ٱللَّيْلِ مِنْ اَجْلِ اَنَّهَا　　عَلَى جِيدِهَا مِنْهَا عُقُودٌ تُدِيرُهَا
وَقَدْ قِيلَ اَنَّ ٱلطَّيْفَ بِاللَّيْلِ زَائِرٌ　　فَأَيْنَ لِطَرْفِي نَوْمَةٌ يَسْتَعِيرُهَا
وَهَا اَنَا ذَا كَالطَّيْفِ فِيهَا صَبَابَةً　　لَعَلِّي اِذَا نَامَتْ بِلَيْلٍ اَزُورُهَا
اَغَارُ عَلَى ٱلْغُصْنِ ٱلرَّطِيبِ مِنَ ٱلصَّبَا　　وَ ذَاكَ لِاَنَّ ٱلْغُصْنَ قِيلَ نَظِيرُهَا
وَ مِنْ دُونِهَا اَنْ لَّا تُلِمَّ بِخَاطِرٍ　　قُصُورُ ٱلْوَرَى عَنْ وَصْلِهَا و قُصُورُهَا
مِنَ ٱلْغِيدِ لَمْ تُوقَدْ مَعَ ٱللَّيْلِ نَارُهَا　　وَ لَكِنَّهَا بَيْنَ ٱلضُّلُوعِ تُثِيرُهَا
وَ لَمْ تَحْكِ مِنْ اَهْلِ ٱلْفَلَاةِ شَمَائِلًا　　سِوَى اَنَّهَا يَحْكِي ٱلْغَزَالَ نُفُورُهَا
اَرُوحُ فَلَا يَعْوِي عَلَيَّ كِلَابُهَا　　وَ اَغْدُو فَلَا يَرْغُو هُنَاكَ بَعِيرُهَا
وَ لَوْ ظَفِرَتْ لَيْلَى بِتُرْبِ دِيَارِهَا　　لَاَصْبَحَ مِنْهَا دُرُّهَا وَ عَبِيرُهَا
تَقَاضَى غَرِيمُ ٱلشَّوْقِ مِنِّي حُشَاشَةً　　مُرَوَّعَةً لَمْ يَبْقَ اِلَّا يَسِيرُهَا
وَ اِنَّ ٱلَّذِي اَبْقَتْهُ مِنِّي يَدُ ٱلْهَوَى　　فِدَاءُ بَشِيرٍ يَوْمَ وَافَى نَصِيرُهَا

أَمِينٌ إِذَا أَبْصَرْتَ إِشْرَاقَ وَجْهِهِ   فَقُلْ لِلَّيَالِي تَسْتَتِرْ بِدُورُهَا

وَ إِنْ فُزْتَ بِالتَّقْبِيلِ يَوْمًا لِكَفِّهِ   رَأَيْتَ بِحَارَ الْجُودِ يَجْرِي نَمِيرُهَا

وَ كَمْ يَدَّعِي الْعَلْيَاءَ قَوْمٌ وَ إِنَّهُ   لَهُ سِرُّهَا مِنْ دُونِهِمْ وَ سَرِيرُهَا

قَدِمْتَ وَ وَافَتْكَ الْبِلَادُ كَأَنَّمَا   يُنَاجِيكَ مِنْهَا بِالسُّرُورِ ضَمِيرُهَا

تَلَقَّتْكَ لَمَّا جِئْتَ يَسْحَبُ رَوْضُهَا   مَطَارِفَهُ وَ افْتَرَّ مِنْهَا غَدِيرُهَا

تَبَسَّمَ مِنْهَا حِينَ أَقْبَلْتَ نَوْرُهَا   وَ أَشْرَقَ مِنْهَا يَوْمَ وَافَيْتَ نُورُهَا

وَ حَتَّى مَوَالِيكَ السَّحَائِبُ أَقْبَلَتْ   فَوَافَاكَ مِنْهَا بِالْهَنَاءِ مَطِيرُهَا

وَرُبَّ دَعَاءٍ بَاتَ يَطْوِي لَكَ الْفَلَا   إِذَا خَالَطَ الظَّلْمَاءَ لَيْلًا مُنِيرُهَا

وَطِئْتَ بِلَادًا لَمْ يَطَأْهَا بِحَافِرٍ   سِوَاكَ وَ لَمْ تَسْلُكْ بِخَيْلٍ وَعُورُهَا

يَكِلُّ عِقَابُ الْجَوِّ مِنْهَا عِقَابُهَا   وَ لَا يَهْتَدِي فِيهَا الْقَطَا لَوْ يَسِيرُهَا

وَرَدْتَ بِلَادَ الْأَعْجَمِينَ بِضُمَّرٍ   عِرَابٍ عَلَى الْعِقْبَانِ مِنْهَا صُقُورُهَا

فَصَبَّحْتَ فِيهَا سُودَهَا بِأُسُودِهَا   يَبِيدُ الْعِدَا قَبْلَ النَّقَارِ زَفِيرُهَا

لَئِنْ مَاتَ فِيهَا مَنْ سَطَاكَ أَنِيسُهَا   لَقَدْ عَاشَ فِيهَا وَحْشُهَا وَ نُسُورُهَا

غَدَتْ وَقْعَةٌ قَدْ سَارَ فِي النَّاسِ ذِكْرُهَا   بِمَا فَعَلَتْهُ بِالْعَدُوِّ ذُكُورُهَا

فَأَضْحَى بِهَا مَنْ خَالَفَ الدِّينَ خَائِفًا   وَ ضَاقَ عَلَى الْكُفَّارِ مِنْهَا كُفُورُهَا

وَ أَعْطَى قَفَاهُ الْحَرْبِيُّ مُوَلِّيًا   بِنَفْسٍ لِمَا تَخْشَاهُ مِنْكَ مَصِيرُهَا

مضى قاطعا عرض الفلا متلفتا — تروعه اعلامها و طيورها
وانت بما تهواه حتى حريمه — وتلك التي لا يرتضيها غيورها
فان راح منها ناجيا بحشاشة — ستلقاه اخرى تحتويه سعيرها
وليس عدوا كنت تسعى لاجله — و لكنها سبل الحجيج تجيرها
و من خلفه ماضي العزائم ماجد — يبيد العدا من سطوة و يبيرها
اذا رام مجد الدين حالا فانما — عسير الذي يرجوه منها يسيرها
اخو يقظات لا يلم بطرفه — غرار و لا يوهي قواه غريرها
لقد امنت بالرعب منه بلاده — فصدت اعاديها و سدت ثغورها
و اضحى له يولي الثناء غنيها — و امسى له يهدي الدعاء فقيرها
بك اهتز لي غصن الاماني مثمرا — و رقت لي الدنيا و راق سرورها
و ما نالني من انعم الله نعمة — و ان عظمت الا و انت سفيرها
و من بدا النعما و جاد تكرما — باولها يرجى لديه اخيرها
و اني و ان كانت اياديك جمة — على فاني عبدها و شكورها
امولاى وافتك القوافي بواسما — و قد طال منها حين غبت بسورها
فكانت زمانا مذ نايت تبرقعت — و قد رابني منها الغداة سفورها
الى اليوم لم تكشف لغيرك صفحة — فها هي مسدول عليها ستورها

اِذا ذُكِرت فِي الْحَيّ اصبح انسا　فرزدقها مِن وصلِها و جريرها

فخذها كما تهوى المعالي خريدة　يزف عليها درها و حريرها

تكاد اِذا حققت مِنها صحيفة　لِذكراك ان تبيض مِنها سطورها

و لِلناسِ اشعار ثقال كثيرة　و لكن شِعري فِي الأميرِ اميرها

و قال يمدح الامير مجد الدين محمد بن اسماعيل من اول الكامل و القافية المتدارك

اعلمتم ان النسيم اِذا سرى　نقل الحديث الى الرقيب كما جرى

و اذاع سِرا ما برحت اصونه　و هوى انزه قدره ان يذكرا

ظهرت عليهِ مِن عتابي نفحة　رقت حواشيهِ بِها و تعطرا

و اتى العذول و قد سددت مسامعي　بِهوى يرد مِن العواذِلِ عسكرا

جهِل العذول بِانني فِي حبِكم　سهر الدجى عِندى الذ مِن الكرى

و يلومني فِيكم و لست الومه　هيهات ما ذاق الغرام و ما درى

و بِمهجتي وسنان لا سِنة الكرى　او ما رايت الظبى احوى احورا

بهرت محاسنه العقول فما بدا　اِلا و سبح من رآه و كبرا

عانقت غصن البانِ مِنه مثمرا　ولثمت بدر التِم مِنه مسفرا

وتملكتني من هواه هزة — كادت تذيع من الغرام المضمرا
وكتمت فيه محبتي فاذاعها — غزل يفوح المسك منه اذفرا
غزل اطعت به الصبابة والصبا — وجعلت مدحي في الامير مكفرا
وغفرت ذنب الدهر يوم لقائه — وشكرته ويحق لي ان اشكرا
مولى ترى بين الانام وبينه — في القدر ما بين الثريا والثرى
بهر الملائك في السماء ديانة — الله اكبر ما ابر واطهرا
ذو همة كيوان دون مقامها — لو رامها النجم المنير تحيرا
وتهز منه الاريحية ماجدا — كالرمح لدنا والحسام مجوهرا
فاذا سالت سالت منه حاتما — واذا التقيت لقيت منه عنترا
يهتز في يده المهند عزة — ويميس فيها السمهري تبخترا
واذا امرؤ نادى نداه فانما — نادى فلباه السحاب الممطرا
بين المكرم والمكارم نسبة — فلذاك لا تهوى سواه من الورى
من معشر نزلوا من العلياء في — مستوطن رحب القرا سامي الذرى
جبلوا على الاسلام الا انهم — فتنوا بنار الحرب او نار القرى
ركبوا الجياد الى الجلاد كانما — يحملن تحت الغاب آساد الشرى
من كل خوار العنان مطهم — يجلو بغرته الظلام اذا سرى

و سروا الى نيل العلى بعزائم   اين النجوم الزهر من ذاك السرا
فافخر بما اعطاك ربك انه   فخر سيبقى في الزمان مسطرا
لا ينكر الاسلام ما اوليته   بك لم يزل مستنجدا مستنصرا
وليهن مقدمك الصعيد و من به   و من البشير لمكة ام القرى
و اذا رايت رايت منه جنة   لم ترض الا جود كفك كوثرا
و لربما اشتاقت لقربك انفس   كادت من الاشواق ان تتفطرا
و نذرت انى ان لقيتك سالما   قلدت جيد الدهر هذا الجوهرا
و ملات من طيب الثناء مجامرا   يذكين بين يديك هذا العنبرا
فقر لكل الناس فقر عندها   ابدا تباع بها العقول و تشترى
تثنى لراويها الوسائد عزة   و يظل في النادى بها متصدرا
مولاى مجد الدين عطفا ان لى   لمحبة في مثلها لا يمترا
يا من عرفت الناس حين عرفته   و جهلتهم حين ناى و تنكرا
خلق كماء المزن منك عهدته   و يعز عندى ان يقال تغيرا
مولاى لم اهجر جنابك عن قلا   حاشاى من هذا الحديث المفترا
و كفرت بالرحمن ان كنت امرءا   ارضى لما اوليته ان يكفرا

و قال يمدح السلطان الملك الكامل ناصر الدين ابا الفتح محمد بن الملك العادل ابى بكر بن ايوب و يذكر اراعة ثغر دمياط

من اول الطويل و القافية المتواتر

بِكَ اهتزّ عطفُ الدينِ فِي حُلَلِ النصرِ و رُدّت على اعقابها مِلّةُ الكفرِ

فقد اصبحت و الحمدُ لِلّهِ نعمةً يُقَصّر عنها قدرةُ الحمدِ و الشكرِ

يَقِلّ بها بذلُ النفوسِ بشارةً و يصغر فيها كلُّ شيءٍ مِن النذرِ

الا فليقل ما شاء من هو قائلٌ ودونك هذا موضعُ النظمِ و النثرِ

وجدتَ مَحَلًّا للمقالة قائلا فما لك ان قصّرتَ فِي ذاك مِن عذرِ

لك اللّه مِن مولًى اذا جاد او سطا فناهيك مِن عُرفٍ و ناهيك مِن نُكرِ

تميسُ بهِ الايامُ فِي حُلَلِ الصِّبا و ترفُلُ منه فِي مطارفهِ الخُضرِ

اياديه بِيضٌ فِي الورى موسويةٌ و لكنها تسعى على قدمِ الخِضرِ

و مِن اجلِهِ اضحى المقطمُ شامخًا ينافسُ حتّى طورَ سيناءَ فِي القدرِ

تدين له الاملاكُ بالكرهِ و الرضى و تخدمه الافلاكُ فِي النهيِ و الامرِ

فيا ملكًا ضاهى الملائكَ رفعةً ففي الملاءِ الاعلى له اطيبُ الذكرِ

يهنيك ما اعطاك ربُّك انها مواقفُ هنّ الغرُّ فِي موقفِ الحشرِ

لقد فرحت بغداد اكثر من مصر   و ما فرحت مصر بذا الفتح وحدها
لما سلمت دار السلام من الذعر   فلو لم يقم بالله حق قيامه
لخافت رجال بالمقام و بالحجر   و اقسم لو لا همة كاملية
و يثرب تنهيه الى صاحب القبر   فمن مبلغ هذا الهناء لمكة
حمى بيضة الاسلام من نوب الدهر   فقل لرسول الله ان سميه
فيا طرب الدنيا و يا فرح العصر   هو الكامل المولى الذى ان ذكرته
و طهرها بالسيف و الملة الطهر   به ارتجعت دمياط قهرا من العدا
وكم بات مشتاقا الى الشفع والوتر   ورد على المحراب منها صلاته
فلا حامت الا باعلامه الصفر   و اقسم ان ذاقت بنو الاصفر الكرى
السنا نراه عندنا ملك الغمر   عجبت لبحر جاء فيه سفينهم
سيطلب منها عفو انملك العشر   الا انها من فعله لكبيرة
تجاهد فيها لا بزيد و لا عمرو   ثلاثة اعوام اقمت واشهرا
لذلك قد احمدت عاقبة الصبر   صبرت الى ان انزل الله نصره
بكثرة من ارديته ليلة النحر   و ليلة نفر للعدو كانها
و لا غرو ان سميتها ليلة القدر   و يا ليلة قد شرف الله قدرها

سددت سبيل البر و البحر عنهم بسابحة دهم وسابحة غر
اساطيل ليست في اساطين من مضى بكل غراب راح اقنص من صقر
و جيش كمثل الليل هولا و هيبة و ان زانه ما فيه من انجم زهر
و كل جواد لم يكن قط مثله لآل زهير لا و لا لبني بدر
و باتت جنود الله فوق ضوامر باوضاحها تغني السراة عن الفجر
فما زلت حتى ايد الله حزبه واشرق وجه الارض جذلان بالنصر
فرويت منهم ظامئ البيض و القنا و اشبعت منهم طاوي الذئب و النسر
و جاءت ملوك الروم نحوك خضعا تجرر اذيال المهانة و الصغر
اتوا ملكا فوق السحاب محله فمن جوده ذاك السحاب الذي يسري
فمن عليهم بالامان تكرما على الرغم من بيض الصوارم و السمر
كفى الله دمياط المخاوف انها لمن قبلة الاسلام في موضع النحر
و ما طاب ماء النيل الا لانه يحل محل الريق من ذلك الثغر
فلله يوم الفتح يوم دخولها و قد طارت الاعلام منها على وكر
لقد فاق ايام الزمان باسرها و انسى حديثا عن حنين و عن بدر
و يا سعد قوم ادركوا فيه حظهم لقد جمعوا بين الغنيمة و الاجر

وانى لمشتاق الى كل قادم ... اذا كان من ذاك الفتوح على ذكر
فيطربنى ذاك الحديث و طيبه ... و يفعل بى ما ليس فى قدرة الخمر
و اصغى اليه مستعيدا حديثه ... كانى ذو وقر و لست بذى وقر
يقوم مقام البارد العذب فى الظما ... و يغنى عن الازواد فى البلد القفر
فكم مر لى يوم اذا ما سمعته ... اقر به سمعى و اذكره فكرى
و ها انا ذا حتى الى اليوم ربما ... اكذب عنه بالصحيح من الامر
لك الله من اثنى عليك فانما ... من القتل قد انجيته او من الاسر
يقصر فيك المدح من كل مادح ... و لو جاء بالشمس المنيرة و البدر

وقال يمدح ولده الملك المسعود صلاح الدين ابا المظفر يوسف بن الملك الكامل بعد رجوعه من اليمن و ارسل بها من قوص الى مصر وذلك فى سنة ٦٢١ احدى و عشرين و ستمائة

اتتك و لم تبعد على عاشق مصر ... و وافاك مشتاقا لك المدح و النصر
الى الملك ابن الكريم فحدثوا ... باعجب شىء انه البر و البحر
الى الملك المسعود ذى الباس و الندا ... و اسيافه حمر و ساحاته خضر
يرق و يقسو للعفاة و للعدا ... فاله منه ذلك العرف و النكر
يراعى حمى الاسلام لا زمن الحما ... و يحلو له ثغر المخافة لا الثغر

اذا ما افضا في افانين ذكره ... يقول جهول القوم قد ذهب الحصر

يكنفه من آل ايوب معشر ... بهم نهض الاسلام واندحض الكفر

بهاليل املاك على كل منبر ... وفي كل دينار يسير لهم ذكر

ويكفيك ان الكامل الندب منهم ... ويكفيهم هذا هو المجد والفخر

فيا ملكا عم البسيطة ذكره ... يرجى ويخشى عنده النفع والضر

لك الفضل قد ازرى بفضل وجعفر ... واصبح في خسر لديه فناخسرو

وانسيت املاك الزمان الذي مضى ... فلا قدرة منهم تعد ولا قدر

وكم لك من فعل جميل فعلته ... فاصبح معتدا به البيت والحجر

ومن يغرس المعروف يجني ثماره ... فعاجله ذكر وآجله اجر

وطوبى لمصر ما حوت لك من علا ... ومن مبلغ بغداد ما قد حوت مصر

بك اهتز ذاك القصر لما حللته ... واصبح جذلانا بقربك يفتر

رأى رأي عز لم يكن لمعزه ... وبعد ضياء الشمس لا يذكر الفجر

لئن ادركت مصر بقربك سؤلها ... فيا رب مصر شقها بعدك البحر

يزيل به اللأواء جودك لا الحيا ... ويجلو به الظلماء وجهك لا البدر

بلاد بها طاب النسيم لانه ... يزورك من ارض هي الهند والشحر

و كم معقل فيها منيع ملكته　　　و لم تحمه جيرانه الانجم الزهر

اناف الى ان سارت السحب تحته　　　فلو لا نداك الجم عز به القطر

و لو علمت صنعاء انك قادم　　　لحلت بها البشرى و دام بها البشر

الا ان قوما غبت عنهم لضيع　　　و ان مكانا لست فيه هو القفر

فيا صاحبي هب لي بحقك وقفة　　　يكون بها عندى لك الحمد والاجر

تحمل سلاما وهو في الحسن روضة　　　يزف بها زهر الكواكب لا الزهر

تخص به مصر و اكناف قصرها　　　فيا حبذا مصر و يا حبذا القصر

بعيشك قبل ساحة القصر ساجدا　　　وقم خادما عني هناك ولا صغر

لدى ملك رحب الخليقة قاهر　　　فمجلسه الدنيا و خادمه الدهر

ساذكي له بين الملوك مجامرا　　　فمن ذكره ند و من فكرتي جمر

بقيت صلاح الدين للدين مصلحا　　　تصاحبك التقوى و يخدمك النصر

وخذ جملا هذا الثناء لانني　　　لاعجز عن تفصيله و لي العذر

على انني في عصري القائل الذى　　　اذا قال بذ القائلين ولا فخر

لعمرى لقد انطقت من كان معجما　　　لك الحمد يا رب الندا و لك الشكر

و قال ايضا و كتب بها الى الوزير الفاضل فخر الدين ابى الفتح عبد الله بن القاضى دارا يشكره لمعروف اسداه اليه من ثانى الطويل و القافية المتدارك

لاى جميل من جميلك اشكر   واى اياد من اياديك اذكر
ساشكو ندا عن شكره رحت عاجزا   و من اعجب الاشياء اشكو و اشكر
يجر الحيا منه رداء حيائه   و يحصر عن تعداده حين يحصر
تركت جنابى بالندا و هو ممرع   و غصن رجاءى وهو ريان مثمر
و اوليتني من بر فضلك انعما   غدا كاهلى عن حملها و هو موقر
سأشكرها ما دمت حيا و ان اقم   سانشرها فى موقفى حين انشر
و انى و ان اعطيت فى القول بسطة   و طاوعنى هذا الكلام المحبر
لاعلم انى فى الثناء مقصر   و ان الذى اوليت اوفى و اوفر
على ان شكرى فيك حين ابثه   يروقك منه الروض يزهو ويزهر
يظل فتيق المسك و هو معطل   به و نسيم الجو وهو معطر
فخذها على ما جليت بنت ساعة   اتتك على استحيائها تتعثر

و قال من بحره و قافيته

تَعَالُوا بِنَا نَطْوِى الْحَدِيثَ الَّذِى جَرَى	وَ لَا سَمِعَ الْوَاشِى بِذَاكَ وَ لَا دَرَى
تَعَالُوا بِنَا حَتَّى نَعُودَ إِلَى الرِّضَى	وَ حَتَّى كَأَنَّ الْعَهْدَ لَنْ يَتَغَيَّرَا
وَ لَا نَذْكُرُوا ذَاكَ الَّذِى كَانَ بَيْنَنَا	عَلَى أَنَّهُ مَا كَانَ ذَنْبٌ فَيُذْكَرَا
نَسِبْتُمْ لَنَا الْغَدْرَ الَّذِى كَانَ مِنْكُمْ	فَلَا أَخَذَ الرَّحْمَنُ مَنْ كَانَ أَغْدَرَا
لَقَدْ طَالَ شَرْحُ الْقَالِ وَ الْقِيلِ بَيْنَنَا	وَ مَا طَالَ ذَاكَ الشَّرْحُ إِلَّا لِيُقْصَرَا
مَتَى يَجْمَعُ الرَّحْمَنُ شَمْلِى بِقُرْبِكُمْ	وَ يَصْفُو لَنَا مِنْ عَيْشِنَا مَا تَكَدَّرَا
سَأَذْكُرُ إِحْسَانًا تَقَدَّمَ مِنْكُمُ	وَ أَتْرُكُ إِكْرَامًا لَهُ مَا تَأَخَّرَا
مِنَ الْيَوْمِ تَأْرِيخُ الْمَحَبَّةِ بَيْنَنَا	عَفَا اللهُ عَنْ ذَاكَ الْعِتَابِ الَّذِى جَرَى
فَكَمْ لَيْلَةٍ بِتْنَا وَ كَمْ بَاتَ بَيْنَنَا	مِنَ الْأُنْسِ مَا يُنْسَى بِهِ طِيبُ الْكَرَى
أَحَادِيثُ أَحْلَى فِي النُّفُوسِ مِنَ الْمُنَى	وَ أَلْطَفُ مِنْ مَرِّ النَّسِيمِ إِذَا سَرَى

و قال من مجزوء، الرجز و القافية المتدارك

بِاللهِ قُلْ لِي خَبَرَكْ	فَلِي ثَلَاثٌ لَمْ أَرَكْ
يَا أَقْرَبَ النَّاسِ إِلَى	مَوَدَّتِي مَا أَخَرَكْ
وَ نَاظِرِى إِلَى الطَّرِيقِ	لَمْ يَزَلْ مُنْتَظِرَكْ

يَا نَاسِيًا عَهْدِــي مَا   كَانَ لِعَهْدِى أَذْكَرَك

يَا أَيُّهَا ٱلْمُعْرِضُ عَنْ   أَجْبَابِهِ مَا أَصْبَرَك

بَيْنَ جُفُونِى وَ ٱلْكَرَى   مُذْ غِبْتَ عَنِّى مَعْتَرَك

وَ نَزَّهَنِى أَنْتَ فَلَمْ   حَرَمْتَ عَيْنِى نَظَرَك

أَخَذْتَ قَلْبًا طَالَمَا   عَلَى ظُلْمًا نَصَرَك

كَيْفَ نَفِسْتَ وَ مَنْ   هَذَا ٱلَّذِى قَدْ غَبَرَك

وَ كَيْفَ يَا مُعَذِّبِى   قَطَعْتَ عَنِّى خَبَرَك

وَ عَنْ غَرَامِى كُلَّمَا   لَامَكَ قَلْبِى عَذَرَك

فَأَعْجَبُ لِصَبٍّ فِيكَ مَا   شَكَّاكَ إِلَّا شَكَرَك

وَ ٱللَّهِ مَا خُنْتَ ٱلْهَوَى   لَكَ ٱلضَّمَانُ وَ ٱلدَّرَك

يَا آخِذًا قَلْبِى أَمَا   قَضَيْتَ مِنْهُ وَطَرَك

قَدْ كَانَ لِى صَبٌّ بِطِيــلُ ٱللَّهُ فِيهِ عُمَرَك

وَ حَقِّ عَيْنَيْكَ لَقَدْ   نَصَبْتَ عَيْنَيْكَ شَرَك

وَ حَاسِدٍ قَالَ فَمَا   أَبْقَى لَنَا وَمَا تَرَك

مَا زَالَ يَسْعَى جَهْدَهُ   يَا ظَبْى حَتَّى نَفَرَك

و قال من مجزوء الكامل المرفل و القافية المتواتر

هَذَا كِتَابِي وَ هُوَ يُطْلِعُكُمْ عَلَى حَالِي وَ ضُرِّي
فَتَأَمَّلُوا فِيهِ تَرَوْا أَثَرَ ٱلدُّمُوعِ بِكُلِّ سَطْرِ
مَاءٌ تَدَفَّقَ مِنْ جُفُونِي فَهُوَ مِنْ نَارٍ بِصَدْرِي
كَٱلْعُودِ يُوقَدُ بَعْضُهُ وَ ٱلْبَعْضُ مِنْهُ ٱلْمَاءُ يَجْرِي

و قال من بحره و قافيته

جَاءَ ٱلرَّسُولُ مُبَشِّرِي مِنْهَا بِمِيعَادِ ٱلزِّيَارَه
أَهْدَى إِلَيَّ سَلَامَهَا وَ أَتَى بِخَاتَمِهَا أَمَارَه
وَ أَشَارَ عَنْ بَعْضِ ٱلْحَدِيثِ وَ حَبَّذَا تِلْكَ ٱلْإِشَارَه
إِنْ صَحَّ مَا قَالَ ٱلرَّسُولُ وَهَبْتُهُ رُوحِي بِشَارَه

و قال من خامس الكامل والقافية المتواتر

إِنِّي لَأَشْكُرُ لِلْوُشَاةِ يَدًا عِنْدِي يَقِلُّ لِمِثْلِهَا ٱلشُّكْرُ
قَالُوا فَأَغْرَوْنَا بِقَوْلِهِمِ حَتَّى تَأَكَّدَ بَيْنَنَا ٱلْأَمْرُ

و قال من مجزوء الكامل والقافية المتواتر

يا زيد كيف نسيت عمرك و اطلت بعد الوصل هجرك
مهلا فما غادرت لى جلدا يقاسى فيه غدرك
قد سرنى هذا الذى بى من ضنى ان كان سرك
ان كان ذلك عن رضا ك و قد علمت به فامرك
او كان قصدك فى الهوى قتلى يطيل الله عمرك
مولاى ما احلاك فى قلب المحب و ما امرك
ته كيف شئت من الجما ل فلست اجهل فيه قدرك

و قال من مجزوء الرمل والقافية المتواتر

سيدى لبيك عشرا لست اعصى لك امرا
كيف اعصاك و ودى لك دون الناس طرا

و قال من بحرد و قافيته

لى حبيب لا يسمى و حديث لا يفسر
تعب العاذل فى قصة وجدى و تحير

آه لَوْ اَمْكَنَنِي الْقَوْ ل لَعَلِّي كُنْتُ اَعْذِرُ

لَسْتُ اَرْضَى لِحَبِيبِي اَنَّهُ لِلنَّاسِ يُذْكَرُ

وَ هُوَ مَعْرُوفٌ وَ لَكِنْ هُوَ مَعْرُوفٌ مُنَكَّرُ

هُوَ ظَبْيٌ فَاِذَاما سِمْتُهُ الْوَصْلَ تَنَمَّرُ

فَتَرَى دَمْعِي يَجْرِي وَ لِسَانِي يَتَعَثَّرُ

سَيِّدِي لَا تَصْغَ لِلْوَا شِي وَ اِنْ قَالَ فَأَكْثِرْ

فَحَدِيثِي غَيْرُ مَا قَدْ ظَنَّهُ الْوَاشِي وَ قَدَّرَ

اِنَّ ذَنْبَ الْغَدْرِ فِي الْحُبِّ لَذَنْبٌ لَا يُكَفَّرُ

طَالَتِ الشَّكْوَى فَمَلَّ السَّمْعُ مِمَّا يَتَكَرَّرُ

وَ انْقَضَى الْعُمْرُ وَ حَالِي هُوَ حَالِي مَا تَغَيَّرَ

و قال من بحره و قافيته

اَيُّهَا الْغَائِبُ عَنِّي قَرَّبَ اللهُ مَزَارَكْ

قَدْ سَكَنْتَ الْقَلْبَ حَتَّى صَارَ مَأْوَاكَ وَ دَارَكْ

فَعَسَى تَحْفَظُ سِرًّا فِيهِ قَدْ اَصْبَحَ جَارَكْ

و قال من السريع والقافية المتواتر

اَصبحتَ لا شغلٌ و لا عطلةٌ مذبذباً فِي صفقةٍ خاسره
وَ جماةُ اَلامرِ و تفصيلهُ اَنّي لا دنيا وَ لا آخِره

و قال من ثالث المتقارب و القافية المتواتر

اِذَا مَا نَسيتكَ من اَذكُر سِواكَ يبالِى لَا يخطر
وَ يوم سرورى يوم اَراكَ لِاَنِي بوجهك اَستبشر
وَاِن غاب اُنسُك عن مجلسى فَمَا لِى اُنس بِمن يحضر
عَلى اَلناسِ حتّى اَراكَ اَلسلامْ فما ثَمَّ بعدك من يصر
وَ كَم لكَ عندى مِن نِعمةٍ لِسانِى عن شُكرِهَا يقصر

و قال من الهزج والقافية المتواتر

عَلى حُسنِ اَلنواعِيرِ وَ اَصواتِ اَلشحاريرِ
وَ قد طابَ لنا وقتٌ صفا مِن غيرِ تكديرِ
فَقُم يا اَلفَ مولاىَ اَدرهَا غيرَ مامورِ
وَ خذهَا كالدّنانيرِ عَلَى رغمِ اَلدنانيرِ

أَدِرْهَا مِنْ سَنَا ٱلصُّبْحِ تَزِدْ نُوراً عَلَى نُورِ
عُقَاراً أَصْبَحَتْ مِثْلَ هَبَاءٍ غَيْرِ مَنْثُورِ
بَدَتْ أَحْسَنَ مِنْ نَارٍ رَأَتْهَا عَيْنُ مَقْرُورِ
نَزَلْنَا شَاطِئَ ٱلنِّيلِ عَلَى بُسْطِ ٱلْأَزَاهِيرِ
وَ قَدْ أَضْحَى لَهُ بِٱلْمَوْجِ وَجْهٌ ذُو أَسَارِيرِ
وَ فِي ٱلشَّطِّ حَبَابٌ مِثْلَ أَنْصَافِ ٱلْقَوَارِيرِ
تَسَابَقْنَا إِلَى ٱللَّهْوِ وَ وَافَيْنَا بِتَبْكِيرِ
وَ فِينَا رَبُّ مِحْرَابٍ وَ فِينَا رَبُّ مَاخُورِ
وَ مِنْ قَوْمٍ مَسَاتِيرٍ وَ مِنْ قَوْمٍ مَسَاخِيرِ
وَ مِنْ جِدٍّ وَ مِنْ هَزْلٍ وَ مِنْ حَقٍّ وَ مِنْ زُورِ
فَطَوْراً فِي ٱلْمَقَاصِيرِ وَ طَوْراً فِي ٱلدَّسَاكِيرِ
وَ رُهْبَانٍ كَمَا تَدْرِي مِنَ ٱلْقِبْطِ ٱلنَّحَارِيرِ
وَ فِيهِمْ كُلُّ ذِي حُسْنٍ مِنَ ٱلْإِحْسَانِ مَوْفُورِ
وَ تَالٍ لِلْمَزَامِيرِ بِصَوْتٍ كَٱلْمَزَامِيرِ
وَ فِي تِلْكَ ٱلْبَرَانِيسِ بُدُورٌ فِي ٱلدَّيَاجِيرِ
وُجُوهٌ كَٱلتَّصَاوِيرِ تُصَلِّي لِلتَّصَاوِيرِ

وَ مِنْ تَحْتِ الزَنَانِيرِ خُصُورٌ كَالزَنَابِيرِ
اَتَيْنَاهُمْ فَمَا اَبْقَوا وَلَا ضَنُّوا بِمَذْخُورِ
لَقَدْ مَرَّ لَنَا يَوْمٌ مِنَ الغُرِّ المَشَاهِيرِ
عَلَى مَا خِلْتَهُ مِنْ غَيْرِ مِيعَادٍ وَ تَقْرِيرِ
فَقُلْ مَا شِئْتَ مِنْ قَوْلٍ وَ قَدِّرْ كُلَّ تَقْدِيرِ

و قال من ثالث الرمل والقافية المتدارك

اَنَا مَنْ يَسْمَعُ عَنْهُ وَ يَرَى لَا تُكَذِّبْ فِي غَرَامِي الخَبَرَا
لِي حَبِيبٌ كَمُلَتْ اَوْصَافُهُ حَقَّ لِي فِي حُبِّهِ اَنْ اُعْذَرَا
حِينَ اَضْحَى حُسْنُهُ مُشْتَهِرًا رُحْتُ فِي الوَجْدِ بِهِ مُشْتَهِرَا
كُلُّ شَيْءٍ مِنْ حَبِيبِي حَسَنٌ لَا اَرَى مِثْلَ حَبِيبِي فِي الوَرَى
اَحْوَرٌ اَصْبَحْتُ فِيهِ حَائِرًا اَسْمَرٌ اَمْسَيْتُ فِيهِ سَمِرَا
بَعْضُ مَا اَلْقَاهُ فِيهِ اَنَّهُ لَا يَزَالُ الدَّهْرَ بِي مُسْتَهْتِرَا
فَتَرَانِي بَاكِيًا مُكْتَئِبًا وَ تَرَاهُ ضَاحِكًا مُسْتَبْشِرَا
اِنَّ لَيْلًا قَدْ دَجَى مِنْ شَعْرِهِ فِيهِ مَا اَحْلَى الضَّنَا وَ السَّهَرَا
وَ صَبَاحًا قَدْ بَدَا مِنْ وَجْهِهِ حَيَّرَ الاَلْبَابَ لَمَّا اَسْفَرَا

و افتضاحی فيه ما اطيبه | كان ما كان و يدری من دری
ايها الواشون ما اغفلكم | لو علمتم ما جری لی و جری
و اذعتم عن فوادی سلوة | ان هذا لحديث مفتری
بين قلبی وسلوی فی الهوی | مثل ما بين الثريا و الثری

و قال من ثانی البسيط و القافية المتواتر

سكنت قلبی و فيه منك اسرار | فلتهنك الدار او فليهنك الجار
ما فيه غيرك او سر علمت به | وانظر بعينيك هل فی الدار ديار
انی لارضی الذی ترضاه من تلفی | يا قاتلی و لما تختار اختار
و يانف الغدر قلبی و هو محترق | النار و الله فی هذا و لا العار
افدی حبيبا هو البدر المنير و قد | تحيرت فيه الباب و ابصار
فی وجنتيه و حدث عنهما عجبا | ماء و نار و لا ماء ولا نار
ما اطيب الليل فيه حين اسهره | كانما زفراتی فيه اسمار
وليلة الهجر ان طالت وان قصرت | فموٴنسی املی فيها و تذكار
لا يخدعنك منه طيب منطقه | فطالما لعبت بالعقل اوتار
و لا يغرك منه حسن منظره | فقد يقال بان النجم غرار

و قال من مجزوء الخفيف و القافية المتدارك

غِبتَ عنّي و ما الخبر　　ما كذا بيننا اشتهر

انا ما لي على الجفا　　لا و لا البعد مصطبر

لا تلُم فيك عاشقًا　　رام صبرًا فما قدر

انكرت مقلتي الكرى　　حين عرفتها السهر

فعسى منك نظرة　　ربما اقنع النظر

غنيت عين من يرا　　ك عن الشمسِ والقمر

ايها المعرض الذي　　لا رسولٌ و لا خبر

و جرى منه ما جرى　　ليته جاء و اعتذر

كل ذنبٍ كرامة　　لمحياك مغتفر

انا في مجلس يرو　　قك مرأى و مختبر

بين شادٍ و شادنٍ　　نزهة السمعِ و البصر

و صحابٍ بذِ كرِهم　　تفخر الكتب و السير

و اذا ما تفاوضوا　　فهم الزهر و الزهر

فتفضل فيومنا　　بِك ان زرتنا اغر

فَسُرُورٌ نَغِيبُ عَنْــهُ وَ اِنْ جَلَّ مُحْتَقَرْ

لَا أَبَالِى إِذَا حَضَـرَتْ بِمَنْ غَابَ أَوْ حَضَرْ

وَ قال من الهزج و القافية المتواتر

أَبَا مَنْ زَادَ فِى تِيهِ وَ فِى طَيْشٍ وَ فِى كِبْرٍ

وَ مَنْ أَصْبَحَ لَا يَلْوِى عَلَى زَيْدٍ وَ لَا عَمْرِو

أَرَى عُنْوَانَ أَشْيَاءٍ وَ لَا بُدَّ بِأَنْ تَجْرِى

مَتَى نَصْحُ أُذَكِّرُكَ فَأَنْتَ الْيَوْمَ فِى سُكْرِ

فَوَا ضَيْعَةَ نُصْحِى لَــكَ فِى سِرٍّ وَ فِى جَهْرِ

وَ كَمْ قُلْتُ وَلَكِــنْ أَيْـــنَ مَنْ يَسْمَعُ أَوْ يَدْرِى

وَ قال من بحره و قافيته

أَرِحْنِى مِنْكَ حَتَّى لَا أَرَى مَنْظَرَكَ الْوَعْرَا

فَقَدْ صَيَّرْتَ لِى بَعْـدَكَ عَنِّى رَاحَةً كُبْرَى

فَمَا تَنْفَعُ فِى الدُّنْيَـا وَ لَا تَشْفَعُ فِى الْأُخْرَى

لَقَدْ خَابَ الَّذِى كُنْتَ لَهُ فِى شِدَّةٍ ذُخْرَا

و قال من ثالث السريع و القافية المتدارك

يا ايها الغائب عن ناظرى　　غيرك فى قلبى لا يحضر
اعرف ما عندك من وحشة　　و مثله عندى او اكثر
و لى فؤاد عنك لا يرعوى　　و لى لسان عنك لا يفتر
مثلك فى الناس الحبيب الذى　　يذكر او يشكر او يصر
و كلما شامية اقبلت　　اسالها عنك و استخبر
يا طيبها ريحا اذا ما سرت　　و طيب ما تروى و ما تذكر
افهم من طيب انفاسها　　عبارة عنك هى العنبر

و قال من مجزوء الرمل و القافية المتواتر

حبذا دور على النيل و كاسات تدور
و مسرات تموج الا　　رض منها و تمور
و قصور ما لعيش　　ناعم فيها قصور
كم بها قد مر لى استغفر　　الله سرور
كل عيش غير ذاك العيش فى العالم زور
منزل ليس على الار　　ض له عندى نظير

و قال من بحره و قافيته

انا في اوسع عذري   و كفى انك تدري
لم اغب عنك اختيارا   انما ذاك لامر
انا في اسر ثقيل   اى اسر اى اسر
كلما ابعدت عنه   باللقا يزداد ضري
كلما اقصيته   يندس في سحري و نحري
و لكم اهرب منه   و لكم خلفي يجري
ما له شغل و لا يعرف   الا شغل سري
فمتى اخلص منه   و متى يا ليت شعري

و قال من ثاني الطويل و القافية المتدارك

لاجلك سعيي و اجتهادي و خدمتي   و يا ليت هذا كله فيك يثمر
تبعت لما يرضيك في كل حالة   فان كنت لم تبصره فالله يبصر
و والله ما بعدي محب و مشفق   و سوف اذا جربت غيري تذكر
فما شئت من امر فسمعا و طاعة   فما ثم الا ما تحب و تؤثر
على بانني لا اخل بخدمة   و ابذل مجهودي وانت المخير

و قال من ثالث السريع و القافية المتدارك

أوحشتني و الله يا مالكي   قطعت يومي كله لم أرك
هذا جفاء منك ما اعتدته   و ليتني اعرف من غيرك

و قال من مجزوء الرمل و القافية المتواتر

ما احتيالي في كتاب   ضاق عما في ضميري
حرت لا اعرف ما اشـــرح فيه من امورى
كاد ان يحترق القر   طاس من نار زفيري
ليس يشفي ما بقلبي   منكم غير حضور
ان خطب البعد عنكم   ليس بالخطب اليسير

و قال من ثاني البسيط و القافية المتواتر

سقاك صوب الحيا يا دار يا دار   فكم تقضت لقلبي فيك اوطار
و حبذا فيك آثار اشاهدها   من الحبيب لها في القلب آثار
عهدت ربعك مانوسا يغازلني   فيه شموس منيرات و اقمار
متى تعود ليال فيك لي سلفت   فهم يقولون ان الدهر دوار

و قال يصف امراة معتدلة القامة لا طويلة و لا قصيرة
من مجزوء الوافر و القافية المتواتر

كلفت بها و قد تمت حلاها   و زينها الملاحة و الوقار
فما طالت و ما قصرت و لكن   مكملة يضيق بها الازار
قوام بين ذلك في اعتدال   فلا طول يعاب و لا اختصار
و شعر واصل الخلخال منها   فاضحى قرطها قلقا يغار
حكت فصل الربيع بحسن قد   تساوى الليل فيها و النهار

و قال من مجزوء الكامل و القافية المتواتر

قد صح عندي ما جرى   فدع اللجاجة و المرا
كم قد كتمت فلم يفد   حتى درى بك من درى
يا غافلا عن نفسه   اخذتك السنة الورى
السهل اهون مسلكا   فدع الطريق الاوعرا
واعلم بانك ما تقل   في الناس قالوا اكثرا
فاحفظ لسانك تسترح   فلقد كفى ما قد جرى
ولقد نصحتك فاجتهد   ت و انت بعدي ما ترى

و قال من مجزوء الرمل و القافية المتواتر

لَيْتَ شِعْرِى لَيْتَ شِعْرِى   اَىُّ اَرْضٍ هِىَ قَبْرِى
وَ مَتَى يومُ وَفَاتِى   لَيْتَنِى لَوْ كُنْتُ اَدْرِى
ضَاعَ عُمْرِى فِى اَغْتِرَابٍ   وَ رَحِيلٍ مُسْتَمِرِّ
لَيْسَ لِى فِى كُلِّ اَرْضٍ   جِئْتَهَا مِنْ مُسْتَقَرِّ
بَعْدَ هَذَا لَيْتَنِى اَعْـــرِفُ   مَا اٰخِرُ عُمْرِى
وَ مَتَى اَخْلُصُ مِمَّا   اَنَا فِيهِ لَيْتَ شِعْرِى
وَ لَقَدْ آنَ بِاَنْ اَصْـــحُو   فَمَا لِى طَالَ سُكْرِى
اَتَرَى يَسْتَدْرِكُ الْفَا   رِطُ مِنْ تَضْيِيعِ عُمْرِى

و قال من ثانى الكامل و القافية المتواتر

مولاىَ مَا قَصُرَتْ شُهُورُ زَمَانِنَا   لَكِنَّهَا حَشًّا اِلَيْكَ تَسِيرُ
تَتَسَابَقُ الْاَيَّامُ نَحْوَكَ شُرَّعًا   وَ تَكَادُ مِنْ شَوْقٍ اِلَيْكَ تَطِيرُ

و قال من ثانى السريع و القافية المتدارك

يا ايها الناكث في عهده قد علم الله من الخاسر
وا اسفى اليوم على صحبة يتعب فيها القلب و الخاطر
و الله ما فيك ولا خصلة محمودة يذكرها الذاكر
يا ايها المسرف في تيهه و حق عينيك لذا آخر
ظلمتني اذ لم اجد ناصرا وا حسرتي من اين لى ناصر
ما تظهر القدرة من قادر الا اذا قابله قادر
غدرت بي بعد عهود جرت يكفيك قول الناس يا غادر
فعلت فعلا غير مستحسن ما لك فيه احد شاكر

و قال من مجزوء الخفيف و القافية المتدارك

ان شكى القلب هجركم مهد الحب عذركم
لو رايتم محلكم فى فؤادى لسركم
لو اشرتم بما عسى ما تعديت امركم
لم يخنكم سوى دمو عى اظهرن سركم

قصروا عمر ذا الجفا　　طول الله عمركم
شرفوني بزورة　　شرف الله قدركم
كنت ارجو بانكم　　شهركم لي ودهركم
و نسيتم و انما　　انا لم انس ذكركم
و صبرتم فليتني　　كنت اعطيت صبركم
و رايتم تجلدي　　في هواكم فغركم
لو وصلتم محبكم　　ما الذي كان ضركم
مات في الحب صبوة　　عظم الله اجركم

و قال من مجزوء الكامل و القافية المتواتر

ضمنتها حمدا و شكرا　　واتتك تطلب منك عذرا
لم ادر كيف اجيب ما　　حبرته نظما و نثرا
ارسلته شعرا الي　　و لو علمت لقلت سحرا
فنشرتها حبرا على　　نشرت لي في الناس ذكرا
ابصرت وجهك ثم قلت　　لمقلتي ابصرت بدرا

أذكَّرتْنِي زَمانًا مَضَى   عنِّي وَعَيشِي كَانَ نَضِرَا

وَالشِّعرُ مَا قَد كُنتُ مغـــرًّى فِيه لَمَّا كُنتُ مغرى

فخَـلَعتُ أثوابَ الغَرا   مَ فَلَا الجَديدَ وَلَا المطرَا

و قال من مجزوء الخفيف و القافية المتدارك

لَعَنَ اللهُ مَن ذَكَر تَ وَ حَاشَاكَ تَذكِرَه

إِنَّ مَن فَاه بِاسمِه دِجلَةٌ لَا تُطهِّرَه

وَ أَرَى أَلفَ رَكعَةٍ بَعدَه لَا تُكفِّرَه

وقال يرثي بعض من يعز عليه من ثالث السريع و القافية المتواتر

يَا وَاحِدًا مَا كَانَ لِي غَيرُه   بَعدَكَ وَا قِلَّةَ أنصَارِى

يَامُنتَهَى سُؤلِي وَ يَا مُشتَكَى   حُزنِي وَ يَا حَافِظَ أسرارِى

الدَّارُ مِن بَعدِكَ قَد أَصبَحَت   فِي وَحشَةٍ يَا مُونِسَ الدَّارِ

إِن كُنتَ قَد أَصبَحتَ فِي جَنَّةٍ   أنِّي مِن فَقدِكَ فِي النَّارِ

جَارُكَ قَلبِي كَيفَ أَحرَقتَه   وَ اللهُ أَوصَى الجَارَ بِالجَارِ

14

و قال من مشطور الرجز و القافية المتدارك

وَ لَيْلَةٍ كَأَنَّهَا يَوْمٌ أَغَرّْ ظَلَامُهَا أَشْرَقُ مِنْ ضَوْءِ الْقَمَرْ
كَأَنَّهَا فِي مُقْلَةِ الدَّهْرِ حَوَرْ مَا قَصُرَتْ لَوْ سَلِمَتْ مِنَ الْقِصَرْ
حِينَ أَتَتْ مَرَّتْ كَلَمْحٍ بِالْبَصَرْ لَيْسَ لَهَا بَيْنَ النَّهَارَيْنِ أَثَرْ
تَطَابَقَ الْعِشَاءُ مِنْهَا وَالسَّحَرْ أَلَذُّ مِنْ طِيبِ الْكَرَى فِيهَا السَّهَرْ
قَطَعْتُهَا فَلَا تَسَلْ عَنِ الْخَبَرْ بِصَاحِبٍ حُلْوِ الْحَدِيثِ وَالسَّمَرْ
تَحْضُرُ كُلُّ رَاحَةٍ إِذَا حَضَرْ فِي الْجِدِّ وَ الْهَزْلِ جَمِيعًا قَدْ مَهَرْ
نِعْمَ الرَّفِيقُ فِي الْمُقَامِ وَ السَّفَرْ وَ شَادِنٍ فِيهِ مِنَ التِّيهِ خَفَرْ
حُلْوِ الثَّنَايَا وَ التَّثَنِّي إِنْ خَطَرْ مِنْ أَطْرَبِ النَّاسِ غِنَاءً وَ وَتَرْ
وَ فِيهِ أَشْيَاءُ وَ أَشْيَاءُ أُخَرْ وَقَهْوَةٍ تَسُدُّ أَبْوَابَ الْفِكَرْ
أَشْرَفُ شَيْءٍ عُنْصُرًا وَ مُعْتَصَرْ تَضْعُفُ عَنْ إِدْرَاكِهَا قُوَى الْبَشَرْ
رَقَّتْ فَمَا يُثْبِتُهَا حُسْنُ النَّظَرْ فَلَمْ نَزَلْ حَتَّى إِذَا الْفَجْرُ انْفَجَرْ
وَ غَرِقَتْ مِنْهُ النُّجُومُ فِي نَهَرْ وَ أَيْقَظَ النَّائِمَ أَنْفَاسُ السَّحَرْ
وَ خَمَّشَ النَّسِيمُ أَغْصَانَ الشَّجَرْ وَ فَتَّتَتْ يَدُ الصَّبَا مِسْكَ الزَّهَرْ
قُمْنَا فَهَلْ طَابَ نَعِيمٌ وَ اسْتَمَرّْ قَدْ سَتَرَ اللَّيْلُ عَلَيْنَا وَ غَفَرْ

وَ مَا لَذِيذُ ٱلْعَيْشِ إِلَّا مَا ٱسْتَتَرْ لِلَّيْلِ عِنْدِي مِنَنٌ إِذَا ٱعْتَكَرْ
كَمْ حَاجَةٍ قَضَيْتُ فِيهِ وَ وَطَرْ يَلْحَفُنِي جَنَاحُهُ عِنْدَ ٱلْحَذَرْ
أَوْدَعْتُهُ سِرَّ ٱلْهَوَى فَمَا ظَهَرْ رَقَّ عَلَى قَلْبِهِ لَمَّا كَفَرْ
أَشْكُرُهُ وَ إِنَّ مِثْلِي مَنْ شَكَرْ

و قال من مرفل الكامل و القافية المتواتر

يَا سَيِّدًا لِي حَيْثُ كُنْتُ عَلَى مَكَارِمِهِ ٱلْخِيَارْ
إِنِّي أَدُلُّ لِأَنَّنِي ضَيْفٌ وَ مَمْلُوكٌ وَ جَارْ

قال شرف الدين و قال ايضا من بحره و قافيته فانشدنيها بقاعة القاهرة المحروسة فى يوم الخميس لخمس خاون من المحرم عام احدى و اربعين و ستماية (و قد زعم بعضهم انها للشيخ عمر بن الفارض وليس كذلك)

غَيْرِي عَلَى ٱلسُّلْوَانِ قَادِرْ وَ سِوَايَ فِي ٱلْعُشَّاقِ غَادِرْ
لِي فِي ٱلْغَرَامِ سَرِيرَةٌ وَ ٱللّٰهُ أَعْلَمُ بِٱلسَّرَائِرْ
وَ مُشَبَّهٍ بِٱلْغُصْنِ قَلْبِي لَا يَزَالُ عَلَيْهِ طَائِرْ
حُلْوِ ٱلْحَدِيثِ وَ إِنَّهَا لَحَلَاوَةٌ شُقَّتْ مَرَائِرْ
أَشْكُو وَ أَشْكُرُ فِعْلَهُ فَٱعْجَبْ لِشَاكٍ مِنْهُ شَاكِرْ

لَا تُنْكِرُوا خَفَقَانَ قَلْبِي وَ ٱلْحَبِيبُ لَدَى حَاضِرْ
مَا ٱلْقَلْبُ إِلَّا دَارُهُ ضُرِبَتْ لَهُ فِيهَا ٱلْبَشَائِرْ
يَا تَارِكِي فِي حُبِّهِ مَثَلًا مِنَ ٱلْأَمْثَالِ سَائِرْ
أَبَدًا حَدِيثِي لَيْسَ بِٱلْمَنْسُوخِ إِلَّا فِي ٱلدَّفَاتِرْ
يَا لَيْلُ مَا لَكَ آخِرٌ يُرْجَى وَلَا لِلشَّوْقِ آخِرْ
يَا لَيْلُ طُلْ يَا شَوْقُ دُمْ إِنِّي عَلَى ٱلْحَالَيْنِ صَابِرْ
لِي فِيكَ أَجْرُ مُجَاهِدٍ إِنْ صَحَّ أَنَّ ٱللَّيْلَ كَافِرْ
طَرْفِي وَ طَرْفُ ٱلنَّجْمِ فِيكَ كِلَاهُمَا سَاهٍ وَسَاهِرْ
يَهْنِيكَ بَدْرُكَ حَاضِرٌ يَا لَيْتَ بَدْرِي كَانَ حَاضِرْ
حَتَّى يَبِينَ لِنَاظِرِي مَنْ مِنْهُمَا زَاهٍ وَ زَاهِرْ
بَدْرِي أَرَقُّ مَحَاسِنًا وَ ٱلْفَرْقُ مِثْلُ ٱلصُّبْحِ ظَاهِرْ

و قال من ثالث المتقارب و القافية المتدارك

رَعَى ٱللهُ لَيْلَةَ وَصْلٍ خَلَتْ وَ مَا خَالَطَ ٱلصَّفْوَ فِيهَا كَدَرْ
أَتَتْ بَغْتَةً وَ مَضَتْ سُرْعَةً وَ مَا قَصُرَتْ مَعْ ذَاكَ ٱلْقِصَرْ
بِغَيْرِ ٱحْتِفَالٍ وَلَا كُلْفَةٍ وَ لَا مَوْعِدٍ بَيْنَنَا يُنْتَظَرْ

فقلت و قد كاد قلبي يطيـــر سرورا بنيل المنا و الظفر
ايا قلب تعرف من قد اتاك   و يا عين تدرين من قد حضر
و يا قمر الافق عد راجعا   فقد بات في الارض عندي قمر
و يا ليلتي هكذا هكذا   و بالله بالله قف يا سحر
فكانت كما نشتهي ليلة   و طال الحديث و طاب السمر
و مر لنا من لطيف العتاب   عجائب ما مثلها في السير
و رحنا نجر ذيول العفاف   و نسحبها فوق ذاك الاثر
خلونا و ما بيننا ثالث   فاصبح عند النسيم الخبر

و قال من بحره و قافيته

تنصل مما جرى و اعتذر   و اطرق مرتديا بالخفر
فبادرت تربا عليه مشى   اقبل من قدميه الاثر
و قمت فقلت له مرحبا   و اهلا و سهلا بهذا القمر
حبيبي حاشاك من هفوة   تقال و من زلة تغتفر
فدعني مما يقول الوشاة   فتلك الاقاويل فيها نظر
و يكفيك مني ما قد رايت   فليس العيان كمثل الخبر

فقال الى كم تعانى العنا و تخطر فى ثوب هذا الخطر
اثرت الهوى ثم تبكى اسى فمنك الرياح و منك المطر
فيا صاحبى قد سمعت الحديث و قد صار عندك منه خبر
و قد كنت حاضر ما قد جرى و بعدك تمت امور اخر
و ليس اعتمادى الا عليك فلا تخلنى من جميل النظر
لعلك ترعى قديم الوداد و تحفظ عهد الصبا فى الكبر

و كتب الى السلطان فى صدر مطالعة من ثانى الطويل والقافية المتواتر

لعمرى لقد احسنت لى و جبرتنى و انك للقلب الكسير لجابر
و اوليتنى ما لم اكن استحقه و انى لداع ما حييت وشاكر
و ما لى لا اثنى بما انت اهله و انى على حسن الثناء لقادر
ملى بتسيير الثناء و اننى ليعجزنى احسانك المتكاثر
امولاى انى منك اعرف موضعى و انك لى مذ غبت عنك لناظر
قنعت بانى فى ضميرك حاضر و انك لى بعض الاحايين ذاكر

و قال ايضا يستدعى بعض اصحابه من الرمل و القافية المتواتر

يَوْمُنَا يَوْمٌ مَطِيرْ وَ لَنَا كَأْسٌ تَدُورْ
وَ مُقَامٌ تَحْسِبُ ٱلْأَرْضَ بِنَا فِيهِ تَسِيرْ
أَخَذَتْ مِنَّا عُقَارٌ أَخَذَتْ مِنْهَا ٱلدُّهُورْ
لَطُفَتْ بِٱلدَّنِّ حَتَّى قِيلَ سِرٌّ وَ ضَمِيرْ
فَنِيَتْ إِلَّا يَسِيراً كُلُّهَا ذَاكَ ٱلْيَسِيرْ
فَهِيَ فِي ٱلْكَاسَاتِ نَارٌ وَ هِيَ فِي ٱلْأَحْشَاءِ نُورْ
وَ كَأَنَّ ٱلْكَأْسَ حَقٌّ وَ كَأَنَّ ٱلرَّاحَ زُورْ
وَ مِنَ ٱلرَّيْحَانِ وَ ٱلْأَزْ هَارِ غُصْنٌ وَنَضِيرْ
وَ نَدَامَى بِهِمِ ٱلْعَيْشُ كَمَا قِيلَ قَصِيرْ
وَ سُقَاةٌ مِثْلَمَا نَهْوَى شُمُوسٌ وَ بُدُورْ
وَ مُغَنٍّ هُوَ فِيمَا يَحْسِبُ ٱلنَّاسُ أَمِيرْ
مَا لَهُ فِيمَا يُغَنِّيهِ مِنَ ٱلظَّرْفِ نَظِيرْ
وَ إِذَا غَنَّى تَمُوجُ ٱلْأَرْضُ مِنْهُ وَ تَمُورْ
وَهُوَ إِنْ شِئْتَ غَنِيٌّ وَهُوَ إِنْ شِئْتَ فَقِيرْ

وَ يَغِيبُ الْقَوْمُ فِي الْمَجْلِسِ وَ الْقَوْمُ حُضُورُ

وَ لَنَا طَاهٍ نَظِيفٌ وَ ظَرِيفٌ وَ خَبِيرُ

وَ قُدُورٌ هَدَرَتْ فَهْيَ عَلَى الْجَمْرِ تَفُورُ

مَجْلِسٌ إِنْ زُرْتَنَا فِيهِ لَقَدْ تَمَّ السُّرُورُ

كُلَّمَا تَطْلُبُهُ فِيهِ مَلِيحٌ وَ كَثِيرُ

وَ قال من اول البسيط و القافية الموائر

يَا مَنْ كَلِفْتُ بِهِ عِشْقًا فَلَمْ أَرَهْ   وَ الْعِشْقُ لِلْقَلْبِ لَيْسَ الْعِشْقُ لِلْبَصَرِ

سَمِعْتُ أَوْصَافَكَ الْحُسْنَى فَهِمْتُ بِهَا   فَكَيْفَ إِنْ نِلْتَ مَا أَرْجُو مِنَ النَّظَرِ

إِنِّي لَآمُلُ أَنَّ اللَّهَ يَجْمَعُنَا   وَ أَنَّ فِي الْخُلْبِ مَا يُغْنِي عَنِ الْخُبْرِ

وَ قال من بحره و قافيته

إِنِّي عَشِقْتُكَ لَا عَنْ رُؤْيَةٍ عَرَضَتْ   وَ الْقَلْبُ يُدْرِكُ مَا لَا يُدْرِكُ الْبَصَرُ

فُتِنْتُ مِنْكَ بِأَوْصَافٍ مُجَرَّدَةٍ   فِي الْقَلْبِ مِنْهَا مَعَانٍ مَا لَهَا صُوَرُ

وَ النَّاسُ قَدْ ذَكَرُوا مَا فِيكَ مِنْ شِيَمٍ   وَ قَدْ تَخَيَّلَ ذِكْرَى فَوْقَ مَا ذَكَرُوا

مَتَى نَرَى مِنْكَ عَيْنِي مَا وَعَتْ أُذُنِي   وَ يَشْرَحُ الْخُبْرُ مَا قَدْ أَجْمَلَ الْخَبَرُ

و قال ايضا يهجو رجلا كبير اللحية من مجزوء الرجز و القافية المتواتر

وَ أَحْمَقٍ ذِى لِحْيَةٍ كَبِيرَةٍ مُنْتَشِرَهْ
طَلَبْتُ فِيهَا وَجْهَهُ بِشِدَّةٍ فَلَمْ أَرَهْ
مَعْرِفَةً لَكِنَّهُ أَصْبَحَ فِيهَا نَكِرَهْ
ثَوْرٌ غَدَا أُعْجُوبَةً بِلِحْيَةٍ مُدَوَّرَهْ
لَوْ كَانَ ذَاكَ الثَّوْرُ عِجْلًا عَبَدَتْهُ السَّمَرَهْ
تَبًّا لَهَا مِنْ لِحْيَةٍ كَبِيرَةٍ مُحْتَقَرَهْ
عَظِيمَةٍ لَكِنَّهَا لَيْسَتْ تُسَاوِى بَعَرَهْ
كَمْ قَرْيَةٍ لِلْقَمْلِ فِى حَافَاتِهَا وَ مَقْبَرَهْ
يُقْسَمُ عُشْرُ عُشْرِهَا يَكْفِى رِجَالًا عَشَرَهْ
يَحْسُدُهَا ٱلْخِنْزِيرُ إِذْ يُبْصِرُهَا مُنْتَشِرَهْ
وَ يَشْتَهِى لَوْ أَنَّهُ يَمْلِكُ مِنْهَا شَعْرَهْ
قَدْ نَبَتَتْ فِى وَجْهِهِ فَوْقَ عِظَامِ نَخِرَهْ
بَارِدَةٌ ثَقِيلَةٌ مُظْلِمَةٌ مُكَدَّرَهْ

كَأَنَّهَا سَحَابَةٌ فوقَ ٱلْبِلَادِ مُمْطِرَه
مَا كَانَ قَطُّ رَبُّهَا مِنَ ٱلْكِرَامِ ٱلْبَرَرَه
قَدْ تَرَكَتْ حَامِلَهَا مِنْهَا بِحَالٍ مُنْكَرَه
اِذَا خَطَتْ اَقْدَامُهُ كَانَتْ بِهَا مُعَثَّرَه
وَإِنْ مَشَى رَأَيْتَ فَوْ قَ ٱلْأَرْضِ مِنْهَا غَبَرَه
اُصُولُهَا قَدْ رُوِيَتْ مِنْ رِيقِهِ بِٱلْعَذِرَه
وَقَدْ اَتَتْ خَبِيثَةً مُنْتِنَةً مُسْتَقْذَرَه
مُضْحِكَةً مَا كَانَ قَطُّ مِثْلُهَا لِمَسْخَرَه
فَلَوْ مَضَى ٱلسُّوقَ بِهَا يَزُفُّهَا بِٱلْمَزْمَرَه
تَحَصَّلَتْ لَهُ مِنَ ٱلْ ضَيْعَةِ مُفَوَّرَه
لِخَوْفِ مَنْ يُبْصِرُهَا لِلْخَوْفِ مِنْهَا قَرْقَرَه
وَتِلْكَ قَالُوا ضَرْطَةٌ عِنْدَ ٱلنُّحَاةِ مُضْمَرَه

و قال يعاتب امراة من مرفل الكامل و القافية المتواتر

يَا هَذِهِ لَا تَغْلَطِي وَٱللّٰهِ مَا لِي فِيكِ خَاطِر
خَدَعُوكِ بِٱلْقَوْلِ ٱلْمُحَا لِ فَصَحَّ اَنَّكِ اُمُّ عَامِر

أَظَنَنتِ لِي قَلْبًا عَلَى هٰذِي ٱلْحَمَاقَةِ مِنْكِ صَابِرْ
وَ سَمِعْتُ عَنْكِ قَضِيَّةً قَدْ سَوَّدَتْ فِيهَا ٱلدَّفَاتِرْ
نُقِلَتْ إِلَيَّ جَمِيعُهَا حَتَّى كَأَنِّي كُنْتُ حَاضِرْ
فَمَتَى أَرَدْتِ شَرَحْتُهَا لَكِ بِٱلدَّلَائِلِ وَ ٱلْأَمَائِرْ
إِنْ كُنْتِ أَنْتِ نَسِيتِهَا فَلَكَمْ لَهَا فِي ٱلنَّاسِ ذَاكِرْ
وَ سَأَلْتُ عَنْكِ فَلَمْ أَجِدْ لَكِ مِنْ جَمِيعِ ٱلنَّاسِ شَاكِرْ
وَ زَعَمْتِ أَنَّكِ حُرَّةٌ مَا هٰذِهِ شِيَمُ ٱلْحَرَائِرْ
فَإِذَا كَذَبْتِ فَلَا يَكُنْ كَذِبًا لِكُلِّ ٱلنَّاسِ ظَاهِرْ

و قال من مجزوء الرجز و القافية المتواتر

أَيُّهَا ٱلْجَاهِلُ قُلْ لِي كَيْفَ لَا تَكْتُمُ سِرَّكْ
أَنَا فِي أَمْرٍ مَرِيجٍ كُلَّمَا حَقَّقْتُ أَمْرَكْ
لَا جَزَاكَ ٱللّٰهُ خَيْرًا وَ كَفَانَا ٱللّٰهُ شَرَّكْ

و قال من بحره وقافيته

أَرِنِي وجهك بُكرة   وأَشفنِي منك بِنظرة
وَ تفضل مِثلما قد   كنت لِي أوّل مرة
وَ تعالَ أسمع حديثا   هو ما يغلو بِسفرة
وَ على الجملة بادِر   لا يكن عِندك فترة
وَ إِذا الفرصة فاتت   بقيت فِي القلب حسرة

و قال ايضا و كتب بها الى السلطان الملك المنصور نور الدين على بن الملك المعز ايبك الصالحى فى سنة خمس و خمسين و ستمائة يهنئه بعيد النحر من اول الطويل و القافية المتواتر

يهنئك المملوك بِالعشرِ و الشهرِ   و بِالعِيد عِيدِ النحرِ يا مَلِكَ العصرِ
وَ ينهى إِلى العلمِ الشريفِ بِأنه   على قدمِ الاِخلاصِ فِي السرِ و الجهرِ
وَ هٰئنذا ادعو لك الله دائما   مع الصلواتِ الخمسِ و الشفعِ و الوترِ
وَ امل أنّي ان اعش لك مدة   ستبقى لك الايام فِي طيبِ الذكرِ
وَانِي لأرجو ان جودك شامل   قريب على قدرِ اهتمامك لا قدرِي
وَ انك إن اوليتنِي منك انعما   فانِي ملِيّ بِالدعاءِ و با لشكرِ

تَشُدُّ بِهَا ازرى وَ تقوى بِهَا يَدى   نُعِزُّ بِهَا قَدْرِى نَزِيدُ بِهَا وَفْرِى
لَعَلَّ ٱلَّذِى فِى اَوَّلِ ٱلْعُمْرِ فَاتَنِى   تُعَوِّضُنِيهِ اَنْتَ فِى آخِرِ ٱلْعُمْرِ
وَ يَا لَيْتَ اعمارَ ٱلْاَنَامِ لَكَ ٱلْفِدَا   وَ اَوَّلُهُمْ عُمْرِى وَ اَسْبَقُهُمْ ذِكْرِى

و قال من المجتث والقافية المتواتر

مَا لِى عَلَى ٱلْغُبْنِ قُدْرَه   وَ اَنْتَ زِدتَ بِمَرَّه
تَمْشِى فَتَظْهِرُ عُجْبًا   اِذَا مَشَيْتَ وَ خَطْرَه
وَ لَسْتَ صَاحِبَ قَدْرٍ   وَ لَسْتَ صَاحِبَ قُدْرَه
وَ لَا اَرَى غَيْرَ تِيهٍ   عَلَى ٱلْاَنَامِ وَ نَفْرَه
وَ فِيكَ وَقْتًا وَ وَقْتًا   بَعْضُ ٱلْمَلَالِ وَ فَتْرَه
وَ قَالَ قَوْمٌ وَ مَا لِى   بِمَا يَقُولُونَ خِبْرَه
فَاسْئَلِ ٱللَّهَ اَنْ لَا   اَمُوتَ مِنْكَ بِحَسْرَه
وَ لَا وَقَى لَكَ نَفْسًا   وَ لَا اَقَالَكَ عَثْرَه

و قال من بحره و قافيته

يَا سَائِلِى عَنْ زُهَيْرٍ   وَ كَيْفَ حَالُ زُهَيْرٍ
وَ ٱللَّهِ اِنِّى بِخَيْرٍ   مَا دُمْتَ اَنْتَ بِخَيْرٍ

و قال من مجزوء الرمل و القافية المتواتر

إِن تَفَضَّلتَ علَى العَا   دة إنِّي لَكَ شاكِرْ
أَو تَأَخَّرتَ و حاشَا   كَ فَإنِّي لَكَ عاذِرْ

و قال من الطويل و القافية المتدارك

أَبَا الحَسَنِ إِنَّ الرَسَائِلَ إِنَّمَا   تُذَكِّرُ ذَا السَّهوِ الطَّوِيلِ المُغَمَّرَا
وَ مَنْ كَانَتَا عَيْنَاهُ حَشْوَ ضَمِيرِهِ   فَلَيسَ بِمُحْتَاجٍ إِلَى أَنْ يُذَكَّرَا

قافية الزاى

قال من مجزوء الرمل و القافية المتواتر

مِنْ بَعدِ جَهْدٍ يَا أَخِي   سُيِّرَتْ لِي تِلكَ الجَوَازَه
فَشَكَرتُهَا مَعَ أَنَّهَا   لَمْ تَشْفِ مِنْ قَلبِي الحَزَازَه
إِنْ كُنْتَ عِندَكَ هَيِّنًا   فَلَكَ الكَرَامَةُ وَ العَزَازَه

و قال من بحره و قافيته

يَا قَاتِلِي أَوَمَا كَفَى   حَتَّى مَ فِي قَتلِي تُبَارِزْ
مَا ذَا تَظُنُّ بِعَاشِقٍ   يَصْفَرُّ حِينَ يَرَاكَ جَائِزْ

صب باسرار الهوى　　خوفا من الواشين رامز

فانامل ابدا تشير　　و اعين ابدا تغامز

و مهفهف بين القلو　　ب و بين مقلته هزاهز

شاكي السلاح فقل لابـ　　ـطال الهوى هل من مبارز

قد فزت منه بالوصا　　ل و لم اكن عنه بعاجز

و لثمته في خده　　فعددت الفا او يناهز

و قال من اول الطويل و القافية المتواتر

اتتني اياديك التي لا اعدها　　فزادت على فهمي لديك و تمييزي

و كنت ارى اني ملي بشكرها　　فما برحت حتى ارتني تعجيزي

و قال من ثانى الطويل و القافية المتدارك

احبابنا بالله كيف تغيرت　　خلائق غر فيكم و غرائز

لقد سائني العتب الذي جاء منكم　　و اني عنه لو علمتم لعاجز

لكم عذركم انتم سمعتم و قلتم　　و محتمل ما قد سمعتم وجائز

هبوا ان لي ذنبا كما قد زعمتم　　فهل ضاق عنه حلمكم و التجاوز

نعم لي ذنب جئتكم منه تائبا كما تاب من فعل الخطيئة ماعز
على انني لم ارض يوما خيانة وهيهات لي والله عن ذاك حاجز
و بين فوءادي و السلو مهالك و بين جفوني و الرقاد مفاوز
و ان قلت وا شوقاه للبان والحمى فاني عنكم بالكناية رامز
دعوني و الواشي فها انا حاضر و صوتي مرفوع و وجهي بارز
سيذكر ما يجرى لنا من مواقف مشائخ تبقى بعدنا و عجائز
بعيشك لا تسمع مقالة حاسد يجاهر فيما بيننا و يبارز
فما شاق طرفي غير وجهك شائق و لا حاز قلبي غير حبك حائز
ساكتم هذا العتب خيفة شامت و اوهم اني بالرضا منك فائز
فلي فيك حساد و بيني و بينهم وقائع ليست تنقضي و هزاهز
و اني لهم في حربهم لمخادع اسالمهم طورا وطورا اناجز

و قال من الهزج والقافية المتواتر

لقد عاجلنا الصيف بحر منه محفوز
فيا نيسان ما ابقر من الفعل لتموز

قافية السين

و قال من مجزوء الكامل والقافية المتواتر

طَلَعَ ٱلْعِذَارُ عَلَيْهِ حَارِسْ قَمَرٌ تَضِيءُ بِهِ ٱلْحَنَادِسْ
كَٱلرُّمْحِ مَهْزُوزُ ٱلْقَوَا مِ وَكَٱلْقَضِيبِ ٱللَّدْنِ مَائِسْ
وَ يَرُوحُ يَقْظَانَ ٱلْجُفُو نِ بِحَالَةٍ كَٱلظَّبْيِ نَاعِسْ
أَلْبَدْرُ أَمْسَى أَكْلَفًا مِنْ حُسْنِهِ وَٱلْغُصْنُ نَاكِسْ
وَ ٱلظَّبْيُ فَرَّ مِنَ ٱلْحَيَا ءِ إِلَى ٱلْمَهَامِهِ وَ ٱلْبَسَابِسْ
عَجَبًا لَهُ عَدِمَ ٱلْمُمَا ثِلَ فِي ٱلْمَلَاحَةِ وَ ٱلْمُقَائِسْ
وَ يُقَالُ يَا رِيمَ ٱلْكِنَا سِ لَهُ وَيَا وَثَنَ ٱلْكَنَائِسْ
يَا مُطْمِعِي فِي وَصْلِهِ لَا رُحْتَ يَوْمًا مِنْكَ آيِسْ
يَا مُوحِشِي بِصُدُودِهِ وَ سِوَاىَ مِنْهُ ٱلدَّهْرَ آنِسْ
بَيْنِي وَ بَيْنَكَ فِي ٱلْهَوَى حَرْبُ ٱلْبَسُوسِ وَحَرْبُ دَاحِسْ
فَلِذَاكَ خَدُّكَ رَاحَ فِي ٱلْـوَرْدِ ٱلْمُضَاعَفِ وَهْوَ لَابِسْ

و قال من بحره و قافيته

لَمَّا اَلْتَحَى وَ تَبَدَّلَتْ مِنْهُ السُّعُودُ لَهُ نُحُوسَا
اَبْدَيْتُ لَمَّا رَاحَ يَحْـــلِقُ خَدَّهُ مَعْنًى نَفِيسَا
وَادَّعَتْ عَنْهُ بِاَنَّهُ لَمْ يَقْصِدِ الْقَصْدَ الْخَسِيسَا
لٰكِنْ غَدَا وَ عِذَارُهُ خَضِرًا فَسَاقَ اِلَيْهِ مُوسَى

و قال ايضا يهنى الامير الكبير المكرم مجد الدين بن اسماعيل المطى بولاية اعمال القوصية سنة ٦٠٧ سبع و ستماية و هى اول مديحه قال من ثانى الطويل و القافية المتدارك

تَمَلَّيْتَهُ يَا لَابِسَ الْعِزِّ مَلْبَسَا وَ هُنِّئْتَهُ يَا غَارِسَ الْجُودِ مَغْرِسَا
قَدِمْتَ قُدُومَ الْغَيْثِ لِلرَّوْضِ اِنَّهَا بِهِ اَشْرَقَتْ حُسْنًا وَ طَابَتْ تَنَفُّسَا
عَلَوْتَ بَنِي الْاَيَّامِ اِذْ كُنْتَ فِيهِمِ اِذَا ذُكِرُوا اَسْمَى وَ اَسْنَى وَ اَرْاَسَا
وَ عَمَّ بَنِي الْمُطِي فِي الْبَاسِ وَ النَّدَا مُكَرَّمُهَا الْمَامُولُ فِي الدَّهْرِ اِنْ قَسَى
غَمَامٌ هَمَا بَحْرٌ طَمَا قَمَرٌ اَضَا حُسَامٌ مَضَى لَيْثٌ قَسَى جَبَلٌ رَسَا
وَ حَاشَاهُ اِنِّي غَالِطٌ حِينَ قِسْتُهُ وَذَاكَ قِيَاسٌ تَرْكُهُ كَانَ اَقْيَسَا
اِذَا فَعَلَ الْاَقْوَامُ نَوْعًا مِنَ النَّدَا تَنَوَّعَ فِيهِ جُودُهُ وَ تَجَنَّسَا

وَإِن بدا النعمى تلاها بمثلها فتزداد حسنا كالفريض مجنسا
تحل بِهِ الشم العرانين في العلا فتلقاهم من هيبة منه نكسا
بِهِ أصبحت تيم إذا هِي فاخرت أعز قبيل في الأنام وانفسا
أجل الورى قدرا و أكرم شيمة و اكثر معروفا واكبر أنفسا
إذا بخس الجهال قدر فضيلة فليسوا بها بالجاهلين فيبخسا
هم القوم يلقون الخطوب إذا غدت بكل كمي بالخطوب تمرسا
إذا أوقدت للحرب نار او للقرى توهمته من عشقها متمجسا
يبين له الأمر الخفي فراسة و يعنو له الطرف القصي تفرسا
إذا صال أضحى أفرس القوم أميلا و إن قال أضحى أفصح القوم أخرسا
أمولاى لا زالت معاليك غضة و أغصانها ريانة بك ميسا
سما بك مجد الدين مجدا و محتدا و عرضا نهاه الدين ان يتدنسا
لقد شرفت منه الصعيد ولاية فأصبح واديها بِهِ قد تقدسا
بلاد بلقياك استقامت نجومها فصرن سعودا بعدما كن نحسا
ستندى وقد وافى إليك ربوعها وإن عهدت مغبرة الجو يبسا
و رب قواف قد طويت برودها فلم ارض ان تغدو لغيرك ملبسا
اقمن حبيسات كحبسك من جنى على انها لم تجن يوما فتحبسا

فهما هي كالوحشي من طول حبسها عساها بين منك ان تتانسا
و ان قصرت عن بعض ما تستحقه فمثلك من اولى الجميل لمن اسا
كذا المنهل المورود في مستقره اذا عدم الوراد لن يتنجسا
سيرضيك منها ما يزيد على الرضا و يستعبد ابن العبد و المتلمسا
و هبني اعطيت البلاغة كلها فما قدر مدحي في علاك و ما عسى

و قال يذكر صبيا بوحشه من ثانى الطويل و القافية المتدارك

اموئنس قلبي كيف اوحشت ناظري و جامع شملي كيف اخليت مجلسي
و يا ساكنا قلبي وما فيه غيره فديتك ما استوحشت فيه بموئنس
و بالله يا اغنى الورى من ملاحة تصدق على صب من الصبر مفلس
بما بيننا من خلوة لم يبح بها و ما بيننا من حرمة لم تدنس
انلني الرضا حتى اغيظ به العدا و يذهب عني خيفتي و توجسي
رضاك الذى ان نلته نلت رفعة و البسني في الناس اشرف ملبس
رعى الله جيرانا اذا عن ذكرهم يفار الحيا من مدمعي المتبجس
و يا حبذا الدار الذى كنت مرة اميل الى ظبي بها متانس

إذا نحن زرناها وجدنا نسيمها   يفوح بها كالعنبر المتنفس
و نمشي حفاة في ثراها تأدبا   نرى أننا نمشي بواد مقدس

و قال من ثانى السريع و القافية المتواتر

و صاحب أصبح لي لائما   لما رأى حالة افلاسي
قلت له إني امرؤ لم ازل   افني على الاكياس اكياسي
ما هذه اول ما مر بي   كم مثلها مر على راسي
دعني وما ارضى لنفسي و ما   عليك في ذلك من باس
او نظر الناس لاحوالهم   لاشتغل الناس عن الناس

و قال يذم جليسا له من مجزوء الرمل والقافية المتواتر

و جليس ليس فيه   قط مثل الناس حس
لي منه اينما كنت   على رغمي حبس
ما له نفس فتهـا   ه و هل للصخر نفس
إن يوما فيه القا   ه ليوم فيه نحس

و قال من ثالث السريع و القافية المتواتر

مَا أَصعَبَ الْحَاجَةَ لِلنَّاسِ   فَالغَنِمُ مِنهُمْ رَاحَةُ الْيَاسِ

لَم يَبقَ فِي النَّاسِ مُوَاسٍ لِمَن   يُظهِرُ شَكوَاهُ وَلَا آسِ

وَ بَعدَ ذَا مَا لَكَ عَنهُم غِنىً   لَا بُدَّ لِلنَّاسِ مِنَ النَّاسِ

و قال من ثانى البسيط و القافية المتواتر

قَلِّ الثِّقَاتَ فَلَا تَركَن إلَى أَحَدٍ   فَاسعَدْ النَّاسِ مَن لَا يَعرِفُ النَّاسَا

لَم أَلقَ لِي صَاحِبًا فِي اللهِ أَصحَبُهُ   وَ قَد رَأيتُ وَ قَد جَرَّبتُ أجنَاسَا

و قال من الطويل والقافية المتواتر

قَصَدتُكُم أَرجُو انتِصَارًا عَلَى العِدَا   حَسِبتُكُمُ نَاسًا فَمَا كُنتُم نَاسَا

فَلَم تَمنَعُوا جَارًا وَ لَم تَنفَعُوا أَخًا   وَ لَم تَدفَعُوا ضَيمًا وَلَم تَرفَعُوا رَأسَا

و قال من ثالث المتقارب و القافية المتدارك

يَغِيبُ إذَا غِبتَ عَنِّي السُّرُور   فَلَا غَابَ أُنسُكَ عَن مَجلِسِي

فَكَم نَزهَةٍ فِيكَ لِلنَّاظِرِينَ   وَكَم رَاحَةٍ فِيكَ لِلأَنفُسِ

فيا غائبًا لو وجدنا اليـــه سبيلًا مشينا على الأرؤس
على ذلك الوجه مني السلام ولا اوحش الله من مؤنسي

و قال من ثانى الكامل والقافية المتواتر

رد السلام رسول بعض الناسِ بالله قل يا طيب الانفاسِ
رد السلام و ذاك عنوان الرضا بشراى قد ذكر الحبيب الناسي
و فهمت من نفس الرسول تعتبا قلب الحبيب على قلب قاسي
قل يا رسول و ما عليك ملامة هو ما أكابد دائما و اقاسي
قل للحبيب وحق فضلك ما انتهى ولهي عليك ولا انتهى وسواسي
كيف السبيل الى الزيارة خلوة وبلي من الرقباء و الحراسِ
حق علي و واجب لك انني امشي على عيني اليك وراسي
لا اشتهي احدا يراك سواى يا بدر السماء و يا قضيب الآسِ
و انزه اسمك ان تمر حروفه من غيرتي بمسامع الجلاسِ
فاقول بعض الناسِ عنك كناية خوف الوشاة و انت كل الناسِ
و اغار ان هب النسيم لانه مغرى بهز قوامك الميّاسِ
و يروعني ساقي المدام اذا بدا فاظن خدك مشرقا في الكاسِ

و قال من ثالث السريع و القافية المتواتر

وَ صَاحِبٍ اَصْبَحَ لِي عَاتِبًا   قُلْتُ عَلَى الْعَيْنَيْنِ وَ الرَّاسِ
اَرَاهُ قَدْ عَرَضَ لِي عَرْضَةً   اُشْهِدُكُمْ يَا مَعْشَرَ النَّاسِ

و قال من ثالث الطويل والقافية المتواتر

سَلُوا الرَّكْبَ اِنْ وَافَى مِنَ الْغَوْرِ نَحْوَكُمْ   يُخَبِّرْكُمْ عَنْ لَوْعَتِي وَرَسِيسِي
حَدِيثًا بِهِ اَبْقَيْتُ فِي الرَّكْبِ نَشْوَةً   وَقَدْ سَكَّرْتُهُمْ خَمْرَتِي وَ كُؤُوسِي
فَلَا تَبْعَثُوا لِي فِي النَّسِيمِ تَحِيَّةً   فَيَرْتَابُ مِنْ طِيبِ النَّسِيمِ جَلِيسِي
فَلِي عَنْ يَمِينِ الْغَوْرِ دَارٌ عَهِدْتُهَا   اَمِيلُ لِاَقْمَارٍ بِهَا وَ شُمُوسِ
عَلَى مِثْلِهَا يَبْكِي الْمُحِبُّ صَبَابَةً   فَيَا مُقْلَتِي لَا عِطْرَ بَعْدَ عَرُوسِ
وَ اِنِّي لَتَعْرُونِي مَعَ اللَّيْلِ لَوْعَةٌ   فُؤَادِي مِنْهَا فِي لَظًى وَ وَطِيسِ
تَلُوحُ نُجُومٌ لَا اَرَاهَا اَحِبَّتِي   وَ يَطْلَعُ بَدْرٌ لَا اَرَاهُ اَنِيسِي
حَلَفْتُ لَكُمْ يَوْمَ النَّوَى وَ حَلَفْتُمْ   بِكُلِّ يَمِينٍ لِلْمُحِبِّ غَمُوسِ
وَكُنْتُمْ وَعَدْتُمْ فِي الْخَمِيسِ بِزَوْرَةٍ   وَكَمْ مِنْ خَمِيسٍ قَدْ مَضَى وَخَمِيسِ
وَ اِنِّي لَاَرْضَى كُلَّمَا تَرْتَضُونَهُ   فَاِنْ يُرْضِكُمْ يُؤْسِي رَضِيتُ بِيُوسِي
عَلَى اَنَّ لِي نَفْسًا عَلَيَّ عَزِيزَةً   وَ فِي النَّاسِ عُشَّاقٌ بِغَيْرِ نُفُوسِ

و قال من ثالث السريع و القافية المتواتر

قالوا فلانٌ قد غدا تائبا   و اليوم قد صلى مع الناسِ
قلت متى ذاك و انى له   و كيف ينسى لذة الكاسِ
امسِ بِهذِى العينِ ابصرته   سكران بين الوردِ و الاسِ
و رحت عن توبتِهِ سائِلا   وجدتها توبة افلاسِ

قافية الشين

و قال من خامس المتقارب و القافية المتدارك

دعوني و ذاك الرشا   فوجدى بِهِ قد فشا
حلالا حلالا له   يعذِبني كيف شا
سرت خمرة الرِيقِ فِي   معاطِفِهِ فانتشى
فيا مشق ذاك القوامِ   و يا طى ذاك الحشا
مشى لِي فِي خفيةٍ   فيا حبذا من مشى
و ليس عجيبا بِان   يرى الظبى مستوحِشا

و قال من اول الطويل و القافية المتواتر

تعزز بعض الناس فازداد بهجة   و زاد فوءادي من تباعده وحشا
لذاك ترى في وجنتيه مسطرا   اذا الشمس كورت و الليل اذ يغشى

قافية الصاد

قال من مجزوء الكامل و القافية المتواتر

ويح الشقي الى متى   بالفسق مغمور العراص
يعصي بقوت نهاره   ويبيت كالطير الخماص
مثل الندامى لا يزا   ل تراه يتبع المعاصي

قافية الضاد

و قال من ثاني الطويل و القافية المتدارك

علي و عندي ما تريد من الرضا   فما لك غضبانا علي و معرضا
و يا هاجري حاشا الذي كان بيننا   من الود ان ينسى سريعا و ينقضي
حبيبي لا والله ما لي وسيلة   اليك سوى الود الذي قد تمحضا
فهل فائت ذاك الصدود الذي ارى   وهل عائد ذاك الوصال الذي مضى
و ليتك تدري فيك ما ذا يحل بي   لعلك ترضى مرة فتعوضا

وَ مَا بَرِحَ ٱلْوَاشِي لَنَا مُتَجَنِّبًا فَلَمَّا رَأَى ٱلْإِعْرَاضَ مِنْكَ تَعَرَّضَا
وَ إِنِّي بِحُسْنِ ٱلظَّنِّ فِيكَ لَوَاثِقٌ وَ إِنْ جَهِدَ ٱلْوَاشِي فَقَالَ وَحَرَّضَا
نُنَزِّهُ سِرًّا بَيْنَنَا وَ نَصُونُهُ وَ لَوْ كَانَ فِيمَا بَيْنَنَا ٱلسَّيْفُ مُنْتَضَى
وَ لِي كُلَّ يَوْمٍ فَرْحَةٌ فِي صَبَاحِهِ عَسَى ٱلْوَصْلُ فِي أَثْنَائِهِ أَنْ يُقَيَّضَا
أَظَلُّ نَهَارِي كُلَّهُ مُتَشَوِّقًا لَعَلَّ رَسُولًا مِنْكَ يُقْبِلُ بِٱلرِّضَا

و قال من البسيط و القافية المتراكب

يَا مَنْ يُكَلِّمُنَا حَتَّى نُكَلِّمَهُ كَمْ يُعْرِضُ ٱلنَّاسُ عَنْهُ وَ هُوَ يَعْتَرِضُ
لَقَدْ بَسَطْتُكَ حَتَّى رُحْتُ مُنْقَبِضًا إِنَّ ٱلْكَرِيمَ عَنِ ٱلْفَحْشَاءِ يَنْقَبِضُ
لِمَنْ أُخَاطِبُ لَا خَلْقٌ وَلَا خُلُقٌ وَ مَنْ أُعَاتِبُ لَا عِرْضٌ وَلَا عَرَضُ

و قال من الخفيف و القافية المتواتر

يَا كَثِيرَ ٱلصُّدُودِ وَ ٱلْإِعْرَاضِ أَنَا رَاضٍ بِكُلِّمَا أَنْتَ رَاضِي
هَاتِ بِٱللّٰهِ يَا حَبِيبِي وَ قُلْ لِي أَيْنَ ذَاكَ ٱلرِّضَا وَ أَيْنَ ٱلتَّغَاضِي
وَ بِمَنْ فِي ٱلْأَنَامِ تَعْتَاضُ عَمَّنْ عَنْكَ وَٱللّٰهِ لَيْسَ بِٱلْمُعْتَاضِ
صَارَ لِي فِيكَ شُهْرَةٌ وَ حَدِيثٌ مُسْتَفِيضٌ مِنْ مَدْمَعٍ فَيَّاضِ
وَ فُؤَادٌ أَضْحَى بِغَيْرِ ٱصْطِبَارٍ وَ جُفُونٌ أَمْسَتْ بِغَيْرِ ٱغْتِمَاضِ

إِنَّ لِي حَاجَةً إِلَيكَ وَ إِنِّي ۞ فِي حَيَاءٍ عَنْ ذِكْرِهَا وَ انْقِبَاضِ

حَاجَةٌ مُذْ أَرَدْتُهَا أَنَا فِي التَّعْـرِيضِ عَنْهَا وَ أَنْتَ فِي الْإِعْرَاضِ

أَمَلِي فِيكَ دُونَهُ سَيْفُ لَحْظٍ ۞ ذَاكَ مُسْتَقْبَلٌ وَ هٰذَا مَاضِي

أَشْتَهِي أَنْ أَفُوزَ مِنْكَ بِوَعْدٍ ۞ وَ دَعِ الْعُمْرَ يَنْقَضِي فِي التَّقَاضِي

هٰذِهِ قِصَّتِي وَ هٰذَا حَدِيثِي ۞ وَ لَكَ الْأَمْرُ فَاقْضِ مَا أَنْتَ قَاضِي

وَ قال من اول الطويل و القافية المتواتر

إِلَى كَمْ حَيَاتِي بِالْفِرَاقِ مَرِيرَةٌ ۞ وَ حَتَّى مَ طَرْفِي لَيْسَ يَلْتَذُّ بِالْغَمْضِ

وَ كَمْ قَدْ رَأَتْ عَيْنِي بِلَادًا كَثِيرَةً ۞ فَلَمْ أَرَ فِيهَا مَا يَسُرُّ وَ مَا يُرْضِي

وَ لَمْ أَرَ مِصْرًا مِثْلَ مِصْرِي نَرُوقُنِي ۞ وَ لَا مَنْزِلَ مَا فِيهَا مِنَ الْعَيْشِ وَالْخَفْضِ

وَ بَعْدَ بِلَادِـــي فَالْبِلَادُ جَمِيعُهَا ۞ سَوَاءٌ فَلَا اخْتَارَ بَعْضًا عَلَى بَعْضِ

إِذَا لَمْ يَكُنْ بِالدَّارِ لِي مَنْ أُحِبُّهُ ۞ فَلَا فَرْقَ بَيْنَ الدَّارِ أَوْ سَائِرِ الْأَرْضِ

وَ قال من الطويل القافية المتدارك

أَجَابَنَا حَاشَاكُمْ مِنْ عِيَادَةٍ ۞ فَذٰلِكَ دَهْرٌ فِي الْقُلُوبِ مَضِيضٌ

وَ مَا عَاقَنِي عَنْكُمْ سِوَى السَّبْتِ عَائِقٌ ۞ فَفِي السَّبْتِ قَالُوا مَا يُعَادُ مَرِيضٌ

وَ مَا تُنْكِرُوا مِنِّي أُمُورًا تَغَيَّرَت ... فَقَدْ خُضْتُ فِيمَا أَلنَّاسُ فِيهِ تَخُوضُ
وَ عَاشَرْتُ أَقْوَامًا تَعَوَّضْتُ عَنْهُمُ ... أُوطِئُ أَخْلَاقِي لَهُمْ وَ أَرُوضُ
وَ لِلنَّاسِ عَادَاتٌ وَ قَدْ أَلِفُوا بِهَا ... لَهَا سُنَنٌ يَرْعَوْنَهَا وَ فُرُوضُ
فَمَنْ لَمْ يُعَاشِرْهُمْ عَلَى ٱلْعُرْفِ بَيْنَهُمْ ... فَذَاكَ ثَقِيلٌ بَيْنَهُمْ وَ بَغِيضُ

قافية الطاء

قال من مجزوء الرجز و القافية المتدارك

كَيْفَ خَلَاصِي مِنْ هَوًى ... مَازَجَ رُوحِي فَٱخْتَلَطْ
وَ تَائِهٍ أَقْبِضُ فِي ... حُبِّي لَهُ وَ مَا ٱنْبَسَطْ
يَا بَدْرُ إِنْ رُمْتَ بِهِ ... تَشَبُّهًا رُمْتَ ٱلشَّطَطْ
وَ دَعْهُ يَا غُصْنَ ٱلنَّقَا ... مَا أَنْتَ مِنْ ذَاكَ ٱلنَّمَطْ
قَامَ بِعُذْرِي حُسْنُهُ ... عِنْدَ عَذُولِي وَ بَسَطْ
لِلّٰهِ أَيُّ قَلَمٍ ... لِوَاوِ ذَاكَ ٱلصُّدْغِ خَطْ
وَ يَا لَهُ مِنْ عَجَبٍ ... فِي خَدِّهِ كَيْفَ نَقَطْ
يَمُرُّ بِي مُلْتَفِتًا ... فَهَلْ رَأَيْتَ ٱلظَّبْيَ قَطْ
مَا فِيهِ مِنْ عَيْبٍ سِوَى ... فُتُورِ عَيْنَيْهِ فَقَطْ

يَا قمرَ السَّعدِ الَّذِي لَدَيهِ نَجمِي قَدْ سَقَطْ
يَا مَانِعًا حُلوَ الرِّضَا وَ بَاذِلًا مُرَّ السَّخَطْ
حَاشَاكَ انْ تَرضَى بِاَنْ أَمُوتَ فِي الحُبِّ غَلَطْ

قافية الظاء

قال من مجزوء الخفيف و القافية المتواتر

اَنَا فِي القُربِ وَ النَّوَى لَكَ قَلبِي مُلَاحِظُ
وَ كَمَا قَدْ عَهِدْتَنِي اَنَا لِلوِدِّ حَافِظُ

و قال يهجو من ثالث الطويل و القافية المتواتر

وَ اَسوَدَ مَا فِيهِ مِنَ الخَيرِ خِصلَةٌ لَهُ زَفرَةٌ مِن شَرِّهِ وَ شُوَاظُ
خَلَائِقُهُ وَ الفِعلُ وَ الوجه وَ القَفَا قَبَائِحُ سُوءٍ كُلُّهَا وَ غِلَاظُ
غُرَابٌ وَ لَكِن لَيسَ يَسْتُرُ سَوْأَةً وَ كَلْبٌ وَلَكِن لَيسَ فِيهِ حِفَاظُ

و قال من مجزوء الكامل و القافية المتواتر

مَا لِي أَرَاكَ أَضَعْتَنِي وَ حَفِظتَ غَيرِي كُلَّ حِفظِ
مُتَهَتِّكًا فَاِذَا حَضَرْ تَ تَظَلُّ فِي نُسكٍ وَ وَعظِ

فَظًّا عَلَيَّ وَ لَمْ نَكُنْ يَوْمًا عَلَى غَيْـــــــى بِفَظِّ

هَذَا وَ حَقِّ اللهِ مِنْ نَكَدِ الزَّمَانِ وَسُوءِ حَظِّى

قَافِيَةُ الْعَيْنِ

قَالَ مِنْ ثَانِي الطَّوِيلِ وَ الْقَافِيَةُ الْمُتَدَارَكُ

سَأُعْرِضُ عَمَّنْ رَاحَ عَنِّي مُعْرِضًا وَ أُعْلِنُ سَلْوَانِي لَهُ وَ أَشِيعُهْ

وَ أَحْجُرُ طَرْفِي عَنْهُ وَهُوَ رَسُولُهُ وَ أَجِبُ قَلْبِي عَنْهُ وَ هُوَ شَفِيعُهْ

وَ كَيْفَ تَرَى عَيْنِي لِمَنْ لَا يَرَى لَهَا وَ يَحْفَظُ قَلْبِي فِي الْهَوَى مَنْ يُضِيعُهْ

وَ أَقْسَمْتُ لَا تَجْرِي دُمُوعِي عَلَى امْرِئٍ إِذَا كَانَ لَا تَجْرِي عَلَيَّ دُمُوعُهْ

فَلَوْ خَانَ طَرْفِي مَا حَوَتْهُ جُفُونُهْ وَلَوْ خَانَ قَلْبِي مَا حَوَتْهُ ضُلُوعُهْ

تَكَلَّفْتُ فِيهِ شِيمَةً غَيْرَ شِيمَتِي فَسَاءَ صَنِيعِي حِينَ سَاءَ صَنِيعُهْ

وَ أَصْبَحْتُ لَا صَبًّا كَثِيرًا وَلُوعُهْ وَ أَمْسَيْتُ لَا مُضْنًى قَلِيلًا هُجُوعُهْ

بِمَنْ يَثِقُ الْإِنْسَانُ فِيمَا يَنُوبُهُ لَعَمْرُكَ مَطْلُوبٌ يَعِزُّ وُقُوعُهْ

أَعْظَمُ مِنْ قَلْبِي لَدَى مُعِزَّةٍ وَ إِنِّي فِي هَذَا الْهَوَى لَصَرِيعُهْ

وَ أَكْرَمُ مِنْ عَيْنِي عَلَيَّ وَأَنَّهَا لَتُظْهِرُ سِرِّي لِلْعِدَى وَ نَذِيعُهْ

و قال و قد بات فى اسفارد بقرية ببيت ارمنية من اول الكامل و القافية المتواتر

تُكَلِّمُنِي بِالْأَرْمَنِيَّةِ جَارَتِي اَيَا جَارَتِي مَا الْأَرْمَنِيَّةُ مِنْ طَبْعِي
وَ يَا جَارَتِي لَمْ آتِ بَيْتَكِ رَغْبَةً وَلَا أَنْتِ مَنْ يُرْجَى لِضُرٍّ وَلَا نَفْعِ
دَعَانِي اِلَيْكِ اللَّيْلُ وَالْاَيْنُ وَالسُّرَى فَصَادَفْتُ أَمْرًا ضَاقَ عَنْ بَعْضِهِ وُسْعِي
كَلَامُكِ وَالدُّولَابُ وَالطَّبْلُ وَالرَّحَى فَلَمْ اَدْرِ مَا اَشْكُوهُ مِنْ ذَلِكَ الْجَمْعِ
كَلَامُكِ فِيهِ وَحْدَهُ لِي كِفَايَةٌ كَأَنَّ صُخُورًا مِنْهُ تُقْذَفُ فِي سَمْعِي
لَكِ اللّهُ مَا لَاقَيْتُ يَا عَرَبِيَّتِي وَ مَا ذَا الَّذِى عُوِّضْتِ بِالْبَانِ وَالْجِزْعِ
سَادْعُوا عَلَى الْجُرْدِ الْجِيَادِ لِاَنَّهَا سَرَتْ وَاَتَتْ بِي وَادِيًا غَيْرَ ذِى زَرْعِ

و قال من الخفيف و القافية المتواتر

لَكَ فِي فَضْلِكَ الْمَحَلُّ الرَّفِيعْ لَا يُجَارِيكَ فِي الْبَدِيعِ الْبَدِيعْ
اَيُّهَا الْمُتْحِفِي بِنَظْمٍ وَ نَثْرٍ كَلَآلٍ قَدْ زَانَهَا التَّرْصِيعْ
اَنْتَ فِي الْفَضْلِ قُدْوَةٌ وَاِمَامٌ فَاِذَا قُلْتَ قَوْلُكَ الْمَسْمُوعْ
فَاَشِرْ لِي اَوْ فَادْعُنِي اَوْ فَمُرْنِي اَنَا فِي الْكُلِّ سَامِعٌ وَ مُطِيعْ

يَا كَثِيرَ ٱلْجَمِيلِ مِثْلُكَ مولَى   يَشْتَرِينِي جَمِيلُهُ وَ يَبِيعُ
فَٱبْسِطِ ٱلْعُذْرَ فِي ٱلْجَوَابِ فَإِنِّي   مِثْلُ مَا قَدْ تَقُولُ لَا أَسْتَطِيعُ

و قال من ثانى الطويل و القافية المتدارك

رُوَيْدَكَ قَدْ أَفْنَيْتَ يَا بَيْنُ أَدْمُعِي   وَ حَسْبُكَ قَدْ أَضْنَيْتَ يَا شَوْقُ أَضْلُعِي
إِلَى كَمْ أُقَاسِي فُرْقَةً بَعْدَ فُرْقَةٍ   وَ حَتَّى مَتَى يَا بَيْنُ أَنْتَ مَعِي مَعِي
لَقَدْ ظَلَمَتْنِي وَ ٱسْتَطَالَتْ يَدُ ٱلنَّوَى   وَ قَدْ طَمِعَتْ فِي جَانِبِي كُلَّ مَطْمَعِ
فَلَا كَانَ مَنْ قَدْ عَرَّفَ ٱلْبَيْنَ مَوْضِعِي   لَقَدْ كُنْتُ مِنْهُ فِي جَنَابٍ مُمَنَّعِ
فَيَا رَاحِلًا لَمْ أَدْرِ كَيْفَ رَحِيلُهُ   لِمَا رَاعَنِي مِنْ خَطْبِهِ ٱلْمُتَسَرِّعِ
يُلَاطِفُنِي بِٱلْقَوْلِ عِنْدَ وَدَاعِهِ   لِيُذْهِبَ عَنِّي لَوْعَتِي وَ تَفَجُّعِي
وَ لَمَّا قَضَى ٱلتَّوْدِيعَ فِينَا قَضَاءَهُ   رَجَعْتُ وَ لَكِنْ لَا تَسَلْ كَيْفَ مَرْجِعِي
فَيَا عَيْنِيَ ٱلْعَبْرَا عَلَى فَٱسْكُبِي   وَ يَا كَبِدِي ٱلْحَرَّا عَلَيْهِمْ تَقَطَّعِي
جَزَى ٱللّٰهُ ذَاكَ ٱلْوَجْهَ خَيْرَ جَزَائِهِ   وَ حَيَّتْهُ عَنِّي ٱلشَّمْسُ فِي كُلِّ مَطْلَعِ
وَ يَا رَبِّ جَدِّدْ كُلَّمَا هَبَّتِ ٱلصَّبَا   سَلَامِي عَلَى ذَاكَ ٱلْحَبِيبِ ٱلْمُوَدِّعِ
قِفُوا بَعْدَنَا تَلْقَوْا مَكَانَ حَدِيثِنَا   لَهُ أَرَجٌ كَٱلْعَنْبَرِ ٱلْمُتَضَوِّعِ
سَيَعْلَقُ فِي أَثْوَابِكُمْ مِنْ تُرَابِهِ   شَذَا ٱلْمِسْكِ مَهْمَا يَغْسِلِ ٱلثَّوْبَ يَصْدَعِ

احبابنا لم انسكم و حياتكم　　و ما كان ودى عندكم بمضيع
عتبتم فلا والله ماخنت عهدكم　　و لا كنت فى ذاك الوداد بمدعى
و قلتم علمنا ما جرى منك كله　　فلا تظلمونى ما جرى غير ادمعى
كما قلتم يهنيك نومك بعدنا　　و من اين نوم للكئيب المروع
اذا كنت يقظانا اراكم وانتم　　مقيمون فى قلبى و طرفى و مسمعى
فما لى حتى اطلب النوم فى الهوى　　اقول لعل الطيف يطرق مضجعى
ملأتم فؤادى فى الهوى وهو مترع　　و لا كان قلب فى الهوى غير مترع
و لم يبق فيه موضع لسواكم　　و من ذا الذى ياوى الى غير موضع
لحى الله قلبى هكذا هو لم يزل　　يحن ويصبو لا يفيق و لا يعى
فلا عاذلى ينفك عنى اصبعا　　و لا وقعت فى ذروة الحب اصبعى
لئن كان للعشاق قلب مصرع　　فما كان فيهم مصرع مثل مصرعى

و قال من بحره و قافيته

و قائلة لما اردت وداعها　　حبيبى احقا انت بالبين فاجعى
فيا رب لا يصدق حديث سمعته　　لقد راع قلبى ما جرى فى مسامعى
و قامت وراء الستر تبكى حزينة　　و قد نقبته بيننا بالاصابع

بكت فارتني لؤلؤا متناثرا هوى فالتقته من فصول المقانع
فلما رات ان الفراق حقيقة و انى عليه مكره غير طائع
تبدت فلا والله ما الشمس مثلها اذا اشرقت انوارها في المطالع
تسلم باليمنى على اشارة و تمسح باليسرى مجارى المدامع
و ما برحت تبكى و ابكى صبابة الى ان تركنا الارض ذات نقائع
ستصبح تلك الارض من عبراتنا كثيرة خصب رائق النبت رائع

و قال من ثالث الطويل و القافية المتواتر

احبابنا بالرغم مني فراقكم و يا طول شوقي نحوكم و ولوعى
اطعت الهوى بالكره مني لا الرضا و لو خيروني كنت غير مطيع
حفظت لكم ما تعهدون من الهوى و لست لسر بيننا بمضيع
فان كنتم بعدى سلوتم فانني سلوت ولكن راحتي و هجوعى
سلوا النجم يخبركم بحالي في الدجا و لا تسالوا عما تجن ضلوعى
قفوا تسمعوا من جانب الغور انتي فقد اسمعت من كان غير سميع
و ان لاح برق فهو نار صبابتي و ان راح سيل فهو ماء دموعى
و ذا العام قالوا امرع الغور كله و ما كان لو لا دمعتي بمريع

فيا قمرا مذ غبت اوحشت ناظري لعلك ليلا مؤنسي بطلوعِ
و ما انا في العشاق اول هالكٍ و اول صب بالفراق صريعِ
و ان كتب الله السلامة انني اليكم و ان طال الزمان رجوعي

و قال من ثاني الطويل قافية المتدارك

حبيبي على الدنيا اذا غبت وحشة فيا قمري قل لي متى انت طالع
لقد فنيت روحي عليك صبابة فما انت يا روحي العزيزة صانع
سروري ان تبقى بخيرٍ و نعمةٍ و اني من الدنيا بذلك قانع
فما الحب ان ضاعفته لك باطل و ما الدمع ان افنيته فيك ضائع
و غيرك ان وافى فما انا ناظرٌ اليه و ان نادى فما انا سامعِ
كاني موسى حين القته امه و قد حرمت قدما عليه المراضع
اظن حبيبي حال عما عهدته و الا فما عذر عن الوصل مانع
فقد راح غضبانا و لي ما رايته ثلاثة ايامٍ و ذا اليوم رابع
ارى قصده ان يقطع الوصل بيننا و قد سل سيف اللحظ و السيف قاطع
و اني على هذا الجفاء لصابرٌ لعل حبيبي بالرضا لي راجع
فان تتفضل يا رسولي فقل له محبك في ضيقٍ و حلمك واسع

فوالله ما ابتلت لقلبي غلة ... و لا نشفت مني عليه المدامع
تذللت حتى رق لي قلب حاسدي ... و عاد عذولي في الهوى و هو شافع
فلا تنكروا مني خضوعا عهدته ... فما انا في شيء سوى الحب خاضع

و قال من ثالث الطويل و القافية المتواتر

اما ان للبدر المنير طلوع ... فتشرق اوطان له و ربوع
فيا غائبا ما غاب الا بوجهه ... و لي ابدا شوق له و ولوع
ساشكر حبا فيك زان عبادتي ... و ان كان فيه ذلة و خضوع
اصلي و عندي للصبابة رقة ... فكل صلاتي في هواك خشوع
احبابنا هل ذلك العيش عائد ... كما كان اذ انتم ونحن جميع
و قلتم ربيع موعد الوصل بيننا ... فهذا ربيع قد مضى و ربيع
لقد فنيت يا هاجرين رسائلي ... و مل رسول بيننا و شفيع
فلا تقرعوا بالعتب قلبي فانه ... و حقكم مثل الزجاج صديع
سابكي و ان تنزف دموعي عليكم ... بكيت بشعر رق فهو دموع
و ما ضاع شعري فيكم حين قلته ... بلى وابيكم ضاع فهو يضوع
احب البديع الحسن معنى وصورة ... و شعري من ذاك البديع بديع

و قال ملغزا فی قفل من الطويل و القافية المتواتر

وَ اَسودَ عارٍ انحل البرد جسمه　　وَ ما زال من اوصافه الحرص و المنع
واعجب شيء انه الدهر حارس　　وليس له عين وليس له سمع

و قال من مجزوء الكامل و القافية المتواتر

أمذكري عهد الصبا　　بعد الانابة و الرجوع
اذكرتني اشياء من　　زمن تركت بها ولوعي
اشياء ذقت لفقدها　　الم الفطام على الرضيع
نسجت عليها العنكبو　　ت و غودرت بين الضلوع
و اذا تقاضيت الجوا　　ب فخذ جوابك من دموعي
ذهب الجديد من الشبا　　ب فكيف ظنك بالخليع
و وددت لو دام الخليـ　　ـع فهل اليه من شفيع
و لكم طربت الى الربيـ　　ـع بفتية مثل الربيع
و فضحت ازهار الريا　　ض بحسن ازهار البديع
و سهرت في ليل الصبا　　سهرا الذ من الهجوع

وَطَرَقْتُ خِدْرَ الكَاعِبِ الحَسْنَاءِ وَ الخَوْدِ الشَّمُوع

وَ سَفَرْتُ لِلْمَلِكِ العَظِيمِ الشَّانِ وَ القَدْرِ الرَّفِيع

وَ شَرِكْتَهُ فِي الأَمْرِ يَنْفُذُ فِي الشَّرِيفِ وَ فِي الوَضِيع

وَ بَلَغْتُ ذَاكَ وَ لَمْ أَكُنْ فِيهِ لِحَقٍّ بِالمُضِيع

ثُمَّ ارْعَوَيْتُ وَ صِرْتُ فِي حَدِّ السَّكِينَةِ وَ الخُشُوع

فَزَهِدْتُ فِي هَذَا وَ ذَا فَقُلِ السَّلَامُ عَلَى الجَمِيع

فَإِلَيْكَ عَنِّي يَا نَدِيمُ فَمَا صَنِيعُكَ مِنْ صَنِيعِي

مَا أَنْتَ مِنْ ذَاكَ الطِّرَازِ وَلَا مِنَ البِرِّ الرَّفِيع

أَتُرِيدُ بَعْدَ الشَّيْبِ مِنِّي نَشْوَةَ النَّاشِئِ الخَلِيع

لَا لَا وَ حَقِّ اللهِ مَا أَنَا بِالمُجِيبِ وَ لَا السَّمِيع

إِنْ كُنْتَ تَرْجِعُ أَنْتَ بَعْدَ الشَّيْبِ فَايْأَسْ مِنْ رُجُوعِي

كَيْفَ الرُّجُوعُ وَ قَدْ رَأَيْتُ الرِّيحَ تَلْعَبُ بِالزُّرُوع

عَارٌ رُجُوعُكَ بَعْدَ مَا عَايَنْتَ حِيطَانَ الرُّبُوع

وَ حَلَلْتَ فِي ظِلِّ الجَنَابِ الرَّحْبِ وَ الحِرْزِ المَنِيع

وَ اعْلَمْ أَخِي أَنَّهُ لَا بِالسُّجُودِ وَلَا الرُّكُوع

فَهُنَاكَ كَمْ كَرَمٍ وَ كَمْ لُطْفٍ وَكَمْ بِرٍّ مَرِيع

احسب حسابك في الذي تنويه من قبل الشروع
و اجعل حديثك في النزو ل مقدما قبل الطلوع

و قال من مجزوء الرجز و القافية المتدارك

مائدة منوعه و قهوة مشعشعه
و سادة تراضعوا كاس الوداد مترعه
ولا يزيدون على ثلاثة او اربعه
و اليوم يوم لم يزل يوم سكون و دعه
فيا اخي كن عندنا بعد صلاة الجمعه

و قال من مجزوء الكامل و القافية المتواتر

يا راحلا لم يبق لي من بعده بالعيش نفعا
ضاقت على الارض فيك و ضقت بالهجران ذرعا
و رعيت فيك النجم يا من كان يحفظني ويرعى
ابكيك بالشعر الذي قد رق حتى صار دمعا

و قال من مجزوء الكامل و القافية المتدارك

يَا مُغْرَمًا بِالسُّمْرِ مَا أَنَا فِيهِمُ لَكَ مُتْبِعُ
لَكِنْ عَلَى حُبِّ الْحِسَا نِ الْبِيضِ قَلْبِي قَدْ طُبِعْ
اَلْحَقُّ أَبْيَضُ أَبْلَجٌ وَ الْحَقُّ أَوْلَى مَا اتُّبِعْ

و قال من اول الكامل و القافية المتدارك

وَحَيَاتِكُمْ مَا زِلْتُ مُذْ فَارَقْتُكُمْ مُتَرَقِّبًا أَخْبَارَكُمْ مُتَطَلِّعَا
مُنُّوا بِهَا كَرَمًا عَلَيَّ فَإِنَّهَا مِنْ أَعْظَمِ الْأَشْيَاءِ عِنْدِي مَوْقِعَا

قافية الغين

قال من مجزوء الكامل و القافية المواتر

أَرْسَلْتُهُ فِي حَاجَةٍ بِالْقُرْبِ هَيِّنَةِ الْمَسَاغِ
فَحُرِمْتُ حُسْنَ قَضَائِهَا إِذْ لَمْ يَكُنْ حَسَنَ الْبَلَاغِ
كَالْخَمْرِ يُرْسَلُ لِلْقُلُو بِ بِهَا فَتَصْعَدُ لِلدِّمَاغِ

قافية الفاء

قال و قد التمس منه ان يعمل شعرا فى مثل قول تابط شرًا

ليت شعرى ضلة ❁ اى شىء قتلك

تائه ما اصلفه ويح صب الفه
كاد ان يتلفه ليته او اتلفه
اى روض زاهر لم اصل ان اقطفه
و قضيب ناعم لم اطق ان اعطفه
اخلف الوعد وما خلته ان يخلفه
بيننا معرفة يا لها من معرفه
اشبه البدر و حا كاه الا كلفه
يستعير الغصن ان ماس منه هيفه
فوق خديه لنا وردة فوق الصفه
قويت بهجتها و نسمى مضعفه
فاتر الالحاظ وهى سيوف مرهفه
انا منها مدنف وهى بى مدنفه

و قال من مجزوء الرمل و القافية المتواتر

لِى اِلْفٌ اَسْمُ اِلْفِ هُوَ روحِى وهُوَ حَتْفِى
غَابَ عن طَرْفِى وَقَدْ كُنْتُ اَرَاهُ مِثْلَ طَرْفِى
قَبِّلِى يَا رِيحُ عَنِّى رَاحَتَيْهِ اَلْفَ اَلْفِ

و قال من ثانى الكامل و القافية المتدارك

يَا غَائِبًا اَهْدَى مَحَا سِنَهُ اِلَىَّ وَ ظَرْفَهُ
وَرَدَ اَلْكِتَابُ مُضَمِّنًا مَا لَسْتُ اُحْسِنُ وَصْفَهُ
حَيَّا بِكُلِّ مَسَرَّةٍ قَلْبَ اَلْمُحِبِّ وَ طَرْفَهُ
وَ لَثَمْتُ اِكْرَامًا لَهُ وَجْهَ اَلرَّسُولِ وَ كَفَّهُ

و قال يمدح علاء الدين على بن الامير شجاع الدين جلدك التقوى وهى ايضا من اول شعره رحمه الله تعالى من ثانى الطويل و القافية المتدارك

اَغُصْنَ اَلنَّقَا لَوْ لَا اَلْقَوَامُ اَلْمُهَفْهَفُ لَمَا كَانَ يَهْوَاكَ اَلْمُعَنَّى اَلْمُعَنَّفُ
وَ يَا ظَبْىُ لَوْلَا اَنَّ فِيكَ مَحَاسِنًا حَكَيْنَ اَلَّذِى نَهْوَى لَمَا كُنْتَ تُوصَفُ

كلفت بغصن وهو غصن ممنطق و همت بظبي و هو ظبي مشنف

و مما دهاني انه من حيائه اقول كليل طرفه و هو مردف

و ذلك ايضا مثل بستان خده به الورد يسمى مضعفا و هو مضعف

فيا ظبي هلا كان فيك التفاتة و يا غصن هلا كان فيك تعطف

و يا حرم الحسن الذى هو امن و البابنا من حوله تتخطف

عسى عطفة للوصل يا واو صدغه و حقك انى اعرف الواو تعطف

احبابنا اما غرامي بعدكم فقد زاد عما تعرفون و اعرف

اطلتم عذابي في الهوى فتعطفوا على كلف في حبكم يتكلف

و والله ما فارقتكم عن ملالة و جهدى لكم انى اقول و احلف

و لكن دعاني للعلاء ابن جادك تشوق قلب قادني و تشوف

الى سيد اخلاقه و صفاته تؤدب من يثني عليه و يطرف

ارق من الماء الزلال شمائلا و اصفى من الخمر السلاف و الطف

مناقب شتى لو تكون لحاجب لما ذكرت يوما له القوس خندف

غدا عن نداها حاتم و هو حائم و اصبح منها احنف وهو اخيف

اتتك القوافي وهى تحسب روضة لما ضمنته و هو قول مزخرف

و لو قصدت بالذم شانيك لاغتدى و حاشاك منه قلبه يتصلف

وَ قَلِّدْ عارًا وهو درٌّ مُنَظَّم   وَ أَلْبِسْ حزنًا و هو بردٌ مفوف

وَ يُصْلَى جَحِيمًا وهِيَ فِي ٱلْحُسْنِ جَنَّةٌ   وَ يُسْقَى دِهَاقًا و هِيَ صهباءُ قَرْقَف

و قال من ثالث المتقارب و القافية المتدارك

لِحَاظُكَ أَمْضَى مِنَ ٱلْمُرْهَفِ   وَ رِيقُكَ أَحْلَى مِنَ ٱلْقَرْقَفِ

وَ مِنْ سَيْفِ لَحْظِكَ لَا أَتَّقِي   وَ مِنْ خَمْرِ رِيقِكَ لَا أَكْتَفِي

أُقَاسِي ٱلْمَنُونَ لِنَيْلِ ٱلْمُنَى   وَ يَا لَيْتَ هَذَا بِهَذَا يَفِي

زَهَى وَرْدُ خَدَّيْكَ لٰكِنَّهُ   بِغَيْرِ ٱلنَّوَاظِرِ لَمْ يُقْطَفِ

وَ قَدْ زَعَمُوا أَنَّهُ مُضْعَفٌ   وَ مَا عَلِمُوا أَنَّهُ مُضْعِفِي

مَلَكْتَ فَهَلْ لِي مِنْ مُعْتِقٍ   وَ جُرْتَ فَهَلْ لِي مِنْ مُنْصِفِ

مَدَدْتُ إِلَيْكَ يَدِي سَائِلًا   أُعِيذُكَ فِي ٱلْحُبِّ مِنْ مَوْقِفِي

لَقَدْ طَابَ لِي فِيكَ هَذَا ٱلْغَرَامُ   وَ إِنْ صَحَّ لِي أَنَّهُ مُتْلِفِي

وَ عَهْدِي عَهْدِي لِذَاكَ ٱلْوَفَا   سَوَاءٌ وَفَيْتَ وَ إِنْ لَمْ تَفِ

وَ حَقِّ حَيَاتِكَ إِنِّي ٱمْرُؤٌ   بِغَيْرِ حَيَاتِكَ لَمْ أَحْلِفِ

و قال من ثانى الطويل و القافية المتدارك

احبابنا ما ذا الرحيل الذى دنى   لقد كنت منه دائما اتخوف
هبونى قلبا ان رحلتم اطاعنى   فانى بقلبى ذلك اليوم اعرف
و يا ليت عينى تعرف النوم بعدكم   عساها بطيف منكم تتالف
قفوا زودونى ان منتم بنظرة   تعلل قلبا كاد بالبين يتلف
تعالوا بنا نسرق من العمر ساعة   فنجنى ثمار الوصل فيها ونقطف
و ان كنتم تلفون فى ذاك كلفة   دعونى امت وجدا ولا تتكلفوا
احبابنا انى على القرب و النوى   احن اليكم حيث كنتم واعطف
و طرفى الى اوطانكم متلفت   و قلبى على ايامكم متاسف
و كم ليلة بتنا على غير ريبة   حبيبين ينهانا التقى و التعفف
تركنا الهوى لما خلونا بمعزل   و بات علينا للصبابة مشرف
ظفرنا بما نهوى من الانس وحده   و لسنا الى ما خلفه نتطرف
سلوا الدار عما يزعم الناس بيننا   لقد علمت انى اعف و اظرف
وهل انست من وصلنا ما يشينا   وينكره منا العفاف و يانف
سوى خصلة نستغفر الله انا   ليحلو لنا ذاك الحديث المزخرف

حديث يخال الدوح عند سماعه تهز كما هز المعاقر قرقف

لحى الله قلبا بات خلوا من الهوى و عينا على ذكر الهوى ليس تذرف

واني لاهوى كل من قيل عاشق ويزداد في عيني جلالا و يشرف

وما العشق في الانسان الا فضيلة تدمث من اخلاقه وتظرف

يعظم من يهوى و يطلب قربه فيكثر ادابا له و يلطف

و قال من بحره و قافيته

حبيبي ما هذا الجفاء الذى ارى و اين التغاضي بيننا و التعطف

لك اليوم امر لا اشك يريبني فما وجهك الوجه الذى كنت اعرف

لقد زعم الواشون عني باطلا فملت لما قالوا فزادوا واسرفوا

كانك قد صدقت في حديثهم و حاشاك من هذا و خلقك اشرف

وقد كان قول الناس في الناس قبلنا ففند يعقوب و سرق يوسف

بعيشك قل لي ما الذى قد سمعته فانك تدرى ما تقول و تنصف

فان كان قولا صح اني قلته فللقول تاويل و للقول مصرف

و هب انه قول من الله منزل فقد بدل التوراة قوم و حرفوا

وها انا و الواشي و انت جميعنا يكون لنا يوم عظيم و موقف

و قال يصف امراة غير طويلة من الطويل و القافية المتواتر

تعشقتها مثل الغزال الذى رنى لها مقلة نجلا و اجفانها وطف
اذا حسدوها الحسن قالوا لطيفة لقد صدقوا فيها اللطافة والظرف
ولم يجحدوها ما لها من ملاحة لعلمهم ما في ملاحتها خلف
بديعة حسن رق منها شمائل و رقت بحسن كل من دونه الطرف
فلا الخلق منها لا و لا الخلق جافيا وحاشا لهاتيك الشمائل ان تجفو
و ما ضرها ان لا تكون طويلة اذا كان فيها كلما يطلب الالف
و اني لمشغوف بكل مليحة و يعجبني الخصر المخصر و الردف

و قال يخاطب اميرا عزل عن ولايته من مجزوء الكامل والقافية المتدارك

عزلوه لما خانهم فغدا كئيبا مدنفا
و يقول لم احزن لذا ك ولم اكن متاسفا
قلنا كذبت لقد حزنـــت وقد حزنت مصحفا

و قال من مجزوء الرجز و القافية المتدارك

عشقته اهيف قد تيم قلبي هيفه
احسن خلق الله ما ينصفه من يصفه
بوجهه حسن يزيد كل يوم زخرفه
تنكر منه اليوم حسنا كنت امس تعرفه
يا حبذا مرشفه و اين مني مرشفه
فم كان الشهد قد خالط منه قرقفه
قد ضاق حتى خلته تخرج دالا الفه

و قال من مجزوء الرمل و القافية المتواتر

ايها النفس الشريفه انما دنياك جيفه
لا ارى جارحة قد ملئت منها قطيفه
فاقنعي بالبلغة الذر ة منها و الطفيفه
و عقول الناس في رغبتهم فيها سخيفه
اه ما اسعد من كا نته منها خفيفه

أيها الظالم ما ترفق بالنفس الضعيفه
أيها المسرف كثرت الازير الوظيفه
أيها الغافل ما تبصر عنوان الصحيفه
أيها المغرور لا تفرح بتوسيع القطيفه
أيها المسكين هب انك في الدنيا خليفه
هل يرد الموت سلطانك و الدنيا الكثيفه
تترك الكل و لا تملك بعد الموت صوفه
كيف لا تهتم بالعدة و الطرق المخوفه
حصل الزاد و الا ليس بعد الموت كوفه

و قال ايضا يمدح السلطان الملك الناصر يوسف بن محمد بن الغازى بن يوسف بن ايوب من ثانى الطويل و القافية المتدارك

طريقتك المثلى اجل و اشرف   و سيرتك الحسنى ابر واراءف
واعرف منك الجود والحلم والتقى   و انت لعمرى فوق ما انا اعرف
و والله انى في ولائك مخلص   و والله ما احتاج انى احلف
اجلك ان انهى اليك شكايتى   فها انا فيها مقدم متوقف

ولي منك جود رام غيرك نقصه　　　وحاشا لجود منك بالنقص يوصف

ومذ كنت لم ترض النقيصة نسبتي　　　ومثلك يأباها لمثلي ويأنف

فان تعفني منها تكن لي حرفة　　　اكون على غيري بها اتشرف

ولو لا امور ليس يحسن ذكرها　　　لكنت عن الشكوى اصد واصرف

لاني ادري ان لي منك جانبا　　　يساعدني طول الزمان ويسعف

تبشرني الآمال منك بنظرة　　　ترق لي الدنيا بها وتزخرف

وليس بعيدا من اياديك انها　　　تجدد عزا كنت فيه وتضعف

اذا عشت لي فالمال اهون ذاهب　　　يعوضه الاحسان منك ويخلف

ولا ابتغي الا اقامة حرمتي　　　ولست لشيء غيرها اتأسف

ونفسي بحمد الله نفس ابية　　　فما هي لا تهفو ولا تتلهف

واشرف ما تبنيه مجد وسودد　　　وازين ما تقنيه سيف ومصحف

ولكن اطفالا صغارا ونسوة　　　ولا احد غيري بهم يتلطف

اغار اذا هب النسيم عليهم　　　وقلبي لهم من رحمة يترجف

سروري ان يبدو عليهم تنعم　　　وحزني ان يبدو عليهم تقشف

ذخرت لهم لطف الاله ويوسفا　　　ووالله لا ضاعوا ويوسف يوسف

أُكلف شعري حين اشكو مشقة　　كأني ادعوه لما ليس يألف
وقد كان معتادا لكل تغزل　　تهيم به الالباب حسنا و تشغف
يلوح عليه في التغزل رونق　　ويظهر في الشكوى عليه تكلف
و ما زال شعري فيه للروح راحة　　و للقلب مسلاة و للهم مصرف
يناغيك فيه الظبي و الظبي احور　　ويلهيك فيه الغصن و الغصن اهيف
نعم كنت اشكو فرط وجد و لوعة　　بكل مليح في الهوى ليس ينصف
و لي فيه اما واصل متدلل　　علي و اما هاجر متصلف
شكوت و ما الشكوى اليك مذلة　　و ان كنت منها دائما اتانف
اليك صلاح الدين انهيت قصتي　　و رايك يا مولاى اعلى و اشرف

و قال من بحر السلسلة و هو المسمى عند الفرس دو بيت

يا محيي مهجتي و يا متلفها　　شكوى كلفي عساك ان تكشفها
عين نظرت اليك ما اشرفها　　روح عرفت هواك ما الطفها

و قال من مجزوء الخفيف و القافية المتدارك

إِلْتَحَى اَلْأَمْرَدُ اَلَّذِــــى كَــانَ فِي اَلتِّيهِ مُسْرِفَا

حَسَنًا كَانَ وَجْهُهُ وَ سَرِيعًا تَصَحَّفَـا

شَرَّفَ اَللَّهُ نَاظِرِـــى مَا رَأَى فِيهِ وَ اِشْتَفَى

شَكَــرَ اَللَّهُ لِحْيَـةً صَيَّرَتْ وَجْهَهُ قَفَا

و قال ايضاً يداعب صديقاً له بغدادياً تاجراً كان اتى مصر فاقام بها عدة سنين الى ان نفد جميع ما كان معه فانشد هذه الابيات على لسان حاله من المجتث والقافية المتواتر

دَخَلْتُ مِصَرَ غَنِيًّا وَ لَيْسَ حَالِي بِخَافِي

عِشْرُونَ حِمْلَ حَرِيرٍ وَ مِثْلُ ذَاكَ نَضَافِي

وَ جُمْلَةٌ مِنْ لَآلِئٍ وَ جَوْهَرٍ شَفَّافِ

وَ لِي مَمَالِيكُ تُرْكٌ مِنَ اَلْمِلَاحِ اَلنِّظَافِ

فَرُحْتُ اَبْسُطُ كَفِّي وَ بِالْجَزِيلِ أُكَافِي

وَ صِرْتُ اَجْمَعُ شَمْلِي بِسَالِفٍ وَسُلَافِ

وَ لَا اَزَالُ اُوَاخِي وَ لَا اَزَالُ اُصَافِي

وَ صَارَ لِي حُرَفَاءٌ   كَانُوا تَمَامَ جِرَا فِي
وَ كُلِّ يَوْمٍ خِوَانٌ   مِنَ ٱلْجِدِي وَ ٱلْخِرَافِ
فَبِعْتُ كُلَّ ثَمِينٍ   مَعِي مِنَ ٱلْاَصْنَافِ
وَ ٱسْتَهْلَكَ ٱلْبَيْعُ حَتَّى   طَرَاحَتِي وَ لِحَافِي
صَرَفْتُ ذَاكَ جَمِيعًا   بِمِصْرَ قَبْلَ ٱنْصِرَافِي
وَ صِرْتُ فِيهَا فَقِيرًا   مِنْ ثَرْوَتِي وَ عَفَافِي
وَ ذَا خُرُوجِي مِنْهَا   جِيعَانَ عُرْيَانَ حَافِي

و قال من الطويل و القافية المتدارك

تَضِيقُ عَلَيَّ ٱلْاَرْضُ خَوْفَ فِرَاقِكُمْ   وَ اَيُّ مَكَانٍ لَا يَضِيقُ بِخَائِفِ
وَ مَا اَسَفِي اِلَّا عَلَى ٱلْقُرْبِ مِنْكُمْ   وَ لَسْتُ عَلَى شَيْءٍ سِوَاهُ بِآسِفِ

قافية القاف

قال من الطويل و القافية المتواتر

اَتَانِي كِتَابٌ مِنْكَ يَحْمِلُ اَنْعُمًا   وَ مَا خِلْتُ اَنَّ ٱلْبَحْرَ تَحْوِيهِ اَوْرَاقُ
وَ اِنِّي عَلَى ذَاكَ ٱلْجَمِيلِ لَشَاكِرٌ   وَ اِنِّي اِلَى ذَاكَ ٱلْجَمَالِ لَمُشْتَاقُ

و قال يمدح السلطان الملك الصالح نجم الدين ايوب اخا السلطان الملك المسعود صلاح الدين يوسف بن الملك الكامل و ذلك فى سنة ٦٢٢ اثنتين و عشرين و ستمائه من اول الكامل و القافية المتدارك

وعد الزيارة طرفه المتملق ・ و بلاء قلبي من جفون تنطق
اني لاهوى الحسن حيث وجدته ・ و اهيم بالغصن الرشيق و اعشق
و بليتي كفل عليه ذوابة ・ مثل الكثيب عليه صل مطرق
يا عاذلي انا من سمعت حديثه ・ فعساك تحنو او لعلك ترفق
لو كنت منا حيث تسمع او ترى ・ لرايت ثوب الصبر كيف يمزق
و رايت لطف العاشقين تشاكيا ・ و عجبت ممن لا يحب و يعشق
ايسومني العذال عنه تصبرا ・ و حياته قلبي ارق و اشفق
ان عنفوا او سوفوا او خوفوا ・ لا انثني لا انتهي لا افرق
ابدا ازيد مع الوصال تلهفا ・ كالعقد في جيد المليحة يقلق
و يزيدني قلقا فاشكر فعله ・ كالمسك تسحقه الاكف فيعبق
يا قاتلي اني عليك لمشفق ・ يا هاجري اني اليك لشيق
و اذاع اني قد سلوتك معشر ・ يا رب لا عاشوا لذاك ولا بقوا
ما اطمع العذال الا انني ・ خوفا اليك اليهم اتملق

و اذا وعدت الطيف فيك بهجعة　　فاشهد على بانني لا اصدق

فعلام قلبي ليس بالقلب الذى　　قد كان لى منه المحب المشفق

و اظن خدك شامتا بفراقنا　　و لقد نظرت اليه و هو مخلق

و لقد سعيت الى العلى بعزيمة　　تقضي لسعيي انه لا يلحق

و سريت في ليل كان نجومه　　من فرط غيرتها الى تحدق

حتى وصلت سرادق الملك الذى　　تقف الملوك ببابه تسترزق

و وقفت من ملك الزمان بموقف　　الفيت قلب الدهر فيه يخفق

فاليك يا نجم السماء فانني　　قد لاح نجم الدين لى يتالق

الصالح الملك الذى لزمانه　　حسن يتيه به الزمان و رونق

ملك يحدث عن ابيه و جده　　سند لعمرك في العلى لا يلحق

سجدت له حتى العيون مهابة　　اوما تراها حين يقبل تطرق

رحب الجناب خصيبة اكنافه　　فلكم سدير عنده و خورنق

فالعيش الا في ذراه منكد　　و الرزق الا من يديه مضيق

يا عز من اضحى اليه ينتمي　　و علو من امسى به يتعلق

اقسمت ما الصنع الجميل تصنع　　فيه ولا الخلق الكريم تخلق

يدعو الوفود لماله فكأنما يدعو عليه فشمله يتفرق

أبدا تحن الى الطراد جياده فلها اليه تشوف و تشوق

يبدي لسطوته الخميس تطربا فالسمر ترقص و السيوف تصفق

في طي لامته هزبر باسل تحت العريكة منه بدر مشرق

تروى القنا بدم الأعادي في الوغا فلذاك تثمر بالرؤس و تورق

يمضي فيقدم جيشه من هيبة جيش يغص به الزمان و يشرق

ملأ القلوب مهابة و محبة فالبأس يرهب و المكارم تعشق

ستجوب آفاق البلاد جياده و يرى له في كل فج فيلق

لبيك يا من لا مرد لأمره و اذا دعا العيوق لا يتعوق

لبيك يا خير الملوك بأسرهم و أعز من تحدى اليه الأينق

لبيك ألفا أيها الملك الذي جمع القلوب نواله المتفرق

و عدلت حتى ما بها متظلم و أنلت حتى ما بها مسترزق

أنا من دعوت و قد أجابك مسرعا هذا الثناء له و هذا المنطق

ألفيت سوقا للمكارم و العلا فعلمت أن الفضل فيه ينفق

يا من اذا وعد المنى قصاده قالت مواهبه يقول و يصدق

يا مَنْ رَفَضْتُ الناسَ حينَ لَقِيتُه ··· حَتَّى ظَنَنْتُ بأنَّهُمْ لَمْ يُخْلَقُوا

قَيَّدْتُ فِي مِصْرَ إِلَيْكَ رِكَابِي ··· غَيْــــرَ يُغَرِّبُ تارةً و يُشْرِقُ

وَ حَلَلْتُ عِنْدَكَ إذ حَلَلْتُ بِمَعْقِلٍ ··· يَلْفَى إلَيْهِ مَارِدٌ وَ الآبِقُ

وَ نَيَّفْتُ الأقوامَ أنِّي بَعْدَهَا ··· أبدًا إلى رُتَبِ العُلَا لا أَسْبِقُ

فَرَزَقْتُ ما لَمْ يُرزَقُوا وَ نَطَقْتُ ما ··· لَمْ يَنْطِقُوا وَ لَحِقْتُ ما لَمْ يَلْحَقُوا

و قال يمدح الصاحب صفى الدين ابا محمد عبد الله بن على المعروف
بابن شكر من ثانى الطويل و القافية المتدارك

أخَذَتْ عَلَيْهِ فِي المَحَبَّةِ مَوْثِقًا ··· و ما زالَ قَلْبِي مِنْ تَجَنِّيهِ مُشْفِقًا

وَ قَدْ كُنْتُ أرجُو طَيْفَهُ أنْ يُلِمَّ بِي ··· فَأسْهَرَنِي كَيْ لا يُلِمَّ وَ يَطْرُقَا

وَ لِي فِيهِ قَلْبٌ بِالغَرَامِ مُقَيَّدٌ ··· لَهُ خَبَبٌ يَرْوِيهِ دَمْعِي مُطْلَقَا

كَلِفْتُ بِهِ أحوَى الجُفُونِ مُهَفْهَفًا ··· مِنَ الظَّبْيِ أحلَى أو مِنَ الغُصْنِ أرشَقَا

وَ مِنْ فَرْطِ وَجْدِي فِي لَمَاهُ وَ ثَغْرِهِ ··· أُعَلِّلُ قَلْبِي بِالعَذِيبِ وَ بِالنَّقَا

كَذَلِكَ لَوْ لا بَارِقٌ مِنْ جَبِينِهِ ··· لَمَا شِمْتُ بَرْقًا أو تَذَكَّرْتُ أبرَقَا

وَ لِي حَاجَةٌ مِنْ وَصْلِهِ غَيرَ أنَّها ··· مُرَدَّدَةٌ بَيْنَ الصَّبَابَةِ وَ التُّقَى

خَلِيلَيَّ كُفَّا عَنْ مَلامَةِ مُغْرَمٍ ··· نَذْكُرُ أيَّامًا مَضَتْ وَ نَشَوَّقَا

وَ لَا تَحْسِبَا قَلْبِي كَمَا قُلْتُمَا سَلَا   وَ لَا تَحْسِبَا دَمْعِي كَمَا قُلْتُمَا رَقَى

فَمَا ازْدَادَ ذَاكَ الْقَلْبُ اِلَّا تَمَادِيًا   وَ مَا ازْدَادَ ذَاكَ الدَّمْعُ اِلَّا تَدَفُّقَا

اِلَى كَمْ اُرَجِّي بَاخِلًا فِي وِصَالِهِ   وَ حَتَّى مَتَى اَخْشَى الْقِلَا وَ التَّفَرُّقَا

فَحَسْبُ فُؤَادِي لَوْعَةً وَ صَبَابَةً   وَ حَسْبُ جُفُونِي عَبْرَةً وَ تَأَرُّقَا

عَلَى اَنَّهَا الْاَيَّامُ مَهْمَا تَدَاوَلَتْ   سُرُورٌ تَقَضَّى اَوْ جَدِيدٌ تَمَزَّقَا

وَ لَسْتَ تَرَى خِلًّا مِنَ الْغَدْرِ سَالِمًا   فَلَا يَفْتِنِي يَوْمًا صَدِيقًا فَيَصْدُقَا

اِذَا نِلْتَ مِنْهُ الْوُدَّ كَانَ تَكَلُّفًا   وَ اِنْ نِلْتَ مِنْهُ الْبِشْرَ كَانَ تَمَلُّقَا

وَ مِمَّا دَهَانِي حِرْفَةٌ اَدَبِيَّةٌ   غَدَتْ دُونَ اِدْرَاكِ الْمَطَالِبِ خَنْدَقَا

وَ اِنْ شَمِلَتْنِي نَظْرَةٌ صَاحِيَةٌ   فَلَسْتُ اَرَى يَوْمًا مِنَ الدَّهْرِ مُمْلِقَا

وَزِيرٌ اِذَا مَا شِمْتَ غُرَّةَ وَجْهِهِ   فَدَعْ لِسِوَاكَ الْعَارِضَ الْمُتَاَلِّقَا

ذَمَمْتُ السَّحَابَ الْغُرَّ يَوْمَ لِقَائِهِ   وَ حَقَّرَ عِنْدِي وَبْلَهَا الْمُتَدَفِّقَا

وَجَدْتُ جَنَابًا فِيهِ لِلْمَجْدِ مُرْتَقًى   وَ فِيهِ لِذِي الْآمَالِ وَ النُّجْحِ مُلْتَقَى

اِذَا قُلْتُ عَبْدُ اللّٰهِ ثُمَّ عَنَيْتُهُ   جَمَعْتُ بِهَا كُلَّ التَّعَاوِيذِ وَ الرُّقَى

يَقِيكَ مِنَ الْاَيَّامِ كُلَّ مُلِمَّةٍ   وَ يَكْفِيكَ مِنْ اَحْدَاثِهَا مَا تَطَرَّقَا

وَ كَمْ لَكَ فِينَا مِنْ كِتَابٍ مُصَنَّفٍ   تَرَكْتَ بِهِ وَجْهَ الشَّرِيعَةِ مُشْرِقَا

عكفنا عليه نجتنى من فنونه فعلمنا هذا الكلام المونقا
و كم شاعرٍ وافى اليك بمدحةٍ فزخرفها مما افدت و نمقا
فان حسنت لفظا فمن روضك اجتنى و ان عذبت شربا فمن بحرك استقى
فلا زلت ممدوحا بكل مقالةٍ تريك جريرا عبدها و الفرزدقا
و ما حسنت عندى و خلك اذ غدت هى التبر مسبوكا او الدر منتقى
و لا ان جرت مجرى النسيم لطافة و لا ان حكت زهر الرياض المعبقا
و لكنها حازت من اسمك احرفا كستها جمالا فى النفوس و رونقا

و قال ايضا من ثانى الطويل و القافية المتدارك

أارحل من مصرٍ و طيب نعيمها فاى مكانٍ بعدها لى شائق
و اترك اوطانا ثراها لناشقٍ هو الطيب لا ما ضمنته المفارق
فكيف و قد اضحت من الحسن جنة زرابيها مبثوثة و النمارق
بلاد تروق العين و القلب بهجة و تجمع ما يهوى تقى و فاسق
و اخوان صدقٍ يجمع الفضل شملهم مجالسهم مما حووه حدائق
اسكان مصرٍ ان قضى الله بالنوى فثم عهود بيننا و مواثق
فلا تذكروها للنسيم فانه لامثالها من نفحة الروض سارق

إِلَى كَمْ جُفُونِى بِالدُّمُوعِ قَرِيحَةٌ   وَ حَتَّى مَ قَلْبِى بِالتَّفَرُّقِ خَافِقُ

فَفِى كُلِّ يَوْمٍ لِى حِيْنِ مُجَدَّدٌ   وَفِى كُلِّ أَرْضٍ لِى حَبِيبٌ مُفَارِقُ

سَتَأْتِى مَعَ الْأَيَّامِ أَعْظَمُ فُرْصَةٍ   فَمَا لِى أَسْمَى نَحْوَهَا وَ أُسَابِقُ

وَ مِنْ خَلْفِى أَنِّى أَلُوفٌ وَأَنَّهُ   يَطُولُ التَّفَاقِ لِلَّذِينَ أُفَارِقُ

يُحَرِّكُ طَرْفِى فِى الْأَرَاكَةِ طَائِرٌ   وَ يَجْمَعُ وَجْدِى فِى الدُّجَةِ بَارِقُ

وَ أَقْسِمُ مَا فَارَقْتُ فِى الْأَرْضِ مَنْزِلًا   وَ بِذِكْرٍ إِلَّا وَ الدُّمُوعُ سَوَابِقُ

وَعِنْدِى مِنَ الْآدَابِ فِى الْبُعْدِ مُؤْنِسٌ   أُفَارِقُ أَوْطَانِى وَ لَيْسَ يُفَارِقُ

وَلِى صَبْوَةُ الْعُشَّاقِ فِى الشِّعْرِ وَحْدِهِ   وَ أَمَّا سِوَاهَا فَهْىَ مِنِّى طَالِقُ

كَلَامِى الَّذِى يَصْبُو لَهُ كُلُّ سَامِعٍ   وَ يَهْوَاهُ حَتَّى فِى الْخُدُورِ الْعَوَاتِقُ

كَلَامِى غَنِى عَنْ لَحْنٍ نَزِيْهِ   لَهُ مَعْبَدٌ مِنْ نَفْسِهِ وَ مُخَارِقُ

لِكُلِّ امْرِئٍ مِنْهُمْ نَصِيبٌ يَخُصُّهُ   يُلَائِمُ مَا فِى طَبْعِهِ وَ يُوَافِقُ

تَغْنِى بِهِ النُّدْمَانُ وَ هُوَ فُكَاهَةٌ   وَ يُنْشِدُهُ الصُّوفِى وَ هُوَ رَقَائِقُ

بِهِ تُقْضَى حَاجَاتُ مَنْ هُوَ طَالِبٌ   وَيَسْتَعْطِفُ الْأَحْبَابَ مَنْ هُوَ عَاشِقُ

وَ إِنِّى عَلَى مَا سَارَ مِنْهُ لَعَاتِبٌ   أَلَيْسَ بِهِ لِلَّبِينِ نَحْدَى الْأَيَانِقُ

وَ مَا قُلْتُ أَشْعَارِى لِأَبْنِى بِهَا النَّدَا   وَ لَكِنَّنِى فِى حَلْيَةِ الْفَضْلِ وَاثِقُ

أَطْلُبُ رِزْقَ اللهِ مِنْ عِنْدِ غَيْرِهِ   وَ اسْتَرْزِقُ الْأَقْوَامَ وَ اللهُ رَازِقُ

و قال من الوافر والقافية المتواتر

لَعَلَّ ٱللهَ يجمعنا قريبًا　　فنُصبح في ٱلتئامٍ و ٱتفاقِ

أُحدِّثكم بأعجبِ ماجرى لي　　و اصعب ما لقيت من ٱلفراقِ

و اشفي غلّتي منكم اليكم　　فانَّ ٱلكتب لا تسع اشتياقي

خبأت لكم حديثًا في فؤادي　　لأتحفكم بهِ عند ٱلتلاقي

و اعتبكم على ما كان منكم　　عتابًا ينقضي و ٱلودّ باقي

و قال من مجزوء الكامل و القافية المتواتر

مولاي قل لي اينما　　قد كان من عهدٍ وثيقِ

حاشاك أن تنسى ٱلذي　　بيني وبينك من حقوقِ

ما مثل وجهك ذا ٱلجميـ　　ـلِ يكون من اهل ٱلعقوقِ

تبدو فتشرق للعيو　　ن ضحى و تشرقني بريقي

و زعمت انك زائري　　فتركت عيني للطريقِ

و جعلتني ابكي عليـ　　ـك من ٱلغروب الى ٱلشروقِ

لو أن لي عينا تنا　　م قنعت بالطيف ٱلطروقِ

سقيًا لأيام ٱلوصا　　ل و ذلك ٱلعيش ٱلأنيقِ

و كتب اليه الصدر الاجل جمال الدين يحيى بن مطروح يطلب منه درج ورق و مداد من المنسرح و القافية المتراكب

أَفلستُ يا سَيِّدِى مِنَ الوَرِقِ   فَابعَثْ بِدَرجٍ كَعِرضِكَ اليَقِقِ
وَ إِنْ أَتَى بِالمِدَادِ مُقْتَرِنًا   فَمَرحبـا بِالخُدُودِ وَ الحَدَقِ

و من ظرفه انه فى البيت الاول فتح الراء من الورق وكسرها و كتب عليها معاً فسير اليه درجا و يسير مداد وكتب من بحره و قافيته

مَوْلَاىَ سَيَّرْتُ مَا أَمَرْتَ بِهِ   وَ هُوَ يَسِيرُ المِدَادِ وَ الوَرَقِ
وَ عَزَّ عِندِى تَسيِيرُ ذَاكَ وَ قَدْ   شَبَّهتَهُ بِالخُدُودِ وَ الحَدَقِ

و قال من الوافر و القافية المتواتر

وَ رَكْبٍ كَالنُجُومِ عَلَى نُجُومٍ   مَرَقْنَ مِنَ الفَلَاةِ بِهِمْ مُرُوقَا
سَرَيْنَ بِهِمْ كَأَنَّهُمْ نَشَاوَى   عَلَى الأَكْوَارِ قَدْ شَرِبُوا رَحِيقَا
وَ ضَوْءُ الفَجْرِ مِثْلُ النَهْرِ جَارٍ   تَرَى بَدْرَ الدُجَى فِيهِ غَرِيقَا
تَحُثُّ مَطِيَّنَا الأَشْوَاقُ مِنَّا   وَ نَقْطَعُ بِالأَحَادِيثِ الطَّرِيقَا

و قال من ثالث الطويل و القافية المتواتر

بِروحِى من لا استطيع فِراقه   و من هو اوفى مِن اخى وشفيقى
اِذا غاب عنى لم ازل متلفتا   ادور بعينى نحو كلِ طريقِ

و قال من مجزوء الرجز و القافية المتواتر

يا سيدا ما زال با   ب جودِه مطروقا
جئت طريقين فما   وجدت لِى طريقا

و قال من ثانى الطويل و القافية المتواتر

و اسود شيخ فِى ثمانين سنه   غدا وجهه مِن ابيض الشيب ابلقا
له لحية مبيضة مستديرة   اشبهه فيها عقابا مطوقا

و قال فى التصوف من الخفيف و القافية المتواتر

رفعت رايتِى على العشاقِ   و اقتدى بِى جميع تلك الرِفاقِ
و تنحى اهل الهوى عن طريقِى   و انثنى عزم من يروم لِحاقِى
سِرت فِى الحب سيرة لم يسرها   عاشق فِى الورى على الا طلاقِ
فدعاتِى تجول فِى كلِ ارضٍ   و طبولى يضربن فِى الافاقِ

مثل العاشقون حول بساطي   في مقام الهوى وتحت رواقي

ضربت سكة المحبة باسمي   و دعت لي منابر العشاق

كان للقوم في الزجاجة باق   انا وحدى شربت ذاك الباقي

شربة لا ازال اسكر منها   ليت شعرى ما ذا سقاني الساقي

انا في الحب الطف الناس معنى   دمث الخلق ذو حواش رقاق

اعشق الحسن و الملاحة والظر   ف و اهوى محاسن الاخلاق

لم اخن في الوداد قط حبيا   و ينادى على في الاسواق

شيمتي شيمتي و خلقي خلقي   و لو انى اموت مما الاقي

لطفت في وصف الهوى كلماتي   اين اهل القلوب والاشواق

و اذا ما ادعيت في الحب دعوى   شهد العالمون باستحقاقي

شنف السامعين در كلامي   و تحلت اجيادهم اطواقي

و قال من مجزوء الرمل والقافية المتواتر

مرحبا بالزائر الوا   صل و الخل الشفيق

و صديق لي صدوق   و رفيق لي رفيق

بابي انت لقد فـ   ـرجت عني كل ضيق

وَ تفضلتَ و احسنــــتَ الى الصبِ المشوقِ
لَيْتَ خدى كان ارضًا لكَ في طولِ الطريقِ
تُربُ اقدامك عندى هو كالمسكِ الفتيقِ
كُنْتُ من فرطِ اشتياقى بك في نارِ الحريقِ
مُقلتي مذ غِبتَ ما جــــفّتْ ولكن جفّ ريقي
لى من سكرِ الهوى ما لستُ عنه بالمفيقِ
لا ارى قلبي بما اصــــبح فيه بمطيقِ

و قال من مجزوء الكامل مرفلًا و القافية المتواتر

اسفى على زمنِ التلاقى و العيش متسع النطاقِ
و رداءِ تيهٍ كنت ار فل في حواشيهِ الرقاقِ
ايامَ مصرٍ ليتها فديت بايامى البواقى
و بجانبِ الفسطاطِ لى قمر يعز له فراقى
قمر شربتُ له الفرا قَ المرَّ من كأسٍ دهاقِ
و ارقتُ فيه دمى فكيــــف الامر في دمعي المراقِ
احبابنا ما ذا لقيــــتُ من البعادِ و ما الاقى

لو تشرفون رايتم   من مصر نيران اشتياقي
نفس يصعده الجوى   راقٍ و دمع غير راقي
ما كنت اصبر عنكم   لو كنت منطلق الوثاقِ
و لقد تفضل طيفكم   ليلًا و انعم بالتلاقي
و سرى و بات مضاجعي   و الليل مسدول الرواقِ
فقطعت انعم ليلةٍ   ما بين لثمٍ و اعتناقِ
ثم انتبهت رايت اثـ   ـر الطيب في بردي باقي
و راى العواذل ليس وجـ   ـهي من وجوههم الصفاقِ
مذ كنت لم تكن الخيا   نة في المحبة من خلاقي
و لقد بكيت و ما بكيـ   ـت من الرياء و لا النفاقِ
برقيقة الالفاظ تحـ   ـكي الدمع الا في المذاقِ
لم تدرِ هل نطقت بها الا   فواه ام جرت الاماقي
لطفت معانيها و رقـ   ـت و الحلاوة في الرقاقِ
مصرية قد زانها   لطفًا مجاورة العراقِ

و قال من المجتث و القافية المتواتر

تعيش أنت و تبقى   أنا الذى مت عشقا
حاشاك يا نور عيني   تلقى الذى أنا ألقى
قد كان ما كان مني   و الله خير و ابقى
و لم أجد بين موتي   و بين هجرك فرقا
يا أنعم الناس بالا   الى متى فيك اشقى
سمعت عنك حديثا   يا رب لا كان صدقا
حاشاك تنقض عهدى   و عروتي فيك وثقى
وما عهدتك الا   من أكرم الناس خلقا
يا ألف مولاى مهلا   يا ألف مولاى رفقا
لك الحياة فانى   اموت لا شك عشقا
لم يبق مني الا   بقية ليس تبقى

و قال من مجزوء الرجز و القافية المواتر

أحبابنا حاشاكم   من غضب أو حنق
أحبابنا لا عاش من   يغضبكم و لا بقي

هذا دَلال منكم دعوه حتى نلتقي
و الله ما خرجت في حبي لكم عن خلقي
و ما برحت بستو ر وصلكم تعلقي
ويلاه ما يلقاه قلبي منكم و ما لقي
ان لم تجودوا بالرضا فبشروا قلبي الشقي
وا خجلتي منكم اذا عتبتم وا قلقي
اكاد ان اغرق في دمعي او في عرقي
ما حيلتي في كذب من حاسد مصدق
و كيف تمشي حجتي في ذا المكان الضيق
حيران ما اعرف ما اقصده من طرقي
فهل رسول عائد منكم بوجه مشرق
يا مالكي بجوده غلطت بل يا معتقي
مثلك لي و هذه حالي و هذا خلقي
و الله لو ابصرت ذا في النوم لم اصدق

و لما عمل هذه الابيات تذكر اياتا على وزنها و قافيتها تقدمت له فى زمن الصا و لم يثبتها لعدم اكتراثه بها كان سيرها لصديق له و هى هذه

كتبتها من عجلٍ بدهشتي و قلقي
فاعجب لها منظومة من خاطرٍ مفرقِ
كانني كتبتها مرتعشا من زلقِ
فاضطربت اجزاؤها جميعها في نسقِ
ثلاثة تشابهت خطي مدادي ورقي
فخطها كانه مشي ضعاف العلقِ
مدادها كحماة مسنونة في الطرقِ
ورقها ابيض لكن كبياض البهقِ
لكنها شاهدة بعدم التملقِ
و لم اكن اخدعكم بباطلٍ منمقِ
بظاهرٍ مزوقٍ و باطنٍ ممزقِ

و قال من بحره و قافيته

اَلسُّمْر لا اَلْبِيض هم أَوْلَى بِعِشْقٍ وأَحَقّ

وَ إِنْ تَدَبَّرْتَ مَقًا لِى مُنْصِفًا قُلْتَ صَدَقْ

اَلسُّمْرُ فِى لَوْنِ اَللَّمَا وَ اَلْبِيض فِى لَوْنِ اَلْبَهَقْ

و قال من ثانى السريع و القافية المتدارك

يُقَبِّلُ اَلْأَرْضَ وَيُنْهِى إِلَى مَالِكِهِ شِدَّةَ أَشْوَاقِهِ

مَا غَيَّرَ اَلْبُعْدُ سِوَى جِسْمِهِ وَ لَمْ يُغَيِّرْ صَفْوَ أَخْلَاقِهِ

فَٱبْكِ عَلَى اَلصَّبِّ اَلْغَرِيبِ اَلَّذِى قَدْ مَسَّكَ اَلْبَيْنُ بِأَطْوَاقِهِ

قافية الكاف

قال من الكامل و القافية المتواتر

اَلْحَمْدُ وَ اَلْجُودُ مِنْكَ سَجِيَّةٌ يُهْنِيكَ طِيبُ ذِكْرِهَا يُهْنِيكَا

أَدْعُوكَ دَعْوَةَ مَنْ تَيَقَّنَ أَنَّهُ سَيَنَالُ مَا يَرْجُوهُ إِذْ يَدْعُوكَا

عَوَّدْتَنِى اَلْبِرَّ اَلْجَزِيلَ وَ لَمْ تَزَلْ أَبَدًا تُعَوِّدُهُ اَلَّذِى يَرْجُوكَا

فَلِذَاكَ لَوْ فَتَّشْتَ قَلْبِى لَمْ تَجِدْ لَكَ فِى اَلْوَلَاءِ اَلْمَحْضِ فِيهِ شَرِيكَا

هذا حديثي عن ضمير صادقٍ　　و اسأل ضميرك انه ينبيكا
لِمْ لا يرجى منك ادراك المنى　　و ابوك في يوم الفخار ابوكا
و اذا تحدث عن نداك محدث　　فالبحر عبدك لا اقول اخوكا
جاءت محركة لهمتك التي　　ما خلتها محتاجة تحريكا
فلئن مننت بما وعدت تكرما　　فلمثل ذلك لم ازل ارجوكا
و لئن نسيت و ما اخالك ناسيا　　فسواك من ينسى له مملوكا

و قال فى جارية اسمها ملوك من ثالث الطويل و القافية المتدارك

و حسناء ما ذاقت لغيري محبة　　و لا نغصت لي حبها بشريك
تسائل عن وجدى بها وصابتي　　فقلت اما يكفيك موتى فيك
و كانت تسميني اخاها تدللا　　فقلت لها افسدت عقل اخيك
تركت جميع الناس فيك محبة　　فيا ليت بعض الناس لى تركوك
رأوك فقالوا البدر و الغصن و النقا　　و لا شك ان القوم ما عرفوك
لعمرك قد اذنبت حين ظلمتني　　كذا الناس في تشبيههم ظلموك
و لم تظلمي الا بقولك قد سلا　　امثلي يسلو عنك لا و ابيك
و للناس في الدنيا ملوك كثيرة　　و هيهات ما للناس مثل ملوكي

و قال من خامس المديد و القافية المتراكب

لَيسَ عِندِي مَا أَقدِمُهُ غَيرَ رُوحٍ أَنتَ تَملِكُهَا
وَ لَقَد أَمسَت عَلَى رَمَقٍ فَعَسَى بِالوَصلِ تُدرِكُهَا

و قال يرثي ولده رحمه الله تعالى من الوافر و القافية المتواتر

نَهَاكَ مِنَ الغَوَايَةِ مَا نَهَاكَا وَ ذُقتَ مِنَ الصَّبَابَةِ مَا كَفَاكَا
وَ طَالَ سُرَاكَ فِي لَيلِ التَّصَابِي وَ قَد أَصبَحتَ لَم تَحمَد سُرَاكَا
فَلَا تَجزَع لِحَادِثَةِ اللَّيَالِي فَقُل لِي إِن جَزِعتَ فَمَا عَسَاكَا
وَ كَيفَ تَلُومُ حَادِثَةً وَ فِيهَا تَبَيَّنَ مَن أَحَبَّكَ أَو قَلَاكَا
بِرُوحِي مَن تَذُوبُ عَلَيهِ رُوحِي وَ ذُق يَا قَلبُ مَا صَنَعَت يَدَاكَا
لَعَمرِي كُنتَ عَن هَذَا غَنِيًّا وَ لَم تَعرِف ضَلَالَكَ مِن هُدَاكَا
ضَنِيتُ مِنَ الهَوَى وَ شَفِيتُ مِنهُ وَ أَنتَ تُجِيبُ كُلَّ هَوًى دَعَاكَا
فَدَع يَا قَلبُ مَا قَد كُنتَ فِيهِ أَلَستَ تَرَى حَبِيبَكَ قَد جَفَاكَا
لَقَد بَلَغَت بِهِ رُوحِي التَّرَاقِي وَ قَد نَظَرَت بِهِ عَينِي الهَلَاكَا
فَيَا مَن غَابَ عَنِّي وَهوَ رُوحِي وَ كَيفَ أُطِيقُ مِن رُوحِي انفِكَاكَا

حَبِيبِي كَيْفَ حَتَّى غِبْتَ عَنِّي	اَنَعْلَمُ اَنْ لِي اَحَدًا سِوَاكَا
اَرَاكَ هَجَرْتَنِي هَجْرًا طَوِيلًا	وَ مَا عَوَّدْتَنِي مِنْ قَبْلِ ذَاكَا
عَهِدْتُكَ لَا تُطِيقُ الصَّبْرَ عَنِّي	وَ تَعْصِي فِي وَدَادِي مَنْ نَهَاكَا
فَكَيْفَ تَغَيَّرَتْ تِلْكَ السَّجَايَا	وَ مَنْ هَذَا الَّذِي عَنِّي ثَنَاكَا
فَلَا وَاللهِ مَا حَاوَلْتُ عُذْرًا	فَكُلُّ النَّاسِ يَعْذِرُ مَا خَلَاكَا
وَ مَا فَارَقْتَنِي طَوْعًا وَلَكِنْ	دَهَاكَ مِنَ الْمَنِيَّةِ مَا دَهَاكَا
لَقَدْ حَكَمَتْ بِفُرْقَتِنَا اللَّيَالِي	وَ لَمْ يَكُ بِكَ عَنْ رِضَائِي وَلَا رِضَاكَا
فَلَيْتُكَ لَوْ بَقِيتَ لِضَعْفِ حَالِي	وَ كَانَ النَّاسُ كُلُّهُمْ فِدَاكَا
يَعِزُّ عَلَيَّ حِينَ اُدِيرُ عَيْنِي	اَفْتِشُ فِي مَكَانِكَ لَا اَرَاكَا
وَ لَمْ اَرَ فِي سِوَاكَ وَ لَا اَرَاهُ	شَمَائِلَكَ الْمَلِيحَةَ اَوْ حُلَاكَا
خَتَمْتُ عَلَى وَدَادِكَ فِي ضَمِيرِي	وَ لَيْسَ يَزَالُ مَخْتُومًا هُنَاكَا
لَقَدْ عَجِلَتْ عَلَيْكَ يَدُ الْمَنَايَا	وَ مَا اسْتَوْفَيْتَ حَظَّكَ مِنْ صِبَاكَا
فَوَا اَسَفِي لِحُسْنِكَ كَيْفَ يَبْلَى	وَ تَذْهَبُ بَهْجَةٌ فِيهَا سَنَاكَا
وَ مَا لِي اَدَّعِي اَنِّي وَفِيٌّ	وَلَسْتُ مُشَارِكًا لَكَ فِي بَلَاكَا
نَمُوتُ وَلَا اَمُوتُ عَلَيْكَ حُزْنًا	وَحَقِّ هَوَاكَ خِنْتُكَ فِي هَوَاكَا
وَ يَا خَجَلِي اِذَا قَالُوا مُحِبٌّ	وَ لَمْ اَنْفَعْكَ فِي خَطْبٍ اَتَاكَا

أرى الْبَاكِينَ فِيكَ مَعِي كَثِيرًا   وَلَيْسَ كَمَنْ بَكَى مَنْ قَدْ تَبَاكَى

فَيَا مَنْ قَدْ نَوَى سَفَرًا بَعِيدًا   مَتَى قُلْ لِي رُجُوعُكَ مِنْ نَوَاكَا

جَزَاكَ اللهُ عَنِّي كُلَّ خَيْرٍ   وَ اعْلَمْ أَنَّهُ عَنِّي جَزَاكَا

فَيَا قَبْرَ الْحَبِيبِ وَدِدْتُ أَنِّي   حَمَلْتُ وَ لَوْ عَلَى عَيْنِي ثَرَاكَا

سَقَاكَ الْغَيْثُ هَتَّانًا وَ إِلَّا   فَحَسْبُكَ مِنْ دُمُوعِي مَا سَقَاكَا

وَ لَا زَالَ السَّلَامُ عَلَيْكَ مِنِّي   يَرِقُّ مَعَ النَّسِيمِ عَلَى ذَرَاكَا

وَ قال من مجزوء الخفيف و القافية المتداركة

مَالِكِي أَنْتَ لَا عَدِمْـتُكَ يَا خَيْرَ مَنْ مَلَكْ

كُلُّ شَيْءٍ رَأَيْتُهُ   حَسَنًا اشْتَهِيهِ لَكْ

وَ عَلَى كُلِّ حَالَةٍ   لَسْتُ أَنْسَى تَفَضُّلَكْ

لَا أُجَازِي وَ لَوْ مَنَحْـتُكَ رُوحِي نُطَوِّلَكْ

وَ قال من مشطور الرجز و القافية المتداركة

يَا رَبِّ قَدْ أَصْبَحْتُ أَرْجُو كَرَمَكْ   يَارَبِّ مَا أَكْثَرَ عِنْدِي نِعَمَكْ

يَا رَبِّ عَنْ إِسَاءَتِي مَا أَحْلَمَكْ   يَا رَبِّ سُبْحَانَكَ بِي مَا أَرْحَمَكْ

و قال من مجزو الرجز و القافية المتدارك

يَا سَيِّدِى أَنَا ٱلَّذِى تَمْلِكُهُ وَ مَا مَلَكْ
يَسُرُّنِي إِنْ كَانَ فِي مِلْكِي مَا يَصْلَحْ لَكْ

و قال من مجزو الرمل و القافية المتواتر

أَيُّهَا ٱلْغَائِبُ قَدْ آنَ لِعَيْنِي أَنْ تَرَاكَا
لَسْتُ مُشْتَاقًا إِلَى شَيْءٍ مِنَ ٱلدُّنْيَا سِوَاكَا
أَنَا رَاضٍ عَنْكَ لٰكِنْ لَيْتَنِي نِلْتُ رِضَاكَا
لَيْتَ كُلَّ ٱلنَّاسِ لَمَّا غِبْتَ عَنْ عَيْنِي فِدَاكَا
ذُقْتُ فِي بُعْدِكَ مَا هَوَّنَ فِي ٱلْقُرْبِ جَفَاكَا
لَا أَلُومُ ٱلدَّهْرَ فِي أَحْكَامِهِ هٰذَا بِذَاكَا

و قال من ثانى السريع و القافية المتدارك

وَيْحَكَ يا قَلْبُ اَمَا قُلْتُ لَكْ اِيَاكَ انْ تَهْلِكَ فِيمَنْ هَلَكْ
حَرَّكْتَ مِنْ نَارِ الْهَوَى سَاكِنًا مَا كَانَ اَغْنَاكَ وَ مَا اَشْغَلَكْ
وَ لِى حَبِيبٌ لَمْ يَدَعْ مَسْلَكًا يُشْمِتُ بِى الْاَعْدَاءَ اِلَّا سَلَكْ
مَلَّكْتُهُ رِقِّى وَ يَا لَيْتَهُ لَوْ رَقَّ اَوْ اَحْسَنَ لَمَّا مَلَكْ
بِاللّٰهِ يَا اَحْمَرَ خَدَّيْهِ مَنْ عَضَّكَ اَوْ اَدْمَاكَ اَوْ اَخْجَلَكْ
وَ اَنْتَ يَا نَرْجِسَ عَيْنَيْهِ كَمْ تَشْرَبُ مِنْ قَلْبِى وَ مَا اَذْبَلَكْ
وَ يَا لَمَى مَرْشَفِهِ اِنَّنِى اَغَارُ لِلْمِسْوَاكِ اِذْ قَبَّلَكْ
وَ يَا مَهَزَّ الْغُصْنِ مِنْ عِطْفِهِ تَبَارَكَ اللّٰهُ الَّذِى عَدَّلَكْ
مَوْلَاىَ حَاشَاكَ تُرَى غَادِرًا مَا اَقْبَحَ الْغَدْرَ وَ مَا اَجْمَلَكْ
مَا لَكَ فِى فِعْلِكَ مِنْ مُشْبِهٍ مَا ثَمَّ فِى الْعَالَمِ مَا ثَمَّ لَكْ

و قال من مجزوء الرمل و القافية المتدارك

كَمْ اُلَاقِى فِيكَ مَالَا اَشْتَهِى لَاقَيْتَ حَيْنَكْ
وَ عُيُونُ النَّاسِ تَسْتَحْيِى وَ مَا اَوْقَحَ عَيْنَكْ
لَعَنَ اللّٰهُ طَرِيقًا جَمَعَتْ بَيْنِى وَ بَيْنَكْ

و قال من مجزوء الرجز و القافية المتدارك

يَا هَاجِرِي يحقّ لَكْ　　وَجَدْتَ غَيْرِي شَغَلَكْ
مَوْلَايَ لَا طَالَبَكَ ٱللّهْ　　بِمَا لِي قِبَلَكْ
كَيْفَ أَطَعْتَ حَاسِدًا　　عَلَى تَلَافِي حَمَلَكْ
وَ دِنْ بِحَقِّ ٱللّهِ عَنْ　　مَذْهَبِ وَدِّي نَقَلَكْ
وَيْلَاهُ يَا قَلْبُ إِلَى　　دَاعِي ٱلْهَوَى مَا أَعْجَلَكْ
فَلَيْتَنِي لَوْ كَانَ لِي　　يَا قَلْبُ قَلْبٌ بَدَلَكْ
وَ يَا لِسَانَ ٱلدَّمْعِ فِي　　شَرْحِ ٱلْهَوَى مَا أَطْوَلَكْ
مَا تَشْتَكِي يَا نَاظِرِي　　أَلَيْسَ هَذَا عَمَلَكْ
يَا أَيُّهَا ٱلسَّائِلُ عَنِّي　　لَا تَسَلْ عَمَّنْ هَلَكْ
بِتُّ بِلَيْلٍ بَاتَهُ　　كُلُّ عَدُوٍّ لِي وَ لَكْ

و قال من مشطور الرجز و القافية المتدارك

خَلَّيْتُ كُلَّ ٱلنَّاسِ مَا خَلَاكُمْ ‏ وَ قُلْتُ مَا لِي أَحَدٌ سِوَاكُمْ
وَ أَنْتُمْ عَلَى مَا أَجْفَاكُمْ ‏ خُلْقِي خُلْقِي دَائِمًا أَرَاكُمْ
وَ كُلُّ مَا أَسْخَطَنِي أَرْضَاكُمْ ‏ وَٱللَّهِ لَا أَفْلَحَ مَنْ يَرَاكُمْ
وَ بَعْدَ ذَا سُبْحَانَ مَنْ أَعْطَاكُمْ

و قال من مجزوء الخفيف و القافية المتدارك

أَنَا أَدْرِي بِأَنَّنِي ‏ قَلَّ قِسْمِي لَدَيْكُمْ
فَإِلَى كَمْ تَطَلُّعِي ‏ وَ ٱلْتِفَاتِي إِلَيْكُمْ
مَنْ رَأَى يَرِقُّ لِي ‏ ضَائِعًا فِي يَدَيْكُمْ
كَانَ مَا كَانَ بَيْنَنَا ‏ وَ سَلَامٌ عَلَيْكُمْ

و قال من بحره و قافيته

لَعَنَ ٱللَّهُ حَاجَةً ‏ أَلْجَأَتْنِي إِلَيْكُمْ
وَ زَمَانًا أَحَالَنِي ‏ فِي أُمُورِي عَلَيْكُمْ
فَعَسَى ٱللَّهُ أَنْ يُخَلِّصَنِي مِنْ يَدَيْكُمْ

و قال و قد قضى حوائج لبعض اصدقائه فى صدر كتاب له

وَ مَا زِلْتُ مُذْ وَافَى كِتَابُكَ وَاقِفًا … عَلَى قَدَمٍ حَتَّى قَضَيْتُ مَرَاسِمَكْ
وَ يَا شَرَفِي اِنْ كُنْتُ اَهْلًا لِحَاجَةٍ … تُشِيرُ بِهَا اَوْ كُنْتُ اَصْلُحُ خَادِمَكْ

و قال من مجزوء الرجز و القافية المتدارك

اَصْبَحَ عِنْدِى سَمَكَهْ … وَ كِسْرَةٌ مُدَرْمَكَهْ
اَرَدْتُ اَنْ اُحْضِرَهَا … عَلَى سَبِيلِ ٱلْبَرَكَهْ
تَجْعَلُهَا لِمَا تَجِى … مِنْ بَعْدِهَا مُحَرِّكَهْ

قافية اللام

قال من مجزوء الكامل المرفل و القافية المتواتر

يَا حُسْنَ بَعْضِ ٱلنَّاسِ مَهْلًا … صَيَّرْتَ كُلَّ ٱلنَّاسِ قَتْلَى
اَمَرَتْ جُفُونُكَ بِٱلْهَوَى … مَنْ كَانَ يَعْرِفُهُ وَ مَنْ لَا
يَا هَاجِرِى لَا عَنْ قِلًى … هَجْرُ ٱبْنَةِ ٱلْمَهْدِىِّ طَلَّا
لَمْ يَبْقَ غَيْرُ حُشَاشَةٍ … مِنْ مُهْجَتِي وَ اَخَافُ اَنْ لَا

وَ رسومِ جسمٍ لَمْ يَدَعْ مِنْهُ ٱلْهَوَى إِلَّا ٱلْأَقَلَّا
وَ بِمُهْجَتِي مَنْ لَا أُسَمِّيهِ وَ أَكْتُمُهُ لِئَلَّا
عَانَقْتُ مِنْهُ ٱلْغُصْنَ فِي حَرَكَاتِهِ قَدًّا وَ شَكْلَا
وَ كَشَفْتُ فَضْلَ قِنَاعِهِ بِيَدِي عَنْ قَمَرٍ تَجَلَّى
فَلَثَمْتُهُ فِي خَدِّهِ تِسْعِينَ أَوْ تِسْعِينَ إِلَّا
آهًا لَهَا مِنْ سَاعَةٍ مَا كَانَ أَطْيَبَهَا وَ أَحْلَى

و قال من المنسرح و القافية المتراكب

رُبَّ ثَقِيلٍ لِبُغْضِ طَلْعَتِهِ أَخْشَاهُ حَتَّى كَأَنَّهُ أَجَلِي
وَ كُلَّمَا قُلْتُ لَا أُشَاهِدُهُ أَلْقَاهُ حَتَّى كَأَنَّهُ عَمَلِي

و قال فى ارمد وهو اول ما قاله من الوافر و القافية المتواتر

حَبِيبِي عَيْنُهُ قَالُوا تَشَكَّتْ وَ ذَلِكَ لَوْ رَأَوْا عَيْنُ ٱلْمُحَالِ
أَتَشْكُو عَيْنُهُ رَمَدًا وَفِيهَا يُقَالُ أَصَحُّ مِنْ عَيْنِ ٱلْغَزَالِ
وَلَكِنْ أَشْبَهَتْ لَوْنَ ٱلْحُمَيَّا كَمَا قَدْ أَشْبَهَتْهَا فِي ٱلْفِعَالِ

و قال يهنى الامير الاجل نصر الدين ابا الفتح بن اللمطى بقدومه
من ثانى الطويل و القافية المتدارك

أَبَى اللّهُ اِلّا انْ تَجُودَ و تَفْضُلَا … وَ يَبْطُلَ كَيْدُ الحَاسِدِين وَ يَخْذُلَا
وَقَاكَ الّذِى تَخْشَاهُ مِنْ كُلِّ حَادِثٍ … جَمِيلُ رِعَاكَ اللّهُ فِيهِ تَطَوُّلَا
فَلَا ادرك الحُسَّادُ مَا فِيكَ امّلوا … وَ ادركت مَا فِيهِمْ غَدَوْتَ مُؤَمِّلَا
سَمِعْتَ لِأَمْرِ كَامِلِيٍّ اَطَعْتَهُ … اَطَعْتَ بِهِ اَمْرَ الْاِلٰهِ الْمُنَزَّلَا
وَ كَانَ مَسِيرًا فِيهِ اَوْفَى مَسَرَّةٍ … وَ صَارَ فُضُولُ الحَاسِدِينَ تَفَضُّلَا
وَ مَا اُغْمِدَ الْهِنْدِىُّ اِلَّا لِيَنْتَضَى … وَ مَا ثُقِّفَ الْخَطِّىُّ اِلّا لِيَحْمَلَا
فَلِلَّهِ يَوْمٌ اَنْتَ فِيهِ مُسَلَّمٌ … وَهَبْتَ لَهُ جُرْمَ الزَّمَانِ الّذِى خَلَا
فَاِنْ ذَكَرُوا يَوْمًا اَغَرَّ مُحَجَّلَا … فَاِيَّاهُ يَعْنُونَ الْاَغَرَّ الْمُحَجَّلَا
لَقَدْ ضَلَّ مَنْ يَبْغِى لِنَصْرٍ اِسَاءَةً … وَ خَابَتْ مَسَاعِيهِ وَ خَافَ التَّفَضُّلَا
اَمِيرٌ لَهُ فِى الْجُودِ كُلُّ فَضِيلَةٍ … بِهَا يَطْرَبُ الرَّاوِى اِذَا مَا لَهَا تَلَا
اَعَزُّ الْوَرَى قَدْرًا وَ اَمْنَعُهُمْ حِمًى … وَ اَكْرَمُهُمْ نَفْسًا وَ اَرْفَعُهُمْ عُلَا
وَ مَا قِسْتَهُ فِى النَّاسِ اِلَّا بِمَاجِدٍ … وَ اِنْ جَلَّ اِلَّا كَانَ اَوْلَى وَ اَفْضَلَا
سَوَاءٌ عَلَيْهِ اَنْ يُجَرِّدَ عَزْمَهُ … اِذَا نَابَ خَطْبٌ اَوْ يُجَرِّدَ مُنْصُلَا
اَخُو يَقْظَةٍ لَوْ اَنَّ بَعْضَ ذَكَائِهِ … اَلَمَّ بِاَطْرَافِ الذُّبَالِ لَاَشْعَلَا

به افتخرت تيم و عز قبيلها   و اصبح منها مجدها قد تأثلا
امولای لقيت الذی انا امل   و بقيت للراجی نداك مؤملا
و هنئت ابناء كراما اعزة   رايت لهم مثل الضراغم اشبلا
صلاتهم فی الجود اضحت عوائدا   و سائلهم فی الناس ان يتوسلا
اذا ركبوا فی الروع زانوك موكبا   و ان نزلوا فی السلم زانوك محفلا
بحور بدور فی النوال و فی الدجى   غيوث ليوث فی المحول و فی الفلا
فلا عدموا من فضلك الجم انعما   احلتهم روض السعادة مقبلا
عسى نظرة من حسن رايك صدقة   تسوق الى جدبی لها الماء والكلا
فها انا ذا اشكو الزمان وصرفه   و تانف لی علياك ان اتذللا
مقيم بارض لا مقام بمثلها   و لولاكم ما اخترت ان اتحولا
فجد لی بحسن الرای منك لعانی   ارى الدهر مما قد جرى متنصلا
و حسب امرء كانت اياديك ذخره   اذا طرقت احداثه متمولا
و ما زلت مذ اصبحت فی الناس قاصدا   جنابك مقصود الجناب مبجلا
و هل كنت الا السيف خالطه الصدى   فكنت له يا ذا المواهب صيقلا
و ما لی لا اسمو الى كل غاية   اذا كنت عونی فی الزمان و كيف لا

و قال يمدح الامير الاجل مجد الدين بن اسمعيل بن اللمطى و قد انفصل عن خدمته من ثانى الكامل و القافية المتواتر

آيَاتُ مَجْدِكَ مَا لَهَا تَبْدِيلُ   وَ عُلُوُّ قَدْرِكَ مَا اِلَيْهِ سَبِيلُ
فَاقَتْ صِفَاتُكَ كُلَّ جِيلٍ قَدْ مَضَى   فِى ٱلْعَالَمِينَ فَكَيْفَ هٰذَا ٱلْجِيلُ
شَهِدَتْ لَكَ ٱلْاَفْعَالُ بِٱلْفَضْلِ ٱلَّذِى   كُلُّ ٱلْاَنَامِ سِوَاكَ فِيهِ دَخِيلُ
ذَهَلَ ٱلْاَنَامُ لِكُلِّ مَجْدٍ حُزْتَهُ   لَمْ يَحْوِهِ ٱلتَّشْبِيهُ وَ ٱلتَّمْثِيلُ
قَدْ عَزَّ دَسْتٌ اَنْتَ مِنْ اُمَرَائِهِ   وَ اُمُورُ اِقْلِيمٍ اِلَيْكَ تَؤُولُ
لَا ٱلْعَزْمُ مِنْكَ اِذَا تُلِمُّ مُلِمَّةٌ   يَوْمًا يُفَلُّ وَلَا ٱلظُّنُونُ تَمِيلُ
يُعْزَى لَكَ ٱلْاِحْسَانُ غَيْرَ مُدَافَعٍ   وَ ٱلْمُحْسِنُونَ كَمَا عَلِمْتَ قَلِيلُ
لَا يَبْتَغِى ٱلرَّاجِى اِلَيْكَ وَسِيلَةً   اِلَّا ٱلرَّجَاءَ وَ اَنَّكَ ٱلْمَأْمُولُ
حَسْبُ ٱمْرِءٍ قَدْ فَازَ مِنْكَ بِمَوْعِدٍ   فَاِذَا وَعَدْتَ فَاَنْتَ اِسْمٰعِيلُ
يَا مَنْ لَهُ فِى ٱلنَّاسِ ذِكْرٌ سَائِرٌ   كَٱلشَّمْسِ يُشْرِقُ نُورُهَا وَ تَجُولُ
وَ مَوَاهِبٌ حَضَرِيَّةٌ سَيَّارَةٌ   لَا يَنْقَضِى سَفَرٌ لَهَا وَ رَحِيلُ
وَ خَلَائِقٌ كَٱلرَّوْضِ رَقَّ نَسِيمُهُ   فَسَرَى وَ ذَيْلُ قَمِيصِهِ مَبْلُولُ
وَ تِلَاوَةٌ يَجْلُو ٱلدُّجَى اَنْوَارُهَا   قَدْ زَانَهَا ٱلتَّرْتِيبُ وَ ٱلتَّرْتِيلُ

و اذا تهجد في الظلام حسبته — من نور غرته له قنديل
ملأت لطائف بره اوقاته — فزمانه عن غيره مشغول
هذا هو الشرف الذى لا يدعى — هيهات ما كل الرجال فحول
ايامه كست الزمان محاسنا — فكانها غرر له و حجول
نفقت لديه سوق كل فضيلة — و الفضل في هذا الزمان فضول
من معشر خير البرية منهم — كرمت فروع منهم و اصول
من تلق منهم تلق اروع ماجدا — ابدا يصول على العدى و يطول
سيان منه بنانه و قناته — و دواته و حسامه مسلول
في موقف خد الحسام مورد — فيه و اعطاف القناة تميل
يا من اذا بدا الجميل اعاده — فجميله بجميله موصول
مولاى دعوة من اطلت جفاءه — و على جفائك انه لوصول
يدعوك مملوك اراك ملكته — انا ذلك المملوك و المملول
كن كيف شئت فانت انت المرتضى — فهواى فيك هواى ليس يحول
انا من علمت ولا ازيدك شاهدا — هل بعد علمك شاهد مقبول
اسفى على زمن لديك قطعته — و كانني الفرقدين نزيل
و كانما الاسحار منه عنبر — و كانما الآصال منه شمول

زَمَنٌ يَقِلُّ لَهُ البُكَاءُ لِفَقْدِهِ   وَلَوْ اَنَّ دَمْعِي دِجْلَةٌ وَالنِّيلُ

وَإِذَا انْتَسَبْتُ بِخِدْمَتِي لَكَ سَالِفًا   فَكَأَنَّهَا لِي مَعْشَرٌ وَقَبِيلُ

تُرْدَدْ حَتَّى الحَادِثَاتُ بِذِكْرِهَا   وَكَأَنَّهَا دُونِي قَنًا وَنُصُولُ

هَذَا هُوَ الأَدَبُ الَّذِي اَنْشَأْتَهُ   فَاهْتَزَّ مِنْهُ رَوْضُهُ المَطْلُولُ

رَوْضٌ جَنَيْتَ الفَضْلَ مِنْهُ يَانِعًا   وَهِجْرُهُ حَتَّى عَلَاهُ ذُبُولُ

اَظْمَأْتَهُ لَمَّا جَفَوْتَ وَطَالَمَا   اَسْقِتْهُ مِنْ نُعْمَى يَدَيْكَ سُيُولُ

وَاَفَاكَ اِنْ اَقْصَيْتَهُ مُتَطَفِّلًا   يَا حَبَّذَا فِي حُبِّكَ التَّطْفِيلُ

عَطَّلْتَهُ لَمَّا رَاَيْتُكَ مُعْرِضًا   عَنْهُ وَمَا مِنْ مَذْهَبِي التَّعْطِيلُ

وَتُهَنَّ عِيدًا دَامَ عِيدُكَ عَائِدًا   وَعَلَيْهِ مِنْكَ جَلَالَةٌ وَقَبُولُ

وَبَقِيتَ مَجْدَ الدِّينِ اَلْفًا مِثْلَهُ   وَجَنَابُكَ المَأْهُولُ وَالمَأْمُولُ

قَصُرَتْ عَلَيْكَ ثِيَابُ كُلِّ مَدِيحَةٍ   وَذُيُولُهُنَّ عَلَى سِوَاكَ تَطُولُ

وَاَعْلَمُ بِاَنِّي عَنْ صِفَاتِكَ عَاجِزٌ   وَاَعْذِرُ سِوَايَ فَمَا عَسَاهُ يَقُولُ

اَنَا مَنْ يَذُمُّ البَاخِلِينَ وَاَنَّنِي   بِنَظِيرِهَا اِلَّا عَلَيْكَ بَخِيلُ

هَذَا هُوَ الدُّرُّ الَّذِي يَا بَحْرَهُ   مَا زِلْتَ تُبْدِيهِ لَنَا وَنُبِيلُ

و قال من ثاني الكامل و القافية المتواتر

لَكَ مَجْلِسٌ مَا رُمْتُ فِيهِ خَلْوَةً   إِلَّا أَتَاحَ اللهُ كَلَّ ثَقِيلِ

فَكَأَنَّهُ قَلْبِي لِكُلِّ صَبَابَةٍ   وَكَأَنَّهُ سَمْعِي لِكُلِّ عَذُولِ

و قال من ثالث الطويل و القافية المتواتر

لَعَلَّكَ تُصْغِي سَاعَةً وَ أَقُولُ   فَقَدْ غَابَ وَاشٍ فِي الْهَوَى وَ عَذُولُ

وَ فِي النَّفْسِ حَاجَاتٌ إِلَيْكَ كَثِيرَةٌ   أَرَى الشَّرْحَ فِيهَا وَ الْحَدِيثُ يَطُولُ

تَعَالَ فَمَا بَيْنِي وَ بَيْنَكَ ثَالِثٌ   فَيَذْكُرَ كُلَّ شَجْوِهِ وَ يَقُولُ

وَ إِيَّاكَ عَنْ سِرِّ الْحَبِيبِ فَإِنَّنِي   بِهِ عَنْ جَمِيعِ الْعَالَمِينَ بَخِيلُ

بِمَيْشِكَ حَدَّثَنِي بِمَنْ قَتَلَ الْهَوَى   فَأَنِّي إِلَى ذَاكَ الْقَتِيلِ أَمِيلُ

وَ مَا بَلَغَ الْعُشَّاقَ حَالًا بَلَغْتُهَا   هُنَاكَ مَقَامٌ مَا إِلَيْهِ سَبِيلُ

وَ مَا كُلُّ مَخْضُوبِ الْبَنَانِ بَثِينَةٍ   وَ مَا كُلُّ مَسْلُوبِ الْفُؤَادِ جَمِيلُ

وَ بَا عَاذِلِي قَدْ قُلْتَ قَوْلًا سَمِعْتَهُ   وَ لَكِنَّهُ قَوْلٌ عَلَى ثَقِيلُ

عَذَرْتُكَ إِنْ الْحُبَّ فِيهِ مَرَارَةٌ   وَ إِنْ عَزِيزَ الْقَوْمِ فِيهِ ذَلِيلُ

أَحَابَنَا هَذَا الضَّنَا قَدْ أَلِفْتُهُ   فَلَوْ زَالَ لَاسْتَوْحَشْتُ حِينَ يَزُولُ

وَ حَقكم لم يَبقَ فِي بَقِيَّة ... فكيف حديثي و الغرام طويل

و انِي لأرعى سِرّكم و اصونه ... عن النّاسِ و الافكار فيه تجول

دَعوا ذِكر ذاك العَتب مِنّا و منكم ... الى كم كِتاب بيننا و رسول

وردوا نسيما جاء منكم يزورني ... فانّي عليل و النسيم عليل

ولي عِندكم قلب اضعتم حقوقه ... على انه جار لكم و نزيل

و قال من ثالث الكامل و القافية المتواتر

رقت شمائله فقلت شمول ... و حوى الجمال فقلت ثم جميل

و قسا فما لِلين فيه مطمع ... و نأى فما لِلقرب منه سبيل

اهواه اما خصره فمخفف ... طاوٍ و اما رِدفه فثقيل

ريّان من ماء الجمال مهفهف ... ارأيت غصن البان كيف يميل

حلو التثني و الثنايا لم يزل ... لي منهما العسال و المعسول

احبابنا ان الوشاة كثيرة ... فيكم وان تصبري لقليل

ايخاف قلبي غدركم مع انه ... جار اقام لديكم و نزيل

ساصد حتى لا يقال متيم ... و ازور حتى لا يقال ملول

و قال من مجزوء الكامل المرفل و القافية المتواتر

بِاللهِ قُلْ لِي يَا رَسُولْ   مَا ذَلِكَ الْعَتْبُ الطَّوِيلْ
بِاللهِ قُلْ لِي ثَانِيًا   فَلَقَدْ طَرِبْتُ لِمَا تَقُولْ
كَرِّرْ لِسَمْعِي ذِكْرَهَا   وَدَعِ الْحَدِيثَ بِهَا يَطُولْ
بِاللهِ لَمَّا جِئْتَهَا   هَلْ كَانَ رَدٌّ أَمْ قَبُولْ
اِنْ عَادَ لِي ذَاكَ الرِّضَا   فَلَكَ الْبِشَارَةُ يَا رَسُولْ
لَكَ مُهْجَتِي اِنْ صَحَّ ذَا   كَ وَاِنَّهَا عِنْدِي قَلِيلْ

و قال من الوافر والقافية المتواتر

نَعَمْ ذَاكَ الْحَدِيثُ كَمَا تَقُولْ   اَبُوحُ بِهِ وَ اِنْ غَضِبَ الْعَذُولْ
نَعَمْ قَدْ كَانَ ذَاكَ وَلَا اُبَالِي   فَدَعْ مَنْ قَالَ فِينَا اَوْ يَقُولْ
سَوَاى يَخَافُ عَارًا فِي حَبِيبٍ   وَ غَيْرِي فِي مَحَبَّتِهِ ذَلِيلْ
لِبَعْضِ النَّاسِ مِنْ قَلْبِي مَكَانٌ   وَ حَالٌ فِي الْمَحَبَّةِ لَا تَزُولْ
وَ يَتْعَبُ مَنْ يَلُومُ وَ لَيْسَ يَدْرِي   حَدِيثِي فِي مَحَبَّتِهِمْ يَطُولْ
فَيَا اَحْبَابَ قَلْبِي وَهْوَ قَلْبٌ   وَفِيٌّ لَا يَمَلُّ وَ لَا يَمِيلْ

مَتَى تَسخُو بِعطفِكُم اَللّيَالِي   وَ يُطوَى بينَنَا قَالٌ وَ قِيلُ
عِتَابٌ دائِمٌ فِي كُلِّ يومٍ   وَ حقِّكُم لَقَد تَعِبَ الرسُولُ

و قال من مجزوء الكامل و القافية المتواتر

اَنتَ الحَبِيبُ الاَوّلُ   وَ لَكَ الهَوَى المُستَقبَلُ
عِندِي لَكَ الوُدّ الّذِي   هُوَ مَا عَهِدتَ وَ اَكمَلُ
اَلقَلبُ فِيكَ مُقَيَّدٌ   وَ الدَمعُ فِيكَ مُسَلسَلُ
يَا مَن يُهَدِّدُ بِالصدو   دِ نَعَم تَقُولُ وَ تَفعَلُ
قَد صَحَّ عُذرُكَ فِي الهَوَى   لَكِنَّنِي اَتَعَلَّلُ
نَفِدَت مَعَاذِيرِي الّتِي   اَلقَى بِهَا مَن يَسأَلُ
حَتَّامَ اَكذِبُ لِلوَرَى   وَ اِلَى مَتَى اَتَحَمَّلُ
قُل لِلعَذُولِ لَقَد اَطَلـ   ـتَ لِمَن تَلُومُ وَتَعذِلُ
عَاتَبتَ مَن لَا يَرعَوِى   وَ عَذَلتَ مَن لَا يَقبَلُ
غَضَبُ العَذُولِ اَخَفُّ مِن   غَضَبِ الحَبِيبِ وَ اَسهَلُ

و قال من ثالث المديد و القافية المتواتر

كُلُّ شَىْءٍ مِنْكَ مَقْبُولْ   وَ عَلَى الْعَيْنَيْنِ مَحْمُولْ

وَالَّذِى يُرْضِيكَ مِنْ تَلَفِى   هَيِّنٌ عِنْدِــــــى وَ مَبْذُولْ

لَا تَخَفْ إِثْمًا وَ لَاحَرَجًا   فَدَمُ الْعُشَّاقِ مَطْلُولْ

وَعَلَى مَا فِيكَ مِنْ صَلَفٍ   أَنْتَ مَأْمُونٌ وَ مَأْمُولْ

وَيْحُ صَبٍّ فِى مَحَبَّتِكُمْ   كَثُرَتْ فِيهِ الْأَقَاوِيلْ

وَ عَجِيبٌ مَا بُلِيتُ بِهِ   أَنَا مَعْذُورٌ وَ مَعْذُولْ

لِى حَبِيبٌ لَا أَبُوحُ بِهِ   أَنَا مِنْهُ الْيَوْمَ مَقْتُولْ

مَالِكِى فِى خَلْقِهِ مَلَلٌ   أَنَا مَمْلُوكٌ وَ مَمْلُولْ

فَإِلَى كَمْ أَنْتَ يَا سَكَنِى   كُلُّ وَعْدٍ مِنْكَ مَمْطُولْ

وَ إِذَا مَا مُتُّ مِنْ ظَمَأٍ   لَا جَرَى مِنْ بَعْدِى النِّيلْ

و قال من ثالث الطويل و القافية المتواتر

أُعَاتِبُكُمْ يَا أَهْلَ وُدِّى وَقَدْ بَدَتْ   دَلَائِلُ صَدٍّ مِنْكُمُ وَ مَلَالِ

وَ أَعْذِرُكُمْ ثِقْلَتْ لَمَّا مَلَلْتُمْ   وَ أَسْرَفْتُمْ فِى هَجْرِى الْمُتَوَالِى

فهوِّني مَنْ كَانَ عِندِى مُكْرَمًا   وَارْخِصْنِى مَنْ كَانَ عِندِى غَالِى

سَأَحمِلُ مِنْكُمْ كُلَّ مَا فِيهِ كُلْفَةٌ   وَأَقَعُ مِنْكُمْ فِي الكَرَى بِخَيَالِ

لِيَسْلَمَ ذَاكَ الوُدُّ بَيْنِى وَ بَيْنَكُمْ   وَ لَسْتُ عَلَى شَيْءٍ سِوَاهُ أُبَالِى

وَ بِأَنَّكُمْ مَا عِشْتُ يَا آلَ كَامِلٍ   سَلَامِي عَلَيْكُمْ دَائِمًا وَ سُؤَالِى

وَ مِن عَجَبٍ عَتْبِي عَلَى الحَسَنِ الَّذِى   لَدَى وَ عِندِى جُودُهُ المُتَوَالِى

وَ لَكِن بَدَا مِنْهُ جَفَاءً فَسَاءَنِى   وَ ذَلِكَ شَيْءٌ لَا يَمُرُّ بِبَالِى

فَإِن يَنْسَ عَهْدِى لَسْتُ أَنْسَى عُهُودَهُ   وَ إِن يَسْلُ عَنِّى لَسْتُ عَنْهُ بِسَالِى

وَ قَالَ مِنَ البَسِيطِ وَ القَافِيَةِ المُتَدَارِكِ

عِندِى أَحَادِيثُ أَشْوَاقٍ أَضِنُّ بِهَا   فَقُلْتُ أُودِعُهَا لِلْكُتْبِ وَ الرُّسُلِ

وَ لِي رَسَائِلُ فِي طَيِّ النَّسِيمِ لَكُمْ   فَفَتِّشُوا فِيهِ آثَارًا مِنَ القُبَلِ

كَتَمْتُ حُبَّكُمْ عَن كُلِّ جَارِحَةٍ   مِنَ المَسَامِعِ وَ الأَفْوَاهِ وَ المُقَلِ

وَ مَا تَغَيَّرْتُ عَن ذَاكَ الوَفَاءِ بِكُمْ   خُذُوا حَدِيثِى عَن أَيَّامِى الأُوَلِ

بَيْنِى وَ بَيْنَكُمُ مَا تَعْلَمُونَ بِهِ   حُبٌّ يُنَزَّهُ عَن عَيْبٍ وَ عَن مَلَلِ

وُدٌّ بِلَا مَلَقٍ مِنَّا يُزَخْرِفُهُ   يُغْنِى المَلِيحَةَ عَن حَلْيٍ وَ عَن حُلَلِ

غِبْتُمْ فَمَا لِى مِن أُنْسٍ لِغَيْبَتِكُمْ   سِوَى التَّعَالِى بِالتَّذْكَارِ وَ الأَمَلِ

احتال في النوم كي القى خيالكم   ان المحب لمحتاج الى الحيل
بعد الحبيب هجرت الشعر من كمد   فلا غزال يلهيني ولا غزلي
و عاذل آمر بالصبر قلت له   اني و حقك مشغول عن العذل
طلبت مني شيئا لست املكه   و خذ يميني لا عندي ولا قبلي
اطلت عذل محب ليس يقبله   فكان اضيع من دمع على طلل
اني لاعجز عن صبر تشير به   و لو قدرت لكان الصبر اروح لي

و قال من الطويل و القافية المتواتر

اذا كنت مشغولا و ذا يوم جمعة   ففي ايما يوم تكون بلا شغل
فعدني يوما نجتمع فيه ساعة   لاملي من شوقي اليك الذى املي
ساهواك في الحالين سخطك و الرضا   و ارضاك في الحكمين جورك والعدل
و كن عالما اني ولا بد قائل   و قد قلت فاجعلني فديتك في حل
و لا زلت مشغولا بكل مسرة   و انت بمن تهواه مجتمع الشمل

و قال من ثانى الطويل و القافية المتدارك

احن الى عهد المحصب من منى   و عيش به كانت تروق ظلاله
و يا حبذا امواهه و نسيمه   و يا حبذا حصباؤه و رماله
و يا اسفي اذ شط عني مزاره   و يا حزني اذ غاب عني غزاله
و كم لي بين المروتين لبانة   و بدر تمام قد حوته حجاله
مقيم بقلبي حيث كنت حديثه   و باد لعيني حيث سرت خياله
و اذكر ايام الحجاز و انثني   كاني صريع يعتريه خباله
و يا صاحبي بالخيف كن لي مسعدا   اذا آن من ذاك الحجيج ارتحاله
و خذ جانب الوادي كذا عن يمينه   بحيث القنا يهتز منه طواله
هناك ترى بيتا لزينب مشرقا   اذا جئت لا يخفى عليك جلاله
فقل منشد العاني ومن ذا و مثله   كذى حيرة لم يدر كيف احتياله
و كن هكذا حتى تصادف فرصة   تصيب بها ما رمته و تناله
فعرض بذكري حيث تسمع زينب   و قل ليس يخلو ساعة منك باله
عساها اذا ما مر ذكري بسمعها   تقول فلان عندكم كيف حاله

و قال من ثالث السريع و القافية المتواتر

اَقولُ اِذْ اَبصرتُهُ مُقْبِلاً مُعْتدِلَ القامةِ و الشكلِ
يَا اَلِفاً مِنْ قدِّهِ اَقْبلتْ بِاللهِ كونى اَلِفَ الوصلِ

و قال من مشطور الرجز و القافية المتدارك

يا سيِّدًا ما مِثْلُهُ فِي النّاسِ بَدَلْ
يا من هو الرجاءُ لِي و هو الامل

مولاى ما الحِيلَةُ قُلْ لِي ما العمَلْ
اِنْ صَحَّ ما قد ذكروا فلا تَسَلْ

لا حولَ لِي و ما عسى تُغنى الحِيَلْ
قد جاء ما انسى الغَزالَ و الغَزَلْ

فاشتغلَ القلبُ بِهِ بَلِ اشتعلْ
و سفرةٍ كما يقالُ فِي المَثَلْ

ما لِيَ فيها ناقةٌ و لا جَمَلْ
مِثْلُكَ فيها من كفى و من كفلْ

عليكَ بعدَ اللهِ فيها المتّكَلْ
اِنْ كنتَ ثقَّلتَ ففيكَ المُحتَمَلْ

كم خطأٍ سترتَهُ وكم خطَلْ
مِثْلُكَ من يُرجى اِذا الخطبُ نزلْ

يحسنُ ان تحسنَ قولاً و عملْ
يذكرُ اِنْ ينسى و اِنْ قالَ فعلْ

و قال من مجزوء الرجز و القافية المتدارك

يَا لَائِمِي فِيمَا فَعَلْ   اَخْطَأْتَ قَوْلاً وَ عَمَلْ
اَسْرَعْتَ فِي لَوْمِكَ لِي   وَ مِنْكَ لَا مِنِّي الزَّلَلْ
فَقُلْتُ مَا يَلْزَمُنِي   فَلَيْتَ غَيْرِي لَوْ فَعَلْ
وَ مَا عَلَى الْبَدْرِ اِذَا   اَسْرَعَ اِنْ اَبْطَا زُحَلْ

و قال من مجزوء الرمل و القافية المتواتر

يَا ثَقِيلاً لِي مِنْ رُؤْ   يَتِهِ هَمٌّ طَوِيلْ
وَ بَغِيضًا هُوَ فِي الْخَلْـ   ـقِ شَجًى لَيْسَ يَزُولْ
كُلُّ فَضْلٍ فِي الْوَرَى اَضْـ   ـعَافُهُ فِيكَ فُضُولْ
كَيْفَ لِي مِنْكَ خَلَاصٌ   اَيْنَ لِي مِنْكَ سَبِيلْ
حَارَ اَمْرِي فِيكَ حَتَّى   لَسْتُ اَدْرِي مَا اَقُولْ
اَنْتَ وَاللّٰهِ ثَقِيلْ   اَنْتَ وَاللّٰهِ ثَقِيلْ

و قال من مشطور الرجز و القافية المتواتر

وَ قَآئِلٍ يَجْهَلُ مَا يَقُولْ　　اَقْوَالُهُ لَيْسَ لَهَا تَاوِيلْ
لَهَا فُضُولٌ كُلُّهَا فُضُولْ　　كَثِيرُ مَا يَقُولُهُ قَلِيلْ
فَهِيَ فُرُوعٌ مَا لَهَا اُصُولْ　　كَلَامُهُ تَمُجُّهُ ٱلْعُقُولْ
اَبْرَمَنِي حَدِيثُهُ ٱلطَّوِيلْ　　فَلَيْتَ لَوْ كَانَ لَهُ مَحْصُولْ
وَ جُمْلَةُ الاَمْرِ وَلَا اُطِيلْ　　هُوَ ٱلرَّصَاصُ بَارِدٌ ثَقِيلْ

و قال من مجزوء الرمل و القافية المتواتر

قُلْتَ لِي اِنَّكَ غَضْبَا　　نُ وَ مَا ذَلِكَ سَهْلْ
لَسْتَ تَدْرِي قَدْرَ مَا قُلْـ　　ـتَ وَ عِنْدِي هُوَ قَتْلْ

و قال من بحره و قافيته

لَا تَسَلْنِي كَيْفَ حَالِي　　فَلَهُ شَرْحٌ يَطُولْ
فَعَسَى يَجْمَعُنَا ٱلدَّهْـ　　ـرُ وَ تُصْغِي وَ اَقُولْ
عَادَةُ ٱللَّهِ ٱلَّذِي عَـ　　ـوَّدَنَا مِنْهُ ٱلْجَمِيلْ
تَنْقَضِي مُدَّةُ هَذَا ٱلْـ　　ـبُعْدِ عَنَّا وَ تَزُولْ

و قال من الخفيف و القافية المتواتر

إنَّ يوماً رأيتُ وجهكَ فيهِ هو يومٌ لهُ عليَّ الجميلُ
وَ طريقاً مشيتُ فيهِ إلى حقِّ عندي لتربهِ التقبيلُ

و قال من بحر السلسلة*

يا مَنْ لعبتْ بهِ شمولٌ ما ألطفَ هذهِ الشمائلْ
نشوانَ يهزّه دلالٌ كالغصنِ مع النسيمِ مائلْ

* قال الدماميني في شرحهِ الخزرجية وقولهم الشعر كلام وُزِنَ على قصدٍ بوزن عربي لكان حسنًا فقولنا كلام جنس يشمل الحدود وغيره وتصدير الحدِ به مخرج لما لا معنى له من الالفاظ الموزونة وقولنا وُزِنَ فصل يخرج الكلام المنثور وقولنا على قصد يخرج ما كان وزنه اتفاقيا ..... وقولنا بوزن عربي يشمل ما كان من نظم العرب انفسهم وما كان منظوماً من كلام المحدثين على طريقهم وهو مخرج لما خالف اساليب اوزانهم ومثل ذلك بعض المتاخرين بقول البهاء زهير كاتب الملك الصالح

يا من لعبتْ به شمولٌ ما الطف هذه الشمائل
نشوان يهزه دلالٌ كالغصن مع النسيم مائل

قلت ليس هذا من الاوزان المهملة بل هو من بحر الوافر غير انه اعقص الجزء الاول والرابع مطول الثاني والخامس والعروض والضرب مقطوفان وتقطيعه هكذا

يا ملْ لعبتبهي شمولن مالط فهاذهش شمايل
مفعولْ مفاعلن فعولن مفعولْ مفاعلن فعولن

فان قلت هذان البيتان من قصيدة مطولة وكلها جاء على هذا النمط و ليس الوافر مستعملا على هذا

لا يمكنه الكلام لكن   قد حمل طرفه رسائل

ما اطيب وقتا و اهنى   و العاذل غائب و غافل

عشق و مسرة وسكر   و العقل ببعض ذاك ذاهل

و البدر يلوح فى قناع   و الغصن يميل فى غلائل

و الورد على الخدود غض   و النرجس فى العيون ذابل

و العيش كما نحب صاف   و الانس بما نحب كامل

مولاى يحق لى بانى   عن مثلك فى الهوى اقاتل

لى فيك وقد علمت عشق   لا يفهم سره العواذل

فى حبك قد بذلت روحى   ان كنت لما بذلت قابل

لى عندك حاجة فقل لى   هل انت اذا سالت باذل

فى وجهك للرضا دليل   ما تكذب هذه المخائل

الوجه قلت هو من التزام ما لا يلزم وذلك لا يخرجه من كونه عربيًّا الا ترى لو ان ناظما نظم قصيدة من بحر الطويل والتزم فى جميع ابياتها قبض الجزء الخماسى حيث وقع لم يكن ذلك مخرجا لها عن ان يكون من ذلك البحر مع انك لا تكاد تجد عربيًّا يلتزم مثله فان قلت القبض انما يكون فى صدر البيت و هو الجزء الاول منه لا فى العجز قلت لا نسلّم فقد قيل بان كلًّا من اول الصدر و اول العجز محل للخرم بشرطه فاذا اخرجت هذه القصيدة بناءً على هذا القول لم يستنكر وسنرى الكلام على هذا القول باذن الله تعالى . انتهى بحروفه .

لَا اَطْلُبُ فِي ٱلْهَوَى شَفِيعًا   لِي فِيكَ غِنًى عَنِ ٱلْوَسَائِلِ
ذَا ٱلْعَامُ مَضَى وَ لَيْتَ شِعْرِي   هَلْ يَرْجِعُ لِي رِضَاكَ قَابِلْ
هَا عَبْدُكَ وَاقِفٌ ذَلِيلٌ   بِٱلْبَابِ يَمُدُّ كَفَّ سَائِلْ
مِنْ وَصْلِكَ بِٱلْقَلِيلِ يَرْضَى   اَلطَّلُّ مِنَ ٱلْحَبِيبِ وَابِلْ

و قال من بحره و قافيته

تَأْبَى وَ اِلَى مَتَى ٱلتَّمَادِي   قَدْ آنَ بِأَنْ يُفِيقَ غَافِلْ
مَا اَعْظَمَ حَسْرَتِي لِعُمْرٍ   قَدْ ضَاعَ وَ لَمْ اَفُزْ بِطَائِلْ
قَدْ عَزَّ عَلَيَّ سُوءُ حَالِي   مَا يَفْعَلُ مَا فَعَلْتُ عَاقِلْ
مَا اَعْلَمُ مَا يَكُونُ مِنِّي   وَ ٱلْاَمْرُ كَمَا عَلِمْتَ هَائِلْ
يَا رَبِّ وَاَنْتَ بِي رَحِيمٌ   قَدْ جِئْتُكَ رَاجِيًا وَ آمِلْ
حَاشَاكَ اَنْ تَرُدَّ ضَعِيفًا   قَدْ اَصْبَحَ فِي ذَرَاكَ نَازِلْ
يَا اَكْرَمَ مَنْ رَجَاهُ رَاجٍ   عَنْ بَابِكَ لَا يُرَدُّ سَائِلْ

و قال من ثالث الطويل و القافية المتواتر

لئن جمعتنا بعد ذا اليوم خلوة　　فلي ولكم عتب هناك يطول

و كنت زمانا لا اقول فعلتم　　و لكنني من بعدها ساقول

لعمري لقد علمتموني عليكم　　و اني اذا علمت في قبول

خبات لكم اشياء سوف اقولها　　لها جمل هذبتها و فصول

فو الله ما يشفي الغليل رسالة　　و لا يشتكى شكوى المحب رسول

و ما هي الا غيبة ثم نلتقي　　فيذهب هذا كله و يزول

و يستكثر العذال دمعا ارقته　　و في حقكم ذاك الكثير قليل

و ما انا ممن يستعير مدامعا　　ليبكي بها ان بان عنه خليل

اذا ما جرى من جفن غيري مدامع　　جرت من جفوني ابحر وسيول

و اقسمت ما ضاعت دموعي فيكم　　و لو ان روحي في الدموع تسيل

سواي لاقوال العداة مصدق　　و غيري في عتب المحب عجول

سيندم بعدي من يروم قطيعتي　　و يذكر قولي و الزمان طويل

و يا عاذلي في لوعتي لست سامعا　　فكم انا لا اصغي و انت تطيل

اذا كان من اهواه عني راضيا　　فيا رب لا يرضى علي عذول

و قال من البسيط و القافية المتواتر

دعوا الوشاة وما قالوا وما نقلوا　　بيني وبينكم ما ليس ينفصل

لكم سرائر في قلبي مخبأة　　لا الكتب تنفعني فيها ولا الرسل

رسائل الشوق عندي لو بعثت بها　　اليكم لم تسعها الطرق و السبل

امسي واصبح و الاشواق تلعب بي　　كانما انا منها شارب ثمل

و استلذ نسيما من دياركم　　كأن انفاسه من نشركم قبل

و كم احمل قلبي في محبتكم　　ما ليس يحمله قلب فيحتمل

و كم اصبره عنكم و اعذله　　و ليس ينفع عند العاشق العذل

وا رحمتاه لصب قل ناصره　　فيكم و ضاق عليه السهل و الجبل

قضيتي في الهوى و الله مشكلة　　ما القول ما الراى ما التدبير ما العمل

يزداد شعري حسنا حين اذكركم　　ان المليحة فيها يحسن الغزل

يارا حلين و في ذكري اشاهدهم　　و كلما انفصلوا عن ناظري اتصلوا

قد جدد البعد قربا في الفؤاد لهم　　حتى كأنهم يوم النوى وصلوا

انا الوفي لاحبابي وان غدروا　　انا المقيم على عهدي وان رحلوا

انا المحب الذي ما الغدر من شيمي　　هيهات خلقي عنه لست انتقل

فيا رسولي الى من لا ابوح به ... ان المهمات فيها يعرف الرجل

بلغ سلامي وبالغ في الخطاب له ... و قبل الارض عني عندما تصل

بالله عرفه حالي ان خلوت به ... و لا تطل فحبيبي عنده ملل

و تلك اعظم حاجاتي اليك فان ... تنجح فما خاب فيك القصد والامل

و لم ازل في اموري كلما عرضت ... على اهتمامك بعد الله اتكل

و ليس عندك في امر تحاوله ... والحمد لله لا عجز ولا كسل

فالناس بالناس و الدنيا مكافاة ... و الخير يشكر و الاخبار تنتقل

و المرء يحتال ان عزت مطالبه ... و ربما نفعت اربابها الحيل

يا من كلامي له ان كان يسمعه ... يجد كلاما على ما شاء يشتمل

نغزلا تخلب الالباب رقته ... مضمونه حكمة غراء او مثل

ان المليحة تغنيها ملاحتها ... لاسيما و عليها الحلى و الحلل

دع التواني في امر تهم به ... فان صرف الليالي سابق عجل

ضيعت عمرك فاحزن ان فطنت له ... فالعمر لا عوض عنه و لا بدل

سابق زمانك خوفا من تقلبه ... فكم تقلبت الايام و الدول

واعزم متى شئت فالاوقات واحدة ... لا الريث يدفع مقدورا ولا العجل

لا ترقب النجم في امر تحاوله ... فالله يفعل لا جدى و لا حمل

مَعَ السَّعَادَةِ مَا لِلنَّجمِ مِنْ أثَرٍ   فَلَا يَغُرُّكَ مِرِّيخٌ وَلَا زُحَلُ

اَلأَمْرُ أعظَمُ وَ الأَفكَارُ حَائِرَةٌ   وَالشَّرعُ يَصدُقُ والإنسَانُ يَمتَثِلُ

وَ قال من مجزوء الرمل والقافية المتواتر

أيُّهَا المَولَى الأجَلُّ   أنتَ مَا يَعدُوكَ فَضلُ

إنْ يَكُنْ يُرضِيكَ هَجرِى   إنَّ ذَاكَ الهَجرَ وَصلُ

طَارَ عِندِى مِنْ نَمَا دِيــــكَ عَلَى الجَفوةِ شُغلُ

كُلُّ شَىءٍ مِنكَ عِندِى   غَيرَ إعرَاضِكَ سَهلُ

لَم يَكُنْ مِثلِى عَن مِثـــلِكَ يَا مَولَاىَ يَسلُو

لَيسَ لِى عَيشٌ إذَامَا   غِبتَ عَن عَينِى يَحلُو

سَيِّدِى لَا عَاشَ قَلبٌ   عَن غَرَامٍ فِيكَ يَخلُو

مَا أرَانِى الدَّهرَ مِمَّا   عَوَّدَت نَعمَاكَ أخلُو

لِى مِن كُلِّ حَبِيبٍ   رُمتُ مِنهُ الوَصلَ مَطلُ

كُلُّ يَومٍ لِى مِن البَيـــنِ دُمُوعٌ تَستَهِلُّ

حَكَمَ اللهُ بِهَذَا   إنَّ حُكمَ اللهِ عَدلُ

و قال من الوافر و القافية المتواتر

إِلَى كَمْ فُرْقَتِي وَ كَمِ ٱرْتِحَالِي   فَلَا أَشْكُو لِغَيْرِ ٱللهِ حَالِي
تُجَدِّدُ لِي ٱلْحَوَادِثُ كُلَّ يَومٍ   رَحِيلًا قَطُّ لَمْ يَخْطُرْ بِبَالِي
وَمَا كَانَ ٱلتَّغَرُّبُ بِٱخْتِيَارِي   وَ لَا قَلْبِي عَنِ ٱلْأَوْطَانِ سَالِي
وَمَا عَيْشُ ٱلْغَرِيبِ بِلَا عِيَالٍ   كَعَيْشِ ٱلْقَاطِنِينَ ذَوِي ٱلْعِيَالِ

و قال من مجزوء الرمل و القافية المواتر

مَالَهُ عَنِّي مَالَا   وَتَجَنَّى فَأَطَالَا
أَتُرَى ذَاكَ دَلَالَا   مِنْ حَبِيبِي أَمْ مَلَالَا
أَتُرَى يَقْبَلُ عُذْرِي   إِذْ أَنَا جِئْتُ سُؤَالَا
فَلَقَدْ أَرْخَصَنِي مَنْ   أَنَا فِيهِ أَتَغَالَى
هُوَ مَعْذُورٌ رَأَى ٱلْوَا   شِينَ قَدْ قَالُوا فَقَالَا
سَيِّدِي لَمْ يُبْقِ لِي هَجْـ   ـرُكَ بَيْنَ ٱلنَّاسِ حَالَا
أَنْتَ رُوحِي لَا أَرَى لِي   عَنْكَ يَا رُوحِي ٱنْفِصَالَا
فَإِذَا غِبْتَ تَلَفَّتُّ   يَمِينًا وَ شِمَالَا

كَيْفَ أَنْسَى لَكَ أَوْ أَسْــــلُو جَمِيلًا وَ جَمَالَا

أَنْتَ فِي الْحُسْــنِ إِمَامٌ فِيكَ قَلْبِى يَتَوَالَى

لَا وَ حَقِّ اللهِ مَا ظَنُّـــكَ فِي حَقِّى حَلَالَا

إِنَّ بَعْضَ الظَّنِّ إِثْمٌ صَدَقَ اللهُ تَعَالَى

وَ قال من ثالث الرمل و القافية المتواتر

قَدْ تَجَاسَرْتُ وَ فِيكَ الْمُحْتَمَلْ وَ لَعَمْرِى أَنْتَ أَعْلَا وَأَجَلّْ

مَا عَسَى يَفْعَلُ مَوْلًى مُحْسِـنٌ بِمُحِبٍّ قَدْ جَنَى فِيمَا فَعَلْ

تَفَضَّلْ بِقَبُـولِ حَسَنٍ فَلَكَ الْفَضْلُ قَدِيمًا لَمْ يَزَلْ

خِلْهَا عِنْدِى يَدًا مَشْكُـورَةً وَ أَضِفْهَا لِأَيَادِيكَ الْأَوَّلْ

وَ قال من الرجز و القافية المتدارك

وَ اللهِ لَوْلَا خِيفَةُ التَّثْقِيـلِ زُرْتُكَ فِي الضُّحَى وَ فِي الْأَصِيلِ

وَ بَيْنَ ذَاكَ سَاعَةَ الْمَقِيـلِ وَكُنْتُ قَدْ ضَجِرْتُ مِنْ تَطْفِيلِى

لَكِنْ أَرَى التَّخْفِيفَ عَنْ خَلِيلِى وَ لَسْتُ فِي الْعِشْرَةِ بِالثَّقِيلِ

و قال من مجزوء الكامل و القافية المتواتر

يا راحلاً فاسأني   منه نواه و ارتحاله
وا حيرة الصب الذى   لم يدرِ بعدك ما احتياله
انت الحياة و من نفا   رقه الحياة فكيف حاله

و قال من ثانى الطويل و القافية المتدارك

بدات و لم اسأل و لم اتوسلِ   و ما زال اهل الفضلِ اهل التفضلِ
وجدتك لمّا ان عدمت من الورى   اخا ذا جميلٍ او اخا ذا تجملِ
فانستني في البعد حتى تركتني   كانى فى اهلي مقيم و منزلي
و عدت بفضلٍ انت في الناسِ ربه   فلم ترَ الّا صونه من تبذلِ
فا صبحت لا اشكو لحادثة بدت   وما لى اشكو الحادثات و انت لي
و قد كان اخواني كثيرا وانما   رايتك اولى منهم بالتطولِ

و قال من اول الطويل و القافية المتواتر

تعلمت خط الرمل لما هجرتم | لعلي ارى فيه دليلا على الوصل
فرغني فيه بياض وحمرة | عهدتهما في وجنة سلبت عقلي
و قالوا طريق قلت يا رب للقا | و قالوا اجتماع قلت يارب للشمل
فاصبحت فيكم مثل مجنون عامر | فلا تنكروا اني اخط على الرمل

و قال من مجزوء الرجز و القافية المتدارك

و زائر على عجل | شكوته و لم ازل
و واصل قد قلت اذ | عاد سريعا ما وصل
اراد ان يسال عني | فانثنى فما سال
عتبته لانه | البسني ثوب الخجل
ما ضره لو كان وا | فى زائرا على مهل
كم واقف في رسم دا | ر للحبيب او طلل
مولاي سامحني بما | تراه بي من الزلل
فكم و كم سترت لي | من خطأ و من خطل
فانك الاخ الحبيب السيد المولى الاجل

و قال و كتب بها الى الصاحب الاجل الريس كمال الدين عمر بن ابى جراده المعروف بابن الغلام الكاتب الحلبى من ثانى الطويل و القافية المتدارك

دعوتك لما ان دعتني حاجة   و قلت رئيس مثله من تفضلا
لعلك للفضل الذى انت ربه   تغار فلا ترضى بان تتبذلا
اذا لم يكن الا تجمل منة   فمنك فاما من سواك فلا ولا
حملت زمانا عنكم كل كلفة   و خففت حتى ان لى ان اثقلا
ومن خلقى المشهور مذ كنت انني   لغير حبيب قط ان اتذللا
و قد عشت دهرا ما شكوت لحادث   بلى كنت اشكو الاغيد المتدللا
و ما هنت الا للصبابة و الهوى   و ما خفت الا سطوة الهجر و القلا
اروح و اخلاقى تذوب صبابة   و اغدو و اعطافى تسيل تغزلا
احب من الظبي الغرير تلفتا   و اهوى من الغصن النضير تنقلا
فما فاتنى حظى من اللهو و الصبا   و ما فاتنى حظى من المجد و العلا
و يا رب داع قد دعانى لحاجة   فعلت له فوق الذى كان املا
سبقت صداه باهتمامى بكل ما   اراد ولم احوجه ان يتمهلا
و اوسعته لما اتانى بشاشة   و لطفا و ترحيبا و خلقا و منزلا

بَسَطتَ لَه وجهًا حيًّا ومنطقًا وفِيًّا ومعروفًا هنيًا معجَّلًا

و رَاحَ يرَانِي منعمًا متفضّلًا و رحت أَرَاه المنعمَ المتفضّلا

و قال من مجزوء الكامل و القافية المتواتر

نَزَلَ المَشِيبُ وَ اِنَّه فِي مَفرِقِي لَا غَروَ نَازِل

وبَكَيتُ اِن رَحَلَ الشّبا بُ فآه آه عَلَيهِ رَاحِل

بِاللهِ قُل لِي يَا فُلا نُ ولِي أَقُول ولِي أَسَائِل

أَترِيدُ فِي السَّبعِينَ مَا قَد كُنتَ فِي العِشرِين فَاعِل

هَيهَاتَ لَا وَ اللهُ مَا هذا الحَدِيث حَدِيث عَاقِل

قَد كُنتَ تُعذَر بِالصّبا وَ اليَوم ذَاكَ العُذر زَائِل

مَيّت نَفسَكَ بَاطِلًا فَإِلَى مَتى تَرضَى بِيَاطِل

قَد صَار مِن دُونِ الَّذِى تُبدِيه مِن مَزح مَرَاحِل

ضَيَّعتَ ذَا الزَّمَن الطَّوِيل و لَم تَفُز مِنهُ بِطَائِل

و قال يمدح الملك الناصر صلاح الدين يوسف بن الملك العزيز محمد بن الملك الظاهر غازى بن الملك الناصر صلاح الدين يوسف بن ايوب سنة ٦٤٢ من ثانى الكامل و القافية المتدارك

عرف الحبيب مكانه فتدللا ... فقنعت منه بموعد فتمطلا

و اتى الرسول فلم اجد في وجهه ... بشرا كما قد كنت اعهد اولا

فقطعت يومى كله متفكرا ... و سهرت ليلى كله متململا

واخذت احسب كل شيء لم يكن ... متجليا فى فكرتى متخيلا

فلعل طيفا منه زار فرده ... سهرى فعاد بغيظه فتهولا

و عسى نسيم بت اكتم سرنا ... عنه فراح يقول عنى قد سلا

و لقد خشيت بان يكون اماله ... غيرى و طبع الغصن ان يتميلا

و اظنه طلب الجديد و طالما ... عبق القميص على امرء فتبدلا

ابدا يرى بعدى و اطلب قربه ... و لو اننى جار له لتحولا

و علقته كالغصن اسمر اهيفا ... و عشقته كالظبى احور اكحلا

فضح الغزالة و الغزال فتلك فى ... وسط السماء وذاك فى وسط الفلا

عجبا لقلب ما خلا من لوعة ... ابدا يحن الى زمان قد خلا

و رسوم جسم كاد يحرقه الجوى ... لو لم تداركه الدموع لاشعلا

وهوى حفظت حديثه وكتمته ... فوجدت دمعي قد رواه مسلسلا

اهوى التذلل في الغرام وانما ... يأبى صلاح الدين ان اتذللا

مهدت بالغزل الرقيق لمدحه ... واردت قبل الفرض ان اتنفلا

ملك شمخت على الملوك بقربه ... ولبست ثوب العز فيه مسربلا

ورفعت صوتي قائلا يا يوسفا ... فاجابني ملك اطال واجزلا

ثم التفت وجدت حولي انعما ... ما كان اسرعها الي واعجلا

وهصرت اغصان المطالب ميسا ... ومريت اخلاف المواهب حفلا

قهر الزمان وقد عراني صرفه ... حتى مشى في خدمتي مترجلا

واذا نظرت وجدت بعض هباته ... فيها المفاخر والمآثر والعلا

يروى حديث الجود عنه مسندا ... فعلام ترويه السحائب مرسلا

من معشر فاقوا الملوك سيادة ... وسعادة وتطولا وتفضلا

وكان متن الارض يوم ركوبهم ... يكسونه بردا عليه مهلهلا

من كل اغلب في الهياج كانما ... سلب الغدير وهز منه جدولا

واذا سألت سألت غيثا مسبلا ... واذا لقيت لقيت ليثا مشبلا

مولاي قد اهديتها لك كاعبا ... عذراء تبدي عذرة وتنصلا

حملت ثناء كالهضاب فابطأت ... فاعذر بطيئا قد اتى لك مثقلا

عرفت محبتها لديك وحسنها فأنت تريك تدللا و تعسلا
بدوية إن شئت او حضرية جمع الخزامى نشرها و المندلا
و لو انها ممن تقدم عصره منعت زيارا ان يقول و جرولا
غزل و مدح بت اغرب فيهما بالخمر مازجت الزلال السلسلا
فتالفت عقدا يروق نظامه و العقد احسن ما يكون مفصلا
يا ايها الملك الذى دانت له كل الملوك توردا و توسلا
فعلاهم متطولا و حباهم متفضلا و اتاهم متمهلا
يا من مديحي فيه صدق كله فكانما اتلو كتابا منزلا
يا من ولائي فيه نص بين و النص عند القوم لن يتاولا
و لقد حلا عيشي لديك ولم ارد عيشا سواه وان اردت فلا حلا
و شكرت جودك كل شكر عالما ان لا اقوم ببعض ذاك ولا ولا

و قال من ثالث السريع و القافية المتواتر

محبتي توجب ادلالي و انت ذو فضل وافضال
و بيننا من سالف الود ما يوجب ان تسال عن حالي
فاجمل على بالك شغلي كما شكرك لا يبرح عن بالي

و قال من اول الطويل و القافية المتواتر

وانّى اذا ارتاب الوشاة لادمعى   لدى حجج لم يدها عاشق قبلى
واستعمل الكحل الذى فيه حدة   واوهم ان الدمع من حدة الكحل
فيا صاحبى اما على فلا تخف   فما يطمع الواشون فى عاشق مثلى
و دعنى و العذال منى و منهم   ستعلم من منا يمل من العذل

و قال من مجزوء الكامل و القافية المتدارك

لك يا صديقى بغلة   ليست تساوى خردله
تمشى فتحسبها العيو   ن على الطريق مشكّله
و تخال مدبرة اذا   ما اقبلت مستعجله
مقدار خطوتها الطويـ   ـلة حين تسرع انمله
تهتز و هى مكانها   فكأنما هى زلزله
اشبهتها بل اشبهتـ   ـك كأن بينكما صله
تحكى خصالك فى الثقا   لة و المهانة و البله

قافية الميم

قال من مجزوء الرمل و القافية المتواتر

سَيِّدِـي يَوْمُكَ هٰذَا ۖ لَيْسَ يَخْفَى عَنْكَ رَسْمُهْ

قُمْ بِنَا قَدْ طَلَعَ الْفَجْـرُ و قَدْ أَشْرَقَ نَجْمُهْ

عِنْدَنَا وَرْدٌ جَنِيٌّ يُنْعِشُ الْمَيْتَ شَمُّهْ

و لَدَيْنَا ذٰلِكَ الضَّيْـفُ الَّذِي عِنْدَكَ عِلْمُهْ

و لَنَا سَاقٍ رَخِيمٌ أَحْوَرُ الطَّرْفِ أَحَمُّهْ

و خِوَانٌ يَعْبَقُ الْمِسْـكُ بِرَيَّاهُ و طَعْمُهْ

و أَخٌ يُرْضِيكَ مِنْـهُ فَضْلُهُ الْجَمُّ و فَهْمُهْ

كَامِلُ الظَّرْفِ أَدِيبٌ شَامِخُ الْأَنْفِ أَشَمُّهْ

حَسَنُ الْعِشْرَةِ لَا يَا نِيكَ مِنْهُ مَا تَذُمُّهْ

و مُغَنٍّ زَيَّنَهُ اطِّـيـبُ مَسْمُوعٌ أَتَمُّهْ

و سُرُورٌ لَيْسَ شَيْءٌ غَيْرَ رُؤْيَاكَ يَتِمُّهْ

فَأَجِبْ دَعْوَةَ دَاعٍ أَنْتَ مِنْ دُنْيَاهُ سَهْمُهْ

فَإِذَا جِئْتَ و غَابَ الـنَّاسُ طُرًّا لَا يَهُمُّهْ

و قال من ثانى الطويل و القافية المتدارك

تَضِيقُ عَلَيَّ الارضُ خوفَ فِراقِكُمْ   و يرحبُ مِنْهَا ضِيقُهَا اذ دنوتمُ
وَلَا اسفى اِلَّا علَى القُرْبِ مِنْكُمْ   اِذا شَطَّ عَنِّي دَارُكُمْ او نَايتمُ

و قال من مشطور الرجز و القافية المتدارك

لِي مَنْزِلٌ اِنْ زُرْتَهُ   لَمْ تَلْقَ اِلَّا كَرَمَكْ
وَاِنْ تَسَلْ عَمَّنْ بِهِ   لَمْ تَلْقَ اِلَّا خَدَمَكْ

و قال من ثانى الطويل و القافية المتدارك

اَيَادِيكَ عِنْدِي لا يَغِبُّ سَحَابُهَا   يَجُودُ اِذا ضَنَّ الغَمَامَ غَمَامُهَا
وكم اُوثِرُ التَخْفِيفَ عَنْكُمْ فلم اَجِدْ   سِوَاكَ لِاَيَّامٍ قَلِيلٍ كِرَامُهَا
وَ لِي فَرَسٌ اَنْتَ العَلِيمُ بِحَالِهَا   وَ بِالرَّغْمِ مِنِّي رَبْطُهَا وَ مُقَامُهَا
وَ لم يَبْقَ مِنْهَا الجَهْدُ اِلَّا بَقِيَّةً   سيغدو عليها او يروحُ حِمَامُهَا
شَكَتْنِي لِكُلِّ النَّاسِ وَهِيَ بَهِيمَةٌ   وَلَكِنْ لَهَا حَالٌ فَصِيحٌ كَلَامُهَا
اِذا خَرَجَتْ تَحْتَ الظَّلَامِ فَلَا تَرَى   مِنَ الضَّعْفِ اِلَّا اَنْ يَصِلَّ لِجَامُهَا

وليست تراها العين الا عباءة يشد عليها سرجها و حزامها
لها شربة في كل يوم على الطوى و لو تركتها صح منها صيامها
وعهدي بها تبكي على التبن وحده فكيف على فقد الشعير مقامها

و قال من مجزوء الكامل المرفل و القافية المتواتر

ورد الكتاب و انه عندي و حقكم كريم
و فضضته و كانه من حسنه در نظيم
و بدت معانيه و قد رقت كما رق النسيم
احبابنا اني على حسن الوفاء لكم مقيم
و حياتكم ودي لكم هو ذلك الود القديم
انا ذلك الصب الذي ابدا بذكركم يهيم
يهتز من طرب لكم و اربما طرب الحكيم
فعليكم مني السلا م فودكم عندي سليم

و قال يمدح الامير الاجل المكرم مجد الدين بن اسمعيل بن اللمطى و يهنيه سنَتهُ و يتعتب بسبب ذلك من ثانى الطويل و القافية المتدارك

لَنَا مِنْكُم وَعدٌ فَهَلّا وَفَيتُمُ ... و قُلْتُمْ لَنَا قَولاً فَهَلّا فَعَلْتُمُ
حَفِظْنَا لَكُم وُدّاً اَضَعْتُمْ عُهُودَهُ ... فَشَتّانَ فِي الحَالَينِ نَحنُ وَانتُمُ
سَهِرْنَا عَلَى حِفْظِ الغَرَامِ وَنِمْتُمُ ... و لَيْسَ سَوَاءٌ سَاهِرُونَ وَنُوَّمُ
وَكُنَّا عَقَدْنَا اَنَّنَا نَكْتُمُ الهَوَى ... فَاَغْرَاكُمُ الوَاشِي و قَالَ وَقُلْتُمُ
ظَلَمْتُمْ و قُلْتُمْ انتَ فِي الحُبِّ ظَالِمٌ ... صَدَقْتُمْ كَذَا كَانَ الحَدِيثُ صَدَقْتُمُ
فَيَا اَيُّهَا الاَحبَابُ فِي السُّخْطِ وَالرِّضَا ... عَلَى كُلِّ حَالٍ انتُمُ لَا عَدِمْتُمُ
و رُبَّ لَيَالٍ فِي هَوَاكُمْ قَطَعْتُهَا ... وَبِتُّ كَمَا قَدْ قِيلَ اَبْنِي وَاَهْدِمُ
و لِي عِنْدَ بَعْضِ النَّاسِ قَلْبٌ مُعَذَّبٌ ... فَيَالَيْتَهُ يَرْثِي لِذَاكَ و يَرْحَمُ
و مَا كُلُّ عَينٍ مِثْلُ عَيْنِي قَرِيحَةٌ ... وَلَا كُلُّ قَلْبٍ مِثْلُ قَلْبِي مُتَيَّمُ
سِوَاىَ مُحِبٌّ يَنقُضُ الدَّهرُ عَهْدَهُ ... يَغِيبُ فَيَسْلُو اَو يُقِيمُ فَيَسْأَمُ
و يَا صَاحِبِي لَوْلَا حِفَاظٌ يَصُدُّنِي ... لَصَرَّحْتُ بِالشَّكْوَى وَلَا اَتَكَتَّمُ
سَاَعْتِبُ بَعْضَ النَّاسِ اِن كَانَ سَامِعاً ... وَ اَنتَ الَّذِي اَعْنِي وَمَا مِنكَ مَكْتَمُ

اذا كان خصمي في الصبابة حاكمي   لمن اشتكيه او لمن اتظلم
واولا احتقاري في الهوى لعواذلي   صرفت لهم بالي ومني ومنهم
فيا عاذلي ما اكبر البعد بيننا   حديث غرامي فوق ما يتوهم
لقد كنت ابكي للحبيب اذا جفا   ولا سيما وهو الامير المكرم
اميري الذي قد كنت اسطو بقربه   وكنت على الدنيا به اتحكم
ساصبر لا اني على ذاك قادر   لعل ليالي هجره تتصرم
وقال العدى ان المكرم واحد   فقلت لهم ان المكرم اكرم
وان اميري ان نايت لمحسن   وان اميري ان قربت لمنعم
وعهدي به رحب الخطيرة مجمل   يغض ويعفو عن كثير ويحلم
من النفر الغر الذين حاومهم   يخف لديها يذبل ويلملم
هم القوم كل القوم في الدين والتقى   وناهيك بالقوم الذين هم هم
اذا حدثوا عن فضل موسى واحمد   فلله ميراث هناك يقسم
امولاي اني عائذ بك لائذ   اجلك ان اشكو اليك واعظم
اانكر ما اوليتني من مواهب   يقر بها من جسمي اللحم والدم
ووالله ما قصرت في شكر نعمة   ويكفيك ان الله اعلى واعلم

فيا نارِكي انوى البعيد من النوى ... الى أمم قومٍ بعدكم اتيمم
الا ان اقليما نبت بي دياره ... وان كثر الاثراء فيه لمعدم
و ان زمانا الجانني صروفه ... فحاولت بعدى عنكم لمذمم
ولي في بلاد الله مسرى ومسرح ... ولي من عطاء الله مغنى و مغنم
و اعلم انى غالط في فراقكم ... و انكم في ذاك مثلي اعظم
و من ذا الذى اعتاض منكم لفاقتي ... من الناس طرا ساء ما اتوهم
ذالا طاب لي عنكم مقام و موطن ... و لو ضمني فيه المقام وزمزم
و ذلك لا ياسى على فقد كاتب ... و لكنه ياسى عليك ويندم
فمن ذا الذى تدنيه منك وتصطفى ... فيكتب ما يوحى اليك ويكتم
و من ذا الذى يرضيك منه فطانة ... تقول فيدرى او تشير فيفهم
و ما كل ازهار الرياض اريجة ... و ما كل اطيار الفلا تترنم
فياليت ذا العام الذى جاء مقبلا ... يفيض لنا فيه رضاك ويقسم
و لا زالت الاعوام تاتى وتنقضى ... فتبدءها بالصالحات وتختم
تضىء ليالى الدهر منك منيرة ... و ايامه من فرحة تتبسم
و ياليت شعرى ان قضى الله بالنوى ... لمن ابتغى هذا الكلام وانظم

نَسِيبٌ كَمَا يَهْوَى الْعَفَافَ مُنَزَّهُ   وَ مَدْحٌ كَمَا تَهْوَى الْمَعَالِي مُعَظَّمُ

وَ شَكْوَى كَمَا رَقَّ النَّسِيمُ مِنَ الصَّبَا   وَ عَتْبٌ كَمَا انْحَلَّ الْجُمَانُ الْمُنَظَّمُ

تَأَخَّرَ عَنْ وَقْتِ الْهَنَاءِ لِأَنَّهُ   لَهُ كُلَّ يَوْمٍ مِنْ جَنَابِكَ مَوْسِمُ

وَ تَعْلَمُ أَنِّي فِي زَمَانِي وَاحِدٌ   وَ أَنَّ كَلَامِي آخِرٌ مُتَقَدِّمُ

و قال يمدح الملك العادل سيف الدين ابا بكر بن ايوب وانشدها
بقلعة دمشق سنه ٦١٢ من ثانى الطويل و القافية المتدارك

يَطِيبُ لِقَلْبِي أَنْ يَطُولَ غَرَامُهُ   وَ أَيْسَرُ مَا أَلْقَاهُ مِنْهُ حِمَامُهُ

وَ أَعْجَبُ مِنْهُ كَيْفَ يَقْنَعُ بِالْمُنَى   وَ يَرْضِيهِ مِنْ طَيْفِ الْحَبِيبِ لَمَامُهُ

تَعَشَّقْتُهُ حُلْوَ الشَّمَائِلِ أَهْيَفَا   يُحَرِّكُ شَجْوَ الْعَاشِقِينَ قَوَامُهُ

وَ هِمْتُ بِطَرْفٍ فَاتِنٍ مِنْهُ فَاتِرٍ   لِبَابِلَ مِنْهُ سِحْرُهُ وَ مُدَامُهُ

فَمَا الْغُصْنُ إِلَّا مَا حَوَتْهُ بُرُودُهُ   وَ مَا الْبَدْرُ إِلَّا مَا حَوَاهُ لِثَامُهُ

أَغَارُ إِذَا مَا رَاحَ رَيَّانَ عَاطِرًا   أَرَاكَ الْحِمَى مِنْ رِيقِهِ وَبَشَامُهُ

وَ أَرْتَاعُ لِلْبَرْقِ الَّذِي مِنْ دِيَارِهِ   فَيَحْسِبُ طَرْفِي أَنَّ ذَاكَ ابْتِسَامُهُ

وَاسْتَنْشِقُ الْأَرْوَاحَ مِنْ كُلِّ وِجْهَةٍ   فَأَعْلَمُ فِي أَيِّ الْجِهَاتِ خِيَامُهُ

خُذُوا لِي مِنَ الْبَدْرِ الذِّمَامَ فَإِنَّهُ   أَخُوهُ لَعَلِّي نَافِعٌ لِي ذِمَامُهُ

الى العادل المامون الدهر ان سطا　　به يتجلى ظلمه و ظلامه

الى ملك في العين يملأ سرحة　　و يملأ افاق البلاد اهتمامه

اخو يقظات ليس يعرف طرفه　　غرارا سوى ما يحتويه حسامه

يقصر عنه المدح من كل مادح　　و لو كان من زهر النجوم نظامه

فيا ملك العصر الذى ليس غيره　　يرجى و يخشى عفوه وانتقامه

تقدم ذكر الجود قبلك في الورى　　و اصبح من ذكراك مسكا ختامه

امنت بلقياك الزمان صروفه　　ففيئ من يخشى عليه اهتضامه

و اصبحت من كل الخطوب مسلما　　عليك من الله الكريم سلامه

و قال من مخلع البسيط و القافية المتواتر

عشقت بدرا ولا اسمي　　ما شئت قل فيه بدر تم

تحير العاذلون فيه　　و قال كل بغير علم

و اكثر الناس فيه لوما　　و قل في الحب فيه قسمي

يا قمرا منذ غاب عني　　لم يتصل بالسعود نجمي

يا احسن العالمين خلقا　　مثلك لا يرتضي بظلم

اَمَا تَرَى فِيكَ مَا اُلَاقِى   حَاشَاكَ اَنْ تَسْتَحِلَّ اِثْمِى
مَا لِى وَاينَ اَلصَّوَابُ عَنِّي   اَلْشْتَكِى قِصَّتِى لِخَصْمِى

و قال من المجتث و القافية المتواتر

هَذَا كِتَابُ مُحِبٍّ   قَدْ زَادَ فِيكَ غَرَامُهْ
اَضْنَاهُ فَرْطُ اشْتِيَاقٍ   فَرَقَّ حَتَّى كَلَامُهْ
اَمَا تَرَى كَيْفَ اَضْحَى   مِثْلَ اَلنَّسِيمِ سَلَامُهْ

و قال من الرمل و القافية المتواتر

صَدَقَ اَلْوَاشُونَ فِيمَا زَعَمُوا   اَنَا مُغْرًى بِهَوَاهَا مُغْرَمُ
فَلْيَقُلْ مَاشَاءَ عَنِّي لَائِمِى   اَنَا اَهْوَاهَا وَلَا اَحْتَشِمُ
غَلَبَ اَلْوَجْدُ فَلَا اَكْتُمُهُ   اِنَّمَا اَكْتُمُ مَا يَنْكَتِمُ
تَعِبَ اَلْعُذَّالُ بِى فِى حُبِّهَا   قُضِىَ اَلْاَمْرُ وَ جَفَّ اَلْقَلَمُ
اَيْنَ مَنْ يَرْحَمُنِى اَشْكُو لَهُ   اِنَّمَا اَلْشَّكْوَى اِلَى مَنْ يَرْحَمُ
اَنَا مِنْ قَلْبِى مِنْهَا آيِسٌ   لَمْ يَكُنْ مِنْ مُقْلَتَيْهَا يَسْلَمُ
اَيُّهَا اَلسَّائِلُ عَنْ وَجْدِى بِهَا   اِنَّهُ اَعْظَمُ مِمَّا تَزْعَمُ

ظن خيرا بيننا او غيره	فحبيبي فيه تحلو التهم
و لقد حدثت من يسألني	و حديثي لك يا من يفهم
طال ما القاه من شرح الهوى	انت يا ربي بحالي اعلم
عشق الناس ومثلي لم يكن	فاعلموا اني فيهم علم
سطرت قلبي احاديث الهوى	و بمسك من حديثي تختم

و قال من ثالث الطويل و القافية المتواتر

سلامي على من لا يرد سلامي	لقد هان قدري عنده و مقامي
و اني على من لا اسميه عاتب	فيا رب لا يبلغ اليه كلامي
فكم بيننا من حرمة و مودة	و كم بيننا من موثق وذمام
يحق لكم هذا التصاف كله	لعلمكم وجدي بكم وغرامي
حفظت لكم ودا اضعتم عهوده	فها هو مختوم لكم بختامي
احن اليكم كل يوم و ليلة	و اهذي بكم في يقظتي ومنامي
فلا تنكروا طيب النسيم اذا سرى	اليكم فذاك الطيب فيه سلامي
فهل عائد منكم رسولي بفرحة	كفرحة حبلى بشرت بغلام

وَ يرتاح قلبي لِلصعيدِ و اهلِهِ وَ عيشٍ مضى لي عِندهم و مقامِي
وَ اهوى ورود النيلِ مِن اجلِ انه يمر على قومٍ على كِرامِ

و قال من مجزوء الرجز و القافية المتواتر

هذهِ منديل كُمي خفيت عن كلِ وهمِ
حينَ اعداها اشتياقي لكَ يا من لا اسمي
لا تسلني كيف حالي فهي تحكي لك سقمي
وردت امواه دمعي و رأت نيران جسمي

و قال من بحره و قافيته

كلما قلت استرحنا جاءنا الشيخ الامام
فاعترانا كلنا منه انقباض واحتشام
فهو في المجلس قذم و لنا فهو قذام
و على الجملة فالشيخ ثقيل والسلام

و قال من بحره و قافيته

أيها الحامل هماً إن هذا لا يدوم
مثلما تفنى المسرا ت كذا تفنى الهموم
ان قسى الدهر فان الله بالناس رحيم
او ترى الخطب عظيماً فكذا الاجر عظيم

و قال من بحره و قافيته

رق في الجو النسيم فتفضل يا نديم
ما ترى كيف امحت من حلة الليل رقوم
وكأن الفجر نهر غرقت فيه النجوم
فاجل بالصهباء ليلاً بقيت منه رسوم
واسبق الشمس بشمس لا تواريها الغيوم
قهوة رقت فما في كاسها الا نسيم
بنت كرم لم يفز قط بها الا الكريم
وعلى طينتها من سالف الدهر ختوم
لم يزل عند المجوسي لها قدر عظيم

وَ لَهَا الرَّاهِبُ فِي الدَّيْـــرِ يُصَلِّي وَ يَصُومْ
وَ قَلِيلٌ كُلُّ مَا يَطْـــلُبُ فِيهَا وَيَسُومْ
وَ لَقَدْ طَافَ بِهَا سَا قٍ رَخِيمٌ وَ رَحِيمْ
بَارِعٌ فِي كُلِّ مَا تَطْـــلُبُ مِنْهُ وَتَرُومْ
يَا نَدِيمِي وَكَمَا تَهْـــوَى حَبِيبٌ وَحَمِيمْ
لَيْسَ يَبْدُو مِنْهُ مَا تَعْـــتَبُ فِيهِ وَتَلُومْ
مُطْرِبٌ فِي صَنْعَةِ الأَلْـــحَانِ وَالضَّرْبِ عَلِيمْ
وَ لَعَمْرِي اِنْ تَفَضَّلْـــتَ فَقَدْ تَمَّ النَّعِيمْ

و قال من المنسرح و القافية المتراكب

كَلَّمَنِي وَ المُدَامُ فِي فَمِهِ قَدْ نَفَحَتْ مِنْ حَبَابِ مَبْسِمِهِ
وَ رَاحَ كَالْغُصْنِ فِي تَمَايُلِهِ سَكْرَانَ يَشْتَطُّ فِي تَحَكُّمِهِ
بِاللهِ يَا بَرْقُ هَلْ تُحَدِّثُهُ عَنْ نَارِ قَلْبِي وَ عَنْ تَضَرُّمِهِ
وَ هَلْ نَسِيمٌ سَرَى يُبَلِّغُهُ رِسَالَةً مِنْ فَمِي اِلَى فَمِهِ
عَجِبْتُ مِنْ بُخْلِهِ عَلَيَّ وَ مَا يَذْكُرُهُ النَّاسُ مِنْ تَكَرُّمِهِ
هُمْ عَلَّمُوهُ فَصَارَ يَهْجُرُنِي رَبِّ خُذِ الْحَقَّ مِنْ مُعَلِّمِهِ

و قال من مشطور الرجز و القافية المتواتر

حبذا نفحة ريح فرجت عني غمه
ضربت ثوب فتاة اكثرت تيها وحشمه
فرأيت البطن والسـرة و الخصر وثمه

و قال من ثالث الكامل و القافية المتواتر

يا من افارقه على رغمي هذا بحكم الله لا حكمي
من اين قدر ذا الفراق لنا لم يجر في خلدي ولا وهمي
انا بالفراق مروع ابدا ذا طالعي فيه وذا نجمي
ما هذه للبين اواه ذا الخد منه معود اللطم
لا اشتكي الايام اظلمها هي ما جرت الا على رسمي
وحديث من يدي الشماتة بي قد زادني هم على همي

وقال وقد سيل نظم بيتين ينقشان على سيف من ثالث المتقارب و القافية المتدارك

بِرسمِ ٱلغزاةِ وضربِ ٱلعداةِ   بِكفِّ همامٍ رفيعِ ٱلهِمَم
تراهُ اذا اهتزَّ في كفِّهِ   كخاطفِ برقٍ سرى في الظُّلَم

وقال من الوافر والقافية المتواتر

على من لا اسمّيهِ ٱلسلامُ   حبيبٌ فيهِ قد ضجَّ ٱلانامُ
مليحٌ كل ما فيهِ مليحٌ   مليحٌ دونهُ ٱلبدرُ ٱلتمامُ
ولي زمنٌ اكاتمهُ هواهُ   وقلبي فيهِ صبٌّ مستهامُ
اقبِّلُ كفَّهُ شوقًا لِفيهِ   اذا ما صدَّني عنهُ احتشامُ
واسألهُ وليس يردُّ حرفًا   كأنَّ جوابَ مسألتي حرامُ
ويعرضُ لا يكلِّمني دلالًا   فيغلبهُ على ذاك ابتسامُ
كأنَّ بهِ لِفرطِ ٱلتيهِ سكرًا   وقد لعبت بعطفيهِ ٱلمدامُ
فيا مولاي كيف تريدُ قتلي   ولي حقٌّ عليك ولي ذمامُ
اذا ما كنتَ انت وانت روحي   ترى تلفي فغيرك لا يُلامُ
سألتك حاجةً فسكتَّ عنها   ولي عامٌ اردّدها وعامُ

فَرُدّ لِى ٱلْجَوَابَ بِمَا تَرَاه   وَكِلْنِى فَمَا جَرَمَ ٱلْكَلَام

وَهَا أَنَا قَدْ كَشَفْتُ إِلَيْكَ سِرِّى   وَهذَا شَرْحُ حَالِى وَٱلسَّلَام

و قال من ثالث الطويل و القافية المتدارك

وَقَفْتُ عَلَى مَا جَاءَنِى مِنْ كِتَابِكُمْ   وُقُوفَ شَحِيحٍ ضَاعَ فِى ٱلتُّرْبِ خَاتِمُه

كِتَابٌ رَأَيْتُ ٱلْحُسْنَ فِيهِ مُفَصَّلًا   كَمَا فَصَلَ ٱلْيَاقُوتَ بِٱلدُّرِّ نَاظِمُه

وَكَانَ لَهُ نَشْرٌ يَفُوحُ وَبَهْجَةٌ   كَمَا ٱفْتَرَّ عَنْ زَهْرِ ٱلرِّيَاضِ كَمَائِمُه

تُضَاعِفُ عِنْدِى مِنْهُ حِينَ قِرَاءَتِه   مِنَ ٱلشَّوْقِ وَٱلتَّبْرِيحِ مَا ٱللهُ عَالِمُه

وَبَادَرَهُ بِٱلدَّمْعِ جَفْنِى كَأَنَّه   كَرِيمٌ رَأَى ضَيْفًا فَدَرَّتْ مَكَارِمُه

و قال من مجزوء، الرمل و القافية المتواتر

سَلَّمَ ٱللهُ عَلَى مَنْ   جَاءَنَا مِنْهُ ٱلسَّلَام

وَسَقَى عَهْدَ حَبِيبٍ   لَا أُسَمِّيهِ ٱلْغَمَام

أَنَا إِنْ مِتُّ بِفَرْطِ ٱلْـ   ـحُبِّ فِيهِ لَا أُلَام

مَا يَقُولُ ٱلنَّاسُ عَنِّى   أَنَا صَبٌّ مُسْتَهَام

عَاذِلِى إِنَّ حَبِيبِى   حَسَنٌ فِيهِ ٱلْغَرَام

سمه ان لمتني فيـــه يطب ذاك الملام
لا تسـل في الحب غيري انا في الحب امام
لي فيه مذهب يتــــبعني فيه الانام
ايها العاشق ان الـــعشق من بعدي حرام
اغرام ما بقلبي ام حريق ام ضرام
كل نار غير نار الـــعشق برد و سلام

و قال من بحره و قافيته

زار و الناس نيام فعلى البدر السلام
زائر فيه حياء و وقار و احتشام
زورة اوجبها لي منه ود و ذمام
اترى كانت مناما حبذا ذاك المنام
فلثمت البدر في جنـــح الدجى وهو تمام
و اعتنقت الغصن نشوا ن تثنيه المدام
ايهـا اللائم فيـه طيب فيه الملام
ان من كان له مثـــلي حبيب لا يلام

و كتب الى الصاحب جمال الدين يحيى بن مطروح و قد شرب دواء من الرجز و القافية المتدارك

سَلِمتَ مِن كُلِّ أَلَم ... وَ دُمتَ مَوفورَ النِعَم
في صِحَّةٍ لا يَنتَهي ... شَبابُها إِلى هَرَم
يَحيى بِكَ الجودُ كَما ... يَموتُ يا يَحيى العَدَم
وَ بَعدَ ذا قُل لي ما ... كانَ مِنَ الأَمرِ وَتَم

و قال من مجزوء الرمل و القافية المتواتر

حَرَمَت عَيني الكَرى يا ... طَيفُ فَارجِع بِسَلامِ
لَستُ أَرضى مِن حَبيبٍ ... بِوِصالٍ في المَنامِ
أَنا يَقظانَ أَراهُ ... في قُعودي وَ قِيامي
عَن يَميني وَ يَساري ... وَ وَرائي وَ أَمامي
وَهوَ في سِرّي وَ جَهري ... وَسُكوتي وَكَلامي
وَ هوَ رَيحاني وَروحي ... وَ نَديمي وَ مُدامي
أَيُّها اللائِمُ فيهِ ... لا تُقَصِّر في مَلامي

فمتى كررت ذكراه يزد فيه غرامى

لام في الحب اناس وهو اخلاق الكرام

ما ارى الناس سوى العشاق من كل الانام

و قال من مجزوء الكامل و القافية المتواتر

خاف الرسول من الملامه فكنى بسعدى عن امامه

و اتى يعرض في الحديث برامة سقيا لرامه

و فهمت منه اشارة بعث الحبيب بها علامه

فطربت حتى خلتني نشوان تلعب بي المدامه

خذ يا رسول حشاشتي انا في الهوى كعب بن مامه

و اعد حديثك انه لالذ من سجع الحمامه

بشراى هذا اليوم قد قامت على الواشي القيامه

يا قادما من سفرة الهجر الطويل لك السلامه

و اقمت في ذاك البعاد و طاب فيه لك الاقامه

يا من يخصص وحده مولاى تلزمك الغرامه

يا من يريد لي الهوان و من اريد له الكرامه

مَوْلَاے سُلْطَانُ الْمِلَا ح وَ لَيْسَ يَكْشِفُ لِي ظَلَامَهْ

عَايَنْتَهُ وَ كَأَنَّهُ غُصْنُ النَّقَا عَطْفًا وَ قَامَهْ

وَ بِشَامَةٍ فِي خَدِّهِ أَصْبَحَتْ فِي الْعُشَّاقِ شَامَهْ

يَا خَصْرَهُ يَا رِدْفَهُ مَنْ لِي بِنَجْدٍ أَوْ تَهَامَهْ

وَ قال من ثالث الطويل و القافية المتواتر

أَجَارَتَنَا حَقُّ الْجِوَارِ عَظِيمُ وَ جَارُكِ يَا بِنْتَ الْكِرَامِ كَرِيمُ

يَسُرُّكِ مِنْهُ الْحُبُّ وَهْوَ مَنَزَّهْ وَ يُرْضِيكِ مِنْهُ الْوُدُّ وَهْوَ سَلِيمُ

وَ مَا بِي بِحَمْدِ اللهِ فِي الْحُبِّ رِيَةٌ فَيَعْتِبُ فِيهَا صَاحِبٌ وَحَمِيمُ

لَعَمْرِي لَقَدْ أَحْيَيْتِ بِي مَيِّتَ الْهَوَى وَ جَدَّدْتِ عَهْدَ الشَّوْقِ وَهْوَ قَدِيمُ

بِحُبِّكِ قَلْبِي لَا يُفِيقُ صَبَابَةً لَهُ أَبَدًا هَذَا الْغَرَامُ غَرِيمُ

فَمِيعَادُ دَمْعِي أَنْ تَنُوحَ حَمَامَةٌ وَ مِيعَادُ شَوْقِي أَنْ يَهُبَّ نَسِيمُ

وَ إِنِّي فِيمَا يَزْعُمُونَ لَشَاعِرٌ وَ فِي كُلِّ وَادٍ مِنْ هَوَاكِ أَهِيمُ

شَرِبْتُ كُؤُوسَ الْحُبِّ وَهِيَ مَرِيرَةٌ وَ ذُقْتُ عَذَابَ الشَّوْقِ وَهْوَ الْيَمُ

فَيَا أَيُّهَا الْقَوْمُ الَّذِينَ أُحِبُّهُمْ أَمَا لَكُمُ قَلْبٌ عَلَيَّ رَحِيمُ

فَيَا حَبَّذَا مَنْ لَا أُسَمِّيهِ غَيْرَةً وَ بِي مِنْ هَوَاهُ مُقْعَدٌ وَ مُقِيمُ

وَ يَا حَبَّذَا دَارٌ يُغَازِلُنِي بِهَا غَزَالٌ كَحِيلُ ٱلْمُقْلَتَيْنِ رَخِيمْ
فَيَا رَبِّ سَلِّمْ قَدَّهُ مِنْ جُفُونِهِ وَ يَا طَالَمَا أَعْدَى ٱلصَّحِيحَ سَقِيمْ
حَبِيبِي قُلْ لِي مَا ٱلَّذِي قَدْ نَوَيْتَهُ وَ ذَلِكَ إِحْسَانٌ عَلَيَّ عَظِيمْ
وَ مَا لِي ذَنْبٌ فِي هَوَاكَ أَتَيْتُهُ وَإِنْ كَانَ لِي ذَنْبٌ فَأَنْتَ حَلِيمْ
تَعَالَ فَعَاهِدْنِي عَلَى مَا تُرِيدُهُ فَإِنِّي مَلِيٌّ بِٱلْوَفَاءِ زَعِيمْ
سَأَحْفَظُ مَا بَيْنِي وَبَيْنَكَ فِي ٱلْهَوَى وَ لَوْ أَنَّنِي تَحْتَ ٱلتُّرَابِ رَمِيمْ
فَكُلُّ ضَلَالٍ فِي هَوَاكَ هِدَايَةٌ وَ كُلُّ شَقَاءٍ فِي رِضَاكَ نَعِيمْ

و قال من مجزوء الكامل و القافية المتدارك

أَنَا فِي ٱلْحَقِيقَةِ أَنْتُمْ هَذَا ٱعْتِقَادِي فِيكُمْ
فَٱلْحُبُّ مِنِّي فِيَّ وَ أَ لَا إِعْرَاضَ مِنْكُمْ عَنْكُمْ
وَلَقَدْ كَتَمْتُ هَوَاكُمْ لَوْ كَانَ مِمَّا يُكْتَمْ
هَيْهَاتَ لَا وَ حَيَاتِكُمْ حُبِّي أَجَلُّ وَ أَعْظَمْ
أَبْكِيكُمْ وَ يَحِقُّ لِي لَوْ أَنَّ مَا أَبْكِي دَمْ
أَٱلصَّوْنُ دَمْعِي فِي ٱلْهَوَى لَأَعَزُّ عِنْدِي مِنْكُمْ
أَنْتُمْ أَعَزُّ ٱلنَّاسِ كُلِّهِمْ عَلَيَّ وَ أَكْرَمْ

مَا لِي وَفَيْتُ و خَتَمَ هٰذَا و أَنْتُمْ أَنْتُمْ

لَا عَتْبَ بَعْدَكُمْ عَلَى الْقَوْمِ الْعِدَى و هُمْ هُمْ

حَاشَاكَ يَا مَنْ لَا أُسَمِّيهِ تَجُورُ و تَظْلِمُ

مَنْ لِي سِوَاكَ إِذَا شَكَوْتُ لَهُ يَرِقُّ و يَرْحَمُ

و مَنِ الَّذِي يَا قَاتِلِي يَبْكِي عَلَيَّ و يَنْدَمُ

قَدْ مُتُّ مِنْ شَوْقٍ إِلَيْكَ تَعِيشُ أَنْتَ و نَسْلَمُ

و قال من بحره و قافية

يَا مُعْرِضًا مُتَجَنِّبًا حَاشَاكَ مِنْ نَقْضِ الذِّمَامِ

مَوْلَايَ مَا لَكَ قَدْ بَخِلْتَ عَلَيَّ حَتَّى بِالْكَلَامِ

هٰذَا الَّذِي مَا كُنْتُ أَحْسِبُ أَنْ أَرَاهُ فِي الْمَنَامِ

سَلِّمْ عَلَيَّ إِذَا مَرَرْتَ فَلَا أَقَلَّ مِنَ السَّلَامِ

مَا لِي أَظُنُّ بِكَ الْوَفَا و أَنْتَ مِنْ بَعْضِ الْأَنَامِ

الغَدْرُ فِي كُلِّ الطِّبَاعِ فَلَا أَخُصُّكَ بِالْمَلَامِ

مَا أَكْثَرَ الْعُذَّالَ فِي و لَهِي عَلَيْكَ وَفِي غَرَامِي

هَبْنِي كَتَمْتُهُمُ هَوَاكَ فَكَيْفَ أَكْتُمُهُمْ سَقَامِي

و قال من الكامل و القافية المتواتر

يا مولى النعماء إني شاكر   و الشكر حق واجب للمنعم
انت الذى ملات عوارفه يدى   فلاملان بشكرها ابدا فمى
و لقد شكرت و انما احسانه   متقدم و الفضل للمتقدم

و قال من ثالث السريع و القافية المتواتر

يا ايها الباذل مجهوده   في خدمة اف لها خدمه
الى متى في تعب ضائع   بدون هذا تؤكل اللقمه
تشقى و من تشقى له غافل   كأنك الراقص في الظلمه

و قال من الرمل و القافية المتواتر

كم اناس اظهروا الزهد لنا   فتجافوا عن حلال وحرام
قللوا الاكل فابدوا ورعا   و اجتهادا في صيام و قيام
ثم لما امكنتهم فرصة   اكلوا اكل الحزانى في الظلام

و قال من مجزوء الكامل و القافية المتواتر

برح الخفاء و قلتها   مني اليك بلا احتشام
لم يبق فيك بقية   لا للحلال و لا الحرام

و قال و كتب بها الى الشيخ الفقيه نجم الدين البادرانى رسول الديوان العزيز يعتذر اليه عن تأخره عن لقائه لما وصل الى الديار المصرية لاصلاح الحال سنة ٦٤٤ (٦٥٤) من ثانى الطويل و القافية المتدارك

على الطائر الميمون يا خير قادم   واهلا وسهلا بالعلا و المكارم
قدمت بحمد الله اكرم مقدم   مدى الدهر يبقى ذكره في المواسم
قدوما به الدنيا اضاءت واشرقت   ببشر وجوه او بضوء مباسم
فلا خيب الرحمن سعيك انه   لكالسعي للراجين حط المآثم
فكم كربة فرجتها بمقالة   تصدق تاثير الرقى و العزائم
فيا حسن ركب جئت فيه مساما   و يا طيب ما اهدته ايدى الرواسم
هو الركب لا ركب النميرى سالفا   و لا الركب ما بين النقا و الاناعم
امولاى سامحني فانك اهله   و ان لم تسامحني فما انت ظالمي

وددت بأنى فزت منك بنظرة   تبل غليلا فى الحشا و الحيازم
و لكن عرانى ان اراك ضرورة   اذا رمت امرا فهى وافى وحاكمى
و والله ما حالت عهود مودتى   و تلك يمين لست فيها باثم
مقيم و قلبى فى رحالك سائر   لعلك ترضاه لبعض المراسم
وليك ان يمثل فازين ماثل   لديك و ان يخدم فانصح خادم
و لو كنت عنه سائلا اوجدته   على بابك الميمون اول قادم
والا فسل عنه ركابك فى الدجى   لقد بريت من لثمه للمناسم

و قال من مجزوء الرمل و القافية المتواتر

ردنا الدهر اليكم   و رمانا فى يديكم
و رجعنا من قريب   نكثر اللعن عليكم

و قال من ثالث الطويل و القافية المتواتر

مماليك مولانا الامير و خيله   كلاب اذا شاهدتهم و عظام
لقد ضاع فيهم ماله اذ شراهم   و ليس عجيب ان يضيع حرام

و قال من الخفيف و القافية المتواتر

أرسلت لي تفاحة نقشتها من فؤاد بحبها مستهامِ
و عليها كتابة من عبيرٍ يا حبيبي مني عليك سلامي

و قال من مجزوء الرجز و القافية المتواتر

سطرتها بشرح اشواقِ اليك جمه
حملتها مني اليك الف الفِ خدمه
يا واسع الهمةِ لا عدمت تلك الهمه
تركتني يا الف مو لاي بالفِ نعمه

و قال من الوافر و القافية المتواتر

فلان و هو معروف لديكم فلا يحتاج يوماً ان يسمى
بعيد منكم ما قيل عنه و لي اذن عن الفحشاءِ صما

و قال من مجزوء الخفيف و القافية المتواتر

كُلُّ من شِئْتَ لائمه ‏ ‏ وَ رئيسٍ ذِى خِسّةٍ
قَلَّ فيها مسالمه ‏ ‏ جنّته وِلايَةٌ
قطُّ درّت مكارِمه ‏ ‏ ما رأى النّاس أنّه
في بحارٍ تلاطمه ‏ ‏ قلتُ إذ راح غارِقًا
سِدَه و هو راحِمه ‏ ‏ عن قريبٍ ترون حا
رِكَه أو يزاحِمه ‏ ‏ لعن الله من يشا

قافيه النون

قال من ثانى الطويل و القافية المتواتر

إذا حالَ حالٌ أو تغيّر شانُ ‏ ‏ و حقّكم ما غيّر البعد عهدكم
يقول فلانٌ عندكم و فلانُ ‏ ‏ فلا تسمعوا فينا بحقّكم الّذى
و عندى لكم ذاك الوداد يصانُ ‏ ‏ لدىّ لكم ذاك الوفاء بعينِه
لِكلّ حبيبٍ في الفؤاد مكانُ ‏ ‏ و ما حلّ عندى غيركم فى محلّكم
أهونُ ما ألقاه وهو هوانُ ‏ ‏ و من شغفى فيكم و وجدى أننى

هَبُونِي أَمَانًا مِن عِتَابِكُمُ عَسَى   تَقَرُّ عُيُونٌ أَو يَقِرُّ جَنَانُ

وَيَحسُنُ قُبْحُ الفِعلِ إِن جَاءَ مِنكُمُ   كَمَا طَابَ رِيحُ العُودِ وَهُو دُخَانُ

رَعَى اللهُ قَومًا شَطَّ عَنِّي مَزَارُهُم   وَكُنتُ لَهُم ذَاكَ الوَفِيَّ وَكَانُوا

وَكَم عَزمَةٍ لِي عَاقَهَا الدَّهرُ عَنهُمُ   وَلِلدَّهرِ فِي بَعضِ الأُمُورِ حِرَانُ

عَلَى أَنَّنِي آنُوي وَلِلمَرءِ مَا نَوَى   إِلَى أَن نُوَافِي قُدرَةٌ وَزَمَانُ

وَقَالَ فِى صِبَاه مِن ثَانِى الرجز و القافية المتواتر

خُذ فَارِغًا وَهَاتِه مَلَآنَا   مِن قَهوَةٍ قَد عَتَّقَت أَزمَانَا

أَقَلُّ مَا مَلَكَهَا مَالِكُهَا   أَن لَحِقَت عَهدَ أَنُوشِروَانَا

ذَخِيرَةُ الرَّاهِبِ كَى يَجعَلَهَا   إِذَا أَتَت أَعيَادَه قُربَانَا

مُدَامَةٌ مَا ذُكِرَت أَوصَافُهَا   إِلَّا اثنَى سَامِعُهَا سَكرَانَا

تَكَادُ مِن لَألَائِهَا إِذَا بَدَت   نَهدِى إِلَى مَكَانِهَا العُميَانَا

كَالنَّارِ إِلَّا أَنَّهَا مَا أُوقِدَت   فِى الكَاسِ إِلَّا أَطفَأَت نِيرَانَا

مَا المَلِكُ الأَعظَمُ فِى سُلطَانِه   إِلَّا الَّذِى أَضحَى بِهَا نَشوَانَا

كَم رَفَعَت مُتَّضِعًا وَكَرَّمَت   مُبخَلًا وَشَجَّعَت جَبَانَا

تَسعَى بِهَا جَارِيَةٌ إِذَا انثَنَت   أَخجَلَ لِينُ عِطفِهَا أَغصَانَا

بت اعاطيها فتاة جمعت   لعاشقيها الحسن و الاحسانا
كاملة الحسن حكت غصن النقا   الريان او غزالة العطشانا
مخضوبة البنان في يمينها   كأس مدام تخضب البنانا
و لي نديم ماجد لا ارتضي   عنه بديلا كائنا من كانا
اخو فكاهة متى خامرته   في مجلس وجدته بستانا
حلو الاحاديث وان غناك لم   تجده في الحانه لحانا
لا يعرف الهم فتى يعرفه   ولا ترى نديمه ندمانا

و قال من اول الكامل و القافية المتواتر

اشكو اليك لانّا اخوان   سيان شأنك في الخطوب وشاني
سقط التكلف و التجمل بيننا   و الاهل اهلي و المكان مكاني
و اخوك من شهد الوفاء بوده   و شكا لما تشكو من الحدثان
و اجاب داعي الخطب عنك بماله   و الماضيين مهند وسنان
و لكم هززتك و الزمان محاربي   فهززت مشحوذ الغرار يماني
هذا و ما بالعهد من قدم وما   عندي لما اوليت من كفران
منن اتتني و هي مسرعة الخطا   سبقت الى حوادث الازمان

فَلَاشْكُرَنْ عُهُودَهَا وَ عِهَادَهَا   بِصَفَاءِ وِدٍّ أَوْ صَفَاءِ بَيَانِ

مَعَ أَنَّنِي وَاللّٰهِ أَعْلَمُ أَنَّنِي   مَا لِي بِمَا أَوْلَتْ يَدَاكَ يَدَانِ

لَمْ يَبْقَ لِي إِلَّاكَ خِلُّ مُحْسِنٌ   وَعَسَاكَ أَنْ تَبْقَى عَلَى الْإِحْسَانِ

إِنِّي لَأَعْجَزُ أَنْ أَرَى مُتَحَمِّلًا   غَدْرَيْنِ غَدْرَ أَخٍ وَ غَدْرَ زَمَانِ

وَ قَالَ ايضا يمدح الملك المسعود صلاح الدين ابا المظفر يوسف بن الملك الكامل محمد بن ابى بكر بن ايوب لما قدم من اليمن سنة عشرون و ستمائة من الطويل و القافية المتواتر

لَكُمْ أَيْنَمَا كُنْتُمْ مَكَانٌ وَإِمْكَانُ   وَ مُلْكٌ لَهُ تَعْنُو الْمُلُوكُ وَسُلْطَانُ

ضَرَبْتُمْ مِنَ الْعِزِّ الْمَنِيعِ سُرَادِقًا   فَأَنْتُمْ بِهِ بَيْنَ السِّمَاكَيْنِ سُكَّانُ

وَ لَيْسَتْ نُجُومًا مَا نَرَى وَ سَحَابًا   وَ لَكِنَّهَا مِنْكُمْ وُجُوهٌ وَ أَيْمَانُ

وَ فَوْقَ سَرِيرِ الْمُلْكِ أَرْوَعُ قَاهِرٌ   نَبِيهُ الْمَعَالِي فِي الْمُلِمَّاتِ نَبْهَانُ

هُوَ الْمَلِكُ الْمَسْعُودُ رَأْيًا وَ رَايَةً   لَهُ سَطْوَةٌ ذَاتٌ لَهَا الْإِنْسُ وَالْجَانُ

غَدَا نَاهِضًا بِالْمُلْكِ يَحْمِلُ عِبْأَهُ   وَ أَقْرَانُهُ ذِلٌّ الْمَكَائِبِ وِلْدَانُ

وَ تَهْتَزُّ أَعْوَادُ الْمَنَابِرِ بِاسْمِهِ   فَهَلْ ذَكَرَتْ أَيَّامَهَا وَهِيَ قُضْبَانُ

وَ إِنْ نَفَثَتْ فِي الطَّرْسِ مِنْهُ بَرَاعَةٌ   رَأَيْتَ عَصَى مُوسَى غَدَتْ وَهِيَ ثُعْبَانُ

يروقك سحر القول عند خطابه   و يعجب من قرطاسه و هو بستان

و كم غاية من دونها الموت حاسرا   سما نحوها و الموت ينظر خسران

بحيث لسان السيف بالضرب ناطق   فصيح و طرف الرمح للطعن يقظان

و كم شاقه خد اسيل مورد   و ما ذاك الا مرهفات و مران

جزى الله بالاحسان سفنا حملنه   لقد حل معروف لهن و احسان

حوين جميع الحسن حتى كانما   يلوح بها في وجنة اليم خيلان

و ما هاج ذاك البحر لما سرى به   و لكن غدا من خوفه وهو حيران

لقد كان ذاك الموج يرعد خيفة   و يخفق قلب منه بالرعب ملآن

ايا ملكا عم الانام مكارما   فليس له في غير مكرمة شان

قدمت قدوم الليث و الليث باسل   و جئت مجيء الغيث والغيث هتان

و ما برحت مصر اليك مشوقة   و مثلك من يشتاق لقياه بلدان

تحن فيذري نيلها لك دمعة   و يعول قمري على الدوح مرنان

و لما اتاه العلم انك قادم   تهلل منه وجهه وهو جذلان

و وافاك فيها العيد يشعر انه   دليل على طول المسرة برهان

و هاهي في بشر بقربك شامل   قد انتظمت دمياط منه واسوان

تصفق اوراق و تشدو حمائم   و ترقص اغصان و تفتر غدران

وقد فرشت اقطارها لك سندسا　　له من فنون الزهر والنور الوان

يوافيك فيها اينما كنت روضة　　ويلقاك انى كنت روح وريحان

وان تك في سلطانها من محاسن　　ستزداد حسنا ان قدمت ويزدان

فحسبك قد وافاك يا مصر يوسف　　وحسبك قد وافاك يا نيل طوفان

ويشرق وجه الارض حين تحلها　　كأنك توحيد حوته وايمان

لانك قد برئت من كل مأثم　　وانك في الدين الحنيفي غيران

فقدت اليه الخيل بالخيس كله　　وطارت باسد الغاب منهن عقبان

بعزم تخاف الارض شدة وقعه　　ويرتاع ثهلان له وهو ثهلان

وتملأ احشاء البلاد مخافة　　وترتج بغداد له وخراسان

فامنت تلك الارض من كل روعة　　وقد عمها ظلم كثير وطغيان

وكان بها من اهل شعبة شعبة　　من الجور والعدوان بغي وعدوان

فسكنتها حتى متى هبت الصبا　　بنعمان لم يهتز بالايك نعمان

فلم يك فيها مقلة تعرف الكرى　　فلو زارها طيف مضى وهو غضبان

تقبل فيك الله بالحرمين ما　　دعى لك حجاج هناك وقطان

ايذكر عمرو ان سطوت وعنتر　　وهيهات من كسرى هناك وخاقان

وهم يصدون الرمح اسمر ظاميا　　فها هي محمر لديك وريان

لقد كنت ارجو ان ازورك في الدجى ... و اني على ما فاتني منك ندمان
اعلل نفسي بالمواعيد و المنى ... و قد مر ازمان لذاك و ازمان
ارى ان عزي من سواك مذلة ... وان حياتي من سواك لحرمان
و قالت لي الامال باليمن و المنى ... و ما بعدت ارض الكثيب وغمدان
وكنت ارى البرق اليماني موهنا ... فاهتز من شوقي كاني نشوان
و استنشق الريح الجنوبي و انثني ... و لي انة منها كما ان ولهان
و ما فتنت قلبي البلاد وانما ... ندا الملك المسعود للناس فتان
فتى مثلما يختاره الملك ماجد ... و مرعى كما يختاره الفال سعدان
و ليس غريبا من اليك اغترابه ... له منه اهل حيث كان و اوطان
و قد قرب الله المسافة بيننا ... فها انا يحويني و اياه ايوان
اشك و قد عاينته في قدومه ... و امسح عن عيني هل انا وسنان
فهل قانع مني البشير بمهجتي ... على ما بها من دائها وهي اشجان
سأشكر هذا الدهر يوم لقائه ... وان كان دهر لم يزل وهو خوان
و حلبة نصر لا ارى فيه لاحقا ... وقد سبقتهم في الفضائل فرسان
لقد عدم الغبراء فيها وداحس ... و لم يعدم الاعداء عبس وذبيان
لعمرك ما في القوم بعدي قائل ... فهذا مجال للجياد و ميدان

فدع كل ماءٍ حين يذكر زمزم ... ودع كل وادٍ حين يذكر نعمان

وما كل ارضٍ مثل ارضٍ هي الحمى ... وما كل نبتٍ مثل نبتٍ هو البان

و مثلي ولي هز عطفيك مدحه ... وان شئت سلمان وان شئت حسان

الا هكذا فليحسن القول قائل ... ومثل صلاح الدين قد قل سلطان

و قال من ثالث الطويل و القافية المتواتر

خليلي من اشتاق في البعد منكما ... فلو كان شوقا واحدا لكفاني

خليلي وجدي كالذي قد علمتما ... فهل مثل وجدي انتما تجدان

خليلي قد ابصرتما و سمعتما ... فهل لي في اهل المحبة من ثان

و جددتما لي صبوة قد نسيتها ... و عهد غرام كان منذ زمان

كأن غراب البين يوم فراقنا ... اعار فؤادي شدة الخفقان

على انني ذاك الوفي الذي له ... عهود هوى تبقى على الحدثان

فما فاض ماء النيل الا بمدمعي ... لقد مرج البحرين يلتقيان

و قال ايضا و انشده فخر الدين قاضى داريا بيتاً لنفسه و التمس منه ان يعمل عليه وهو البيت الثالث من هذه الابيات من الرجز و القافية المتواتر

يَا أَيُّهَا ٱلْقَمَرُ ٱلَّذِي قَدْ عَمَّ بِٱلنُّورِ ٱلْمُبِينْ
اللهُ أَكْبَرْ لَيْسَ تُحْصَى مَا ٱبْتَدَعْتَ مِنَ ٱلْقُرُونْ
كَمْ قَدْ رَأَيْتَ مِنَ ٱلْوُجُوهِ وَكَمْ رَآكَ مِنَ ٱلْعُيُونْ

و قال من ثانى البسيط و القافية المتواتر

أَخْلِصْ لِرَبِّكَ فِيمَا كَانَ مِنْ عَمَلٍ وَلْيَتَّفِقْ مِنْكَ أَسْرَارٌ وَإِعْلَانُ
فَكُلُّ فِكْرٍ لِغَيْرِ ٱللهِ وَسْوَسَةٌ وَكُلُّ ذِكْرٍ لِغَيْرِ ٱللهِ نِسْيَانُ

و قال من مجزوء الرمل والقافية المتواتر

سَمِعَ ٱلنَّاسُ وَ قُلْنَا وَٱفْتَضَحْنَا وَٱسْتَرَحْنَا
بِتُّ وَ ٱلْبَدْرُ نَدِيمِي فَفَعَلْنَا وَ تَرَكْنَا
رَاحَ يَدْعُونَا ٱلتَّصَابِي فَسَمِعْنَا وَ أَطَعْنَا
وَجَعَلْنَاهُ يَقِينًا بَعْدَمَا قَدْ كَانَ ظَنَّا

شَكَرَ اللهَ لِمَن بَشَّرَ بِالوَصلِ وَهَنَّا   لِى حَبِيبٌ لِى مِنهُ كُلُّ شَىءٍ أَتَمَنَّى

فَهوَ بَدرٌ يَتَجَلَّى   وَهوَ غُصنٌ يَتَثَنَّى

كانَ غَضبانَ فَلَمّا   إن تَلاقَينا اصطَلَحنا

يَتَجَنَّى وَ لَعَمرِى   حَقُّهُ أَن يَتَجَنَّى

جَمَعَ الحُسنَ وَ فِيهِ   غَيرَ ذاكَ الحُسنِ مَعنَى

مَن لَهُ مِثلُ حَبِيبِى   قَد حَوَى حُسناً وَحُسنَى

هاتِ حَدِّثنِى وَ قُل لِى   ما عَلَى العاذِلِ مِنّا

نَحنُ لا نَسأَلُ عَنهُ   ما لَهُ يَسأَلُ عَنّا

وَ قالَ مِنَ المُجتَثِّ وَ القافِيَةِ المُتَواتِر

لِى صاحِبٌ غِبتُ عَنهُ   وَلَستُ أَذكُرُ مَن هوَ

سَمِعتُ عَنهُ حَدِيثاً   أَعاذَنا اللهُ مِنهُ

فَكَم أَكابِرَ عَنهُ   وَ القَولُ يَكثُرُ عَنهُ

هَذا لِيَعلَمَ أَنِّى   فِى غَيبِهِ لَم أَخُنهُ

و قال من الخفيف و القافية لمتواتر

يا رسول الحبيب اهلا وسهلا بك يا مهدى السلام الينا
عهدك الآن بالحبيب قريب و لنا نحن مدة ما التقينا
فاعد ذكر من ذكرت وزدنا من حديث اقر قلبا وعينا
يا لها من رسالة جئت فيها و لنعم الرسول انت لدينا
غير ان الزمان اصلحك الله نهتنا صروفه فانتهينا
جئت في حاجة فعزت مرادا فوددنا قضاءها واشتهينا
حاجة ما لنا اليها سبيل و لعمري لقد تعز علينا
شغل الدهر عن لقاء حبيب هات قل لي متى وكيف واينا

و قال من مجزوء الرجز و القافية المتواتر

يا قضيبا من لجين يا مليح المقلتين
كل ما يرضيك عندى و على رأسي و عيني
ما لقلبي فيك يا بد ر سوى خفى حنين
و يرى الحساد انى منك ملآن اليدين

يا مليحا انا منه   بين هجرانٍ و بينِ
ان تبدّى او تولّى   يا لها من فتنتينِ
فهو من قبل و من بعـ   ـد مليح الطلعتينِ
هو بدر قد تجلّى   نوره في المشرقينِ
و كتاب سطر الحسـ   ـن به في الصفحتينِ
اين من يكسب اجرا   بين من اهوى و بيني
راح غضبانا فما كلّـ   ـمني مذ ليلتينِ

و قال من الطويل و القافية المتواتر

سمعت بامرٍ ليتني لو حضرته   فتسعد عيني مثلما سعدت أذني
بما كان من ذكرٍ جميلٍ ذكرته   و ما كان من منٍّ على بلا منِّ
فيا ايها المسرور بالانس وحده   حبيبك في شوقٍ اليك وفي حزنِ
فقم نصطلح لا يدخل الناس بيننا   و لا يبلغ الواشين عنك ولا عني
كلانا مسيءٌ في تجنّيه غالطٌ   فما حسن منك الصدود ولا مني
فكيف جرى هذا الجفاء الذي ارى   و لم يجرِ يوما في اعتقادي ولا ظني

و قال من مجزوء الرجز و القافية المتدارك

وَ لَيْلَةٍ قَدْ بِتُّهَا لَمْ أَدْرِ فِيهَا مَا ٱلسَّنَه
سَيِّئَةً مَا تَرَكَتْ لِلدَّهْرِ عِنِّي حَسَنَه
طَالَتْ فَكَمْ قَدْ دَارَ فِيهَا مِنْ فُصُولِ ٱلْأَزْمِنَه
قَدَّرْتُهَا ٱلْيَوْمَ ٱلَّذِي مِقْدَارُهُ أَلْفُ سَنَه

و قال من بحره و قافيته

مِنَ ٱلْيَوْمِ تَعَارَفْنَا وَ نَطْوِي مَا جَرَى مِنَّا
وَ لَا كَانَ وَ لَا صَارَ وَ لَا قُلْتُمْ وَ لَا قُلْنَا
وَ إِنْ كَانَ وَ لَا بُدَّ مِنَ ٱلْعَتْبِ فَبِٱلْحُسْنَى
فَقَدْ قِيلَ لَنَا عَنْكُمْ كَمَا قِيلَ لَكُمْ عَنَّا
كَفَى مَا كَانَ مِنْ هَجْرٍ وَ قَدْ ذُقْتُمْ وَ قَدْ ذُقْنَا
وَ مَا أَحْسَنَ أَنْ نَرْجِعَ لِلْوَصْلِ كَمَا كُنَّا

و قال من الرجز و القافية المتدارك

وَ اللّهِ مَا ثَمّ سِوى اللّهِ لِمَنْ اصبحَ مهموماً بِاحداثِ الزّمَنْ
فانّهُ اكرمُ مَنْ جادَ ومَنْ هوّنَ عليكَ ذا فلَمْ يجدِ الحزَنْ
اِستغنِ عن زيدٍ وعن عمروٍ وعن فارِق بِلاداً انْتَ فِيهَا ممتهِن
الشّأم اِن شِئتَ وَ اِن شئتَ اليمنْ فأينما جِئتَ صديقٌ و سكَن

و قال من مجزوء الرمل و القافية المتدارك

اِنّ ذا يومٌ سعيدٌ بِكَ يا قرّةَ عيني
حيثُ ابصرتُكَ فِيهِ يا حبيبي مرّتَينِ

و قال من بحره و قافيته

وَ ثقيلٍ ما برِحنا نتمنّى البعدَ عنه
غابَ عنّا ففرِحنا جاءَنا اثقلُ منه

و قال من ثالث الرمل و القافية المتدارك

أَيُّهَا ٱلمُعْرِضُ عَنْ أَحْبَابِهِ لَيْسَ إِعْرَاضُكَ شَيْأً هَيِّنَا
عُدْ لِمَا أَعْهَدُ مِنْ ذَاكَ ٱلرِّضَى لَا يَرَاكَ ٱللهُ إِلَّا مُحْسِنَا
لِي فِي قُرْبِكَ أَوفَى رَاحَةٍ فَتَجَشَّمْ لِي فِي ذَاكَ ٱلعَنَا
إِنَّ عَيْنِي تَتَمَنَّى لَوْ رَأَتْ وَجْهَكَ ٱلمُشْرِقَ ذَاكَ ٱلحَسَنَا
كُنْ كَمَا أَطْلُبُهُ فِي نِعْمَةٍ وَ ٱلَّذِي تَعْهَدُ بَاقٍ بَيْنَنَا

و قال من الطويل و القافية المتواتر

وَ كَمْ بَائِعٍ دِينًا بِدُنْيَا يَرُومُهَا فَلَمْ تَحْصُلِ ٱلدُّنْيَا وَلَمْ يَسْلَمِ ٱلدِّينُ
وَ لَوْ حَصَلَتْ مَا فَازَ مِنْهَا بِطَائِلٍ وَ أَصْبَحَ مَغْبُوطًا بِهَا وَهْوَ مَغْبُونُ

و قال من بحره و قافيته

وَ ذِي خِسَّةٍ وَافَيْتُهُ عِنْدَ حَاجَةٍ سَمِعْتُ بِهِ لَفْظًا وَ لَمْ أَرَهُ مَعْنَى
فَوَجْهٌ وَلَا بِشْرٌ وَ مَالٌ وَلَا نَدًى لَقَدْ خَابَ لَا حُسْنًا حَوَاهُ وَلَا حُسْنَى

و قال و قد سمع انسانا يقدح فى رجل صالح من مشائخ الصوفية
من الطويل و القافية المتواتر

أتقدح فيمن شرف الله قدره　　و ما زال مخصوصا به طيب الثنا
لعمرك ما احسنت فيما فعلته　　و ليس قبيح القول فى الناس هينا
فيا قائلا قولا يسوء سماعه　　بحقك نزهنا عن الفحش و الخنا
نطقت فلم تحسن و لم تبق ساكتا　　لقد فاتك الامر الذى كان احسنا
دع القوم ان القوم عنك بمعزل　　و انك عن هذا الحديث لفى غنا
رجال لهم فى الله سر مخلص　　و لا انت من ذاك القبيل ولا انا
تكلفت امرا لم تكن من رجاله　　لك الويل من هذا التكلف و العنا
تميل الى الدنيا و تبدى تزهدا　　و لا انت معدود هناك و لا هنا

و قال من مجزوء الرجز و القافية المتدارك

ان امرءا لعجيب　　لا يرى اعجب منه
كل ارض لى فيها　　غائب اسأل عنه
اين من يشكو من البين　　الذى اشكوه منه

و قال من بحره و قافيته

لَا تَلُمنِي اَو فَلُمنِي فِيكَ ظُلْمٌ و تَجَنِّي
لَا تُسَابِقْنِي لِعَتْبٍ مَا بِذَا تَخْلُصُ مِنِّي
لَا تُغَالِطْنِي وَحَقِّ اللَّهِ مَا يَكْذِبُ ظَنِّي
لَا تَقُلْ اَنِّي وَ اَنِّي لَيْسَ هَذَا الْقَوْلُ يُغْنِي
اَيُّهَا الْعَاتِبُ ظُلْمًا يَا حَبِيبِي لَكَ اُغَنِّي
اَنَا لَا اَسْأَلُ عَمَّن لَمْ يَكُنْ يَسْأَلُ عَنِّي
اِنْ تَزُرْنِي فَبِذَا الشَّرْطِ وَ اِلَّا لَا تَزُرْنِي
فَاسْتَرِحْ بِاللَّهِ مِنْ هَـذَا التَّجَنِّي وَ اَرِحْنِي

و قال من الطويل و القافية المتواتر

سَقَى وَادِيًا بَيْنَ الْعَرِيشِ و بَرْقَةٍ مِنَ الْغَيْثِ هَطَّالُ الشَّآبِيبِ هَتَّانُ
وَحَيَّا النَّسِيمُ الرَّطْبُ عَنِّي إِذَا سَرَى هُنَالِكَ اَوْطَانٌ اِذَا قِيلَ اَوْطَانُ
بِلَادٌ مَتَى مَا جِئْتَهَا جِئْتَ جَنَّةً لِعَيْنَيْكَ مِنْهَا كُلَّمَا شِئْتَ رِضْوَانُ
تُمَثِّلُ لِي الْاَشْوَاقُ اَنَّ تُرَابَهَا وَ حَصْبَاءَهَا مِسْكٌ يَفُوحُ وَعِقْيَانُ

فَيَا سَاكِنِي مِصرٍ تُراكم عَلِمتم   بِأَنِّي ما لِي عَنكم الدَّهر سِلوان
و مَا فِي فُؤادِي مَوضِعٌ لِسِواكم   فَمِن اين فِيهِ و هو بِالشَّوقِ مَلآن
عَسَى اللّهُ يَطوِي شُقَّةَ البُعدِ بَينَنا   فَتَمهد احشَاءٌ و تَرقا اجفَان
عَلَيَّ اِذاكِ اليَومِ صَوم نَذَرتُه   وَعِندِي عَلَى رَأيِ التَّصَوُّفِ شُكرَان

و قال من البسيط و القافية المتواتر

انتَ الحَبِيبُ وَ مَا لِي عَنكَ سُلوَان   وَ فِيكَ ضَجَّ عَلَى الانسِ و الجَان
بَينِي و بَينَكَ اشيَاءٌ مؤكّدة   كَمَا عَلِمتَ و اِيمَانٌ و ايمَان
فَلَيتَ شِعرِي مَتَى تَخلُو و تَنصِتَ لِي   حَتَّى اَقُولَ فَقَلبِي مِنكَ مَلآن
و قد جَعَلتَ كِتَابَ العَتبِ مُختَصَرًا   اِذَا التَقَينَا لَهُ شَرحٌ و تِبيَان
اِيَّاكَ يَدرِي حَدِيثًا بَينَنَا اَحَدٌ   فَهُم يَقُولُونَ لِلحِيطَانِ آذَان
مَولَاي رِفقًا فَمَا اَبقَيتَ لِي جَلَدًا   فَاِنَّنِي اَيُّهَا الانسَانُ اِنسَان
عَلِيلُ هَجرِكَ فِي حُمَّى صَبَابَتِهِ   لَهُ مِنَ الدَّمعِ طُولَ اللَّيلِ بُحرَان
مَن لِي بِنَومِي اشكُو ذَا السُّهَادَ لَهُ   فَقَد يُقَالُ بِأَنَّ النَّومَ سُلطَان
مَتَى يَرَاكَ و تَروَى مِنكَ غُلَّتُهُ   طَرفٌ اِلَى وَجهِكَ المَيمُونِ ظَمآن
وَحَاجَتِي فَعَسَى مَولَايَ يَذكُرُهَا   فَاِنَّنِي فِي التَّقَاضِي مِنكَ خَجلَان

قَدْ قِيلَ لِي أَنَّ بَعْضَ النَّاسِ يَعْتَبِنِي
عِرْضِي لَهُ دُونَ كُلِّ النَّاسِ مِجَّانِ

وَ يُرْسِلُ الطَّيْفَ جَاسُوسًا لِيُخْبِرَهُ
أَنْ كَانَ يَغْمَضُ لِي فِي النَّوْمِ أَجْفَانِ

فَيَا نَسِيمَ الصَّبَا أَنْتَ الرَّسُولُ لَهُ
وَ اللهُ يَعْلَمُ أَنِّي مِنْكَ غَيْرَانِ

بَلِّغْ سَلَامِي إِلَى مَنْ لَا أُكَلِّمُهُ
إِنِّي عَلَى ذَلِكَ الغَضْبَانِ غَضْبَانِ

لَا يَا رَسُولِي لَا تَذْكُرْ لَهُ غَضَبِي
فَذَاكَ مِنِّي تَمْوِيهٌ وَ بُهْتَانِ

وَ كَيْفَ أَغْضَبُ لَا وَ اللهِ لَا غَضَبٌ
إِنِّي لِمَا رَامَ مِنْ قَتْلِي لَفَرْحَانِ

يَلَذُّ لِي كُلُّ شَيْءٍ مِنْهُ يُؤْلِمُنِي
إِنَّ الإِسَاءَةَ عِنْدِي مِنْهُ إِحْسَانِ

فِي كُلِّ يَوْمٍ لَنَا رُسُلٌ مُرَدَّدَةٌ
وَ كُلَّ يَوْمٍ لَنَا فِي العَتْبِ أَلْوَانِ

أَسْتَخْدِمُ الرِّيحَ فِي حَمْلِ السَّلَامِ لَكُمْ
كَأَنَّمَا أَنَا فِي عَصْرِى سُلَيْمَانِ

وَ قَالَ يَرْثِى فَتْحَ الدِّينِ عُثْمَانَ بْنَ حُسَامِ الدِّينِ وَالِي اسكندرية وَ كَانَ صَدِيقًا لَهُ تُوُفِّيَ بِآمِد سَنَّةَ ٦٣١ احدى وَ ثَلَاثِينَ وَ سِتَّمِائَةَ مِنْ اوّل الطويل وَ القافية المتواتر

عَلَيْكَ سَلَامُ اللهِ يَا قَبْرَ عُثْمَانَ
وَ حَيَّاكَ عَنِّي كُلُّ رَوْحٍ وَرَيْحَانِ

وَ لَا زَالَ مُنْهَلًّا عَلَى تُرْبِكَ الحَيَا
يُغَادِيكَ مِنْهُ كُلُّ أَوْطَفَ هَتَّانِ

لَقَدْ خُتْتُهُ فِي الوُدِّ أَنْ عِشْتُ بَعْدَهُ
وَ مَا كُنْتُ فِي وُدِّ الصَّدِيقِ بِخَوَّانِ

وعهدي بصبري في الخطوب يطيعني ... فما لي أراه اليوم اظهر عصياني
فيا ثاويا قد طيب الله ذكره ... فاضحى و طيب الذكر عمر له ثانِ
وجدت الذي اسلاك عني وانني ... و حقك ما حدثت نفسي بسلوانِ
فعوضت عن دارٍ باكناف جنةٍ ... وعوضت عن اهلٍ بحورٍ وولدانِ
فديت الذي في حبه اتفق الورى ... فلو سئلوا لم يختلف منهم اثنانِ
لقد دفن الاقوام يوم وفاته ... بقية معروفٍ و خيرٍ و احسانِ
و واروه والذكرى تمثل شخصه ... كأنهم واروه ما بين اجفانِ
يواجهني اين اتجهت خياله ... كما كنت القاه قديما و يلقاني
و اقسم لو ناديته وهو ميت ... لجاوبني تحت التراب و لباني
هنيئا له قد طاب حيا و ميتا ... فما كان محتاجا لتطييب اكفانِ
صديقي الذي مذ مات مانت مسرتي ... فما لي لا ابكيه و الرزء رزاني
و كان انيسي اذ رميت بغربةٍ ... و كنت كأني بين اهلي و اوطاني
و قد كان اسلاني عن الناس كلهم ... و لا احد عنه من الناس اسلاني
كريم المحيا باسم متهلل ... متى جئته لم تلقه غير جذلانِ
يمن لمن يرجوه من غير منةٍ ... فان قلت منان فقل غير منانِ
فقدت حبيبا و ابتليت بغربةٍ ... و حسبك من هذين امران مران

وما كنت عنه املك الصبر ساعة   فما كان اقساني عليك واقصاني
هو الموت ما فيه وفاء لصاحب   و هيهات انسان يموت لانسان
على مثل ذا ما زالت الناس سالفا   فمن قبلنا كم قد تفرق الفان
و ما الناس الا راحل بعد راحل   الى العالم الباقي من العالم الفاني
و الا فاين الناس من عهد آدم   و من عهد نوح بعده و الى الآن

و قال من الوافر والقافية المتواتر

رايتك لا تدوم على وداد   فتصرم حبل خدن بعد خدن
تجدد صبوة في كل يوم   و تسكر سكرة من كل دن
اقول الحق ما لك من صديق   فلا تعتب علي ولا تلمني
و كنت اظن انك لي حبيب   و قد خيبت بالتقبيح ظني
فما استحييت اذ نظرتك عيني   و لا خفضت اذ سمعتك اذني
لقد نقل الوشاة اليك زورا   و نالوا منك قصدهم و مني
نصحتك لو صحوت قبلت نصحي   و لكن انت في سكر التجني
و من سمع الغناء بغير قلب   و لم يطرب فلا يلم المغني

و قال من بحره و قافيته

الى كم ذا الدلال وذا التجني   شفيت و حقك الحساد مني
اردد فيك طول الليل فكرى   فابني ثم اهدم ثم ابني
لعلي قد اسات ولست ادرى   فقل لي ما الذى بلغت عني
مرادى لو خبأتك يا حبيبي   مكان النور من عيني و جفني
و فيك شربت كاس الحب صرفا   فان ترني سكرت فلا تلمني
تراني مت فيك هوى و وجدا   و تعلم بي و تعرض اى بانى
و اعرف فيك اعداءى يقينا   و اظهر عنهم بلها كانى
و لي في الحب اخلاق كرام   فسل من شئت عني وامتحني
و حيث يكون في الدنيا وفاء   هنالك ان تسل عني تجدني
حبيبي من اكون له حبيبا   و تجزيني الهوى وزنا بوزن
و لست ارى لمن هو لا يراني   هوانا بالهوى كم ذا التجني

و قال ايضا من الوزن و القافية و قد ساله من تجب عليه اجابته ان يعمل ابياتا على هذا المصراع الاخير وهو هوانا بِالهوى كم ذا التجني

هوانا بِالهوى كم ذا التجني و كم هذا التعلل و التمني
هوى وصبابة وقلى وهجر حبيبي بعض هذا كان يغني
فيا من لا اسميه و لكن اعرض عنه للواشي و اكني
حبيبي كل شيء منك عندي مليح ما خلا الاعراض عني
كملت ملاحة و كملت ظرفا فليتك لو سلمت من التجني
ظننت بك الجميل وانت اهل بحقك لا تخيب فيك ظني
رايتك فقت كل الناس حسنا فكان بقدر حسنك فيك حزني
و ما انا في المحبة مثل غيري اليك اشير في قولي و اعني
و قد اضحى الغرام حليف قلبي كما امسى السهاد اليف جفني
فيا شوقي الى ثغر و قد حلت منه الثنايا و التثني
اقول لصاحب في الحب يلحى كفاني ذا الغرام فلا تزدني
ترى في الحب رايا غير رايي و تسلك فيه فنا غير فني
و ان وافقتني اهلا وسهلا والا لست منك ولست مني

و قال من مجزوء الكامل و القافية المتواتر

كَمْ ذَا ٱلتَجَنُّبْ وَٱلتَجَنِّي مَا كَانَ هَذَا فِيكَ ظَنِّي

أَنْتَ ٱلْحَبِيبْ وَلَا سِوَا كَ وَ لَمْ اَخُنْكَ فَلَا تَخُنِّي

مَوْلَاىَ يَكْفِينِي ٱلَّذِى قَاسَيْتُ مِنْكَ فَلَا تَزِدْنِي

اَسْقَيْتَنِي صَرْفَ ٱلْهَوَى فَاِذَا سَكِرْتُ فَلَا تَلُمْنِي

حَاشَاكَ تُوصَفُ بِٱلْقَبِيـحِ وَ قَدْ وَصَفْتُ بِكُلِّ حُسْنِ

لَا لَا وَ حَقِّ ٱللهِ مَا عَوَّدْتَنِي هَذَا ٱلتَجَنِّي

غَالَطْتَنِي فَزَعَمْتَ اَنَّـكَ لَمْ تَخُنْ و زَعَمْتَ اَنِّي

قُلْ لِي وَ حَدِّثْنِي وَ مَا ذَا مَوْضِعُ ٱلْكِتْمَانِ مِنِّي

اِنَّ ٱلْقَضِيَّةَ مَا تَغَطَّتْ عَنْ سِوَاىَ فَكَيْفَ عَنِّي

وَ لَقَدْ عَلِمْتُ بِمَا جَرَى لَكَ كُلِّهِ حَتَّى كَأَنِّي

وَ مَتَى جَهِلْتُ قَضِيَّةً وَ أَرَدْتَ تَعْلَمُهَا فَسَلْنِي

و قال من بحره و قافيته

كان البياض يروقني حتى رأيت الشيب مني

فاليوم يا لون البيا ض اليك ثم اليك عني

فلقد هجرت بك الصبا و نسيته حتى كأني

و يقال انك قد كبر ت عن الهوى فاقول اني

و اظل اقرع دائما سني اذا حققت سني

قد كنت احزن للفرا ق و للصدود و للتجني

حتى انقضى زمن الصبا و خرجت من حزن لحزن

و لقد صحوت وتبت عن خمر الهوى وكسرت دني

و نفضت في وجه النديـم وقد اتى بالكأس ردني

و وقفت في باب الكريـم عساه يسمح لي باذن

و قال من ثالث الطويل و القافية المتواتر

خليلي اما هذه فديارهم و اما غرامي فهو ما ترياني

خليلي اني لا ارى في سواكما فما تأمراني ايها الرجلان

خليلي هذا موقف يبعث البكا فما ذا الذي بالدمع تنتظران
وان كنتما لا تسعداني على الاسا قفا ودعاني ساعة و دعاني
و اني على دار الحبيب لواقف وان شف قلبي رسمها و شجاني
فلو كان ما القى من الحزن واحدا بكيت بدمع واحد وكفاني
و لكن احزانا عرتني كثيرة و ما لي منها بالكثير يدان
فيا ويح قلبي بالغرام اطعته فما لي اراه في السلو عصاني
و اني واياه كما قال قائل رفيقك قيسي وانت يماني

و قال من مجزو الخفيف و القافية المتدارك

لكم الروح و البدن لكم السر و العلن
انا كلي لكم ترى سادتي انتم لمن
انا عبد شريتمو ولكن بلا ثمن
لم يزل بي من القما ط هواكم الى الكفن
ليس لي بعد بعدكم لا سكون ولا سكن
فارحموا اليوم عاشقا في يد البين مرتهن
لا فروضا اضاعها في هواكم ولا سنن

لِي حَبِيبٌ عَبَدْتُهُ وَيْحَ مَنْ يَعْبُدُ الْوَثَنْ
وَجْهُهُ يَجْمَعُ الْمَسَرَّةَ لِلْقَلْبِ وَ الْحَزَنْ
هُوَ لِلْحُسْنِ مَشْرِقٌ فِيهِ قَدْ تَظْهَرُ الْفِتَنْ
يَا حَبِيبِي لَقَدْ حَوَيْتَ مِنَ الْحُسْنِ كُلَّ فَنْ
أَنْتَ عَيْنِي وَأَنْتَ أَحْلَى لِعَيْنِي مِنَ الْوَسَنْ
كَمْ أَيَادٍ أَعُدُّهَا لَكَ عِنْدِي وَكَمْ مِنَنْ
وَ قَبِيحٌ وَ حَقِّكَ الصَّبْرُ عَنْ وَجْهِكَ الْحَسَنْ

و قال من مجزو الكامل و القافية المتواتر

أَحْبَابَنَا وَ حَيَاتِكُمْ سِرُّ الْهَوَى عِنْدِي مَصُونْ
غَيْرِي يَخُونُ حَبِيبَهُ وَأَنَا الْأَمِينُ وَلَا أَمِينْ
وَ أَنَا الَّذِي أَلْقَى الْإِلَهَ بِحُبِّكُمْ وَ بِهِ أَدِينْ
لَا أَبْتَغِي رُخَصَ الْهَوَى لِي فِي الْهَوَى دِينٌ مَتِينْ
وَ لَقَدْ عَرَضْتُ عَلَيْكُمُ رُوحِي وَكُنْتُ لَهَا أَصُونْ
فَاخْتَرْتُكُمْ لِمَوَدَّتِي وَ لَكَمْ لَهَا عِنْدِي زَبُونْ
يَا هَاجِرِينَ وَحَقِّكُمْ هُونْتُمُ مَا لَا يَهُونْ

قَالُوا فُلَانٌ قَدْ سَلَا مَا كَانَ ذَاكَ وَ مَا يَكُونْ

وَ حَيَاتِكُمْ وَ هِيَ ٱلَّتِي مَا مِثْلَهَا عِنْدِي يَمِينْ

مَا خُنْتُ عَهْدَكُمْ كَمَا زَعَمَ ٱلْوُشَاةُ وَلَا أَخُونْ

يَا مَنْ يَظُنُّ بِأَنَّنِي قَدْ خُنْتُهُ غَيْرِي خَؤُونْ

لَوْ صَحَّ وُدُّكَ صَحَّ ظَنُّكَ بِي وَ بَانَ لَكَ ٱلْيَقِينْ

يَا قَلْبَ بَعْضِ ٱلنَّاسِ كَمْ تَقْسُو عَلَيَّ وَ كَمْ أَلِينْ

يَا وَيْلَتَاهُ لِمَنْ أَخَا طِبُ أَوْ لِمَنْ يَشْكُو ٱلْحَزِينْ

قَدْ ذَلَّ مَنْ كَانَ ٱلْمُعِينُ لِوَجْدِهِ ٱلدَّمْعَ ٱلْمُعِينْ

و قال من الكامل و القافية المتواتر

مَوْلَايَ مَا أَخْلَفْتُ وَعْدَكَ بِٱخْتِيَارٍ كَانَ مِنِّي

فَعَسَاكَ تَسْمَحُ لِي كَمَا عَوَّدْتَنِي بِٱلصَّفْحِ عَنِّي

و قال من مجزو الخفيف و القافية المتدارك

وَ ثَقِيلٍ إِذَا بَدَا أَكْثَرُ ٱلنَّاسِ لَعْنَهُ

كُلُّ رَطْلٍ بِعَالِجٍ لَا يُرَى فِيهِ وَزْنَهُ

ظَنَّ خَيْرًا بِغَيْرِهِ   وَ بِهِ لَا نَظَنَّه

وَ عَلَى نَحْسِهِ فَقَدْ   قِيلَ عَنْهُ بِأَنَّه

ثُمَّ لَا يَتْرُكُ الْحَمَا   قَةَ حَتَّى كَأَنَّه

وَ قال من الوافر و القافية المتواتر

أُدَافِعُ عَنْ فُلَانٍ وَ هُوَ شَيْخٌ   لَهُ عِرْضٌ يَنَالُ النَّاسُ مِنْه

وَ تَصْدُرُ عَنْهُ أَفْعَالٌ قِبَاحٌ   فَصَدِّقْ كُلَّ شَيْءٍ قِيلَ عَنْه

وَ قال من الكامل و القافية المتواتر

مَا الْعَفْلُ إِلَّا زِينَةٌ   سُبْحَانَ مَنْ أَخْلَاكَ مِنْه

قُسِمَتْ عَلَى النَّاسِ الْعَفُو   لُ وَكَانَ امْرًا غِبْتَ عَنْه

وَ قال من الطويل و القافية المتواتر

سَقَى اللهُ أَرْضًا لَسْتُ أَنْسَى عُهُودَهَا   وَ يَا طُولَ شَوْقِي نَحْوَهَا وَ حَنِينِي

بِلَادٌ إِذَا شَارَفْتُ أَرْضَ نُجُومِهَا   بَدَا النُّورُ يَزْهِي وَجْنَتِي وَ جَبِينِي

مَنَازِلُ كَانَتْ لِي بِهِنَّ مَنَازِلُ   وَكَانَ الصَّبَا الْفِي بِهَا وَ قَرِينِي

35

تَذَكَّرتُ عَهدًا بِالمُحَصَّبِ مِن مِنًى و مَا دُونَهُ مِن أَبطُحٍ و حُجُونِ

و أَيَّامَنَا بَينَ المَقَامِ و زَمزَمٍ و إِخوَانَنَا مِن وَافِدٍ و قَطِينِ

و يَا طِيبَ نَادٍ فِي ذُرَى البَيتِ بِالضُّحَى و ظِلٍّ يَقُومُ العُودُ فِيهِ بِحِينِ

و قَد بَكَّرَت مِن نَحوِ نُعمَانَ نَسمَةٌ تُحَدِّثُ عَن أَيكٍ بِهِ و غُصُونِ

زَمَانٌ عَهِدتُ الوَقتَ لِي فِيهِ وَاسِعًا كَمَا شِئتُ مِن جِدٍّ بِهِ و مُجُونِ

إِذِ العَيشُ نَضِرٌ فِيهِ لِلعَينِ مَنظَرٌ و إِذ وَجهُهُ غَضٌّ بِغَينِ غُضُونِ

و قال من مجزو الكامل و القافية المتداركة

يَا مَن تَحَنَّنَ عَامِدًا و أُرِيدُ أَذهَبُ جُنَّهْ

و عَلِمتُ مَا قَد قَالَهُ عَنِّي و مَا قَد ظَنَّهْ

و سَمِعتُ عَنهُ بِأَنَّهُ يَغتَابُنِي و بِأَنَّهْ

و كَأَنَّهُ كَلبٌ عَوَى لَا بَل أَقُولُ بِأَنَّهْ

فَلَأَكوِيَنَّ جَبِينَهُ وَسمًا و أَقطَعُ أُذنَهْ

و أَكُونُ كَلبًا مِثلَهُ إِن لَم أُصَدِّق ظَنَّهْ

لَو كَانَ أَهلًا لِلجَمِيـــلِ تَرَكتُهُ لَكِنَّهْ

و قال من الطويل و القافية المتواتر

لقد صدقتني في الحديث ظنوني ... و قد نقلت سري وشاة جفوني
و بالرغم مني ان سرا اصونه ... يصيبر بدمعي و هو غير مصون
و قد رابني يا اهل ودي انكم ... مطلتم وانتم قادرون ديوني
بروحي انتم من رسولي اليكم ... و من مسعدي في حبكم و معيني
سلوا دمع عيني عن احاديث لوعتي ... ليعرب عن هذا الشؤون شؤوني
و للدمع من عيني معين يمده ... فان تسألوه تسألوا ابن معين
على ان دمعي لا يزال يخونني ... ومن ذا الذي يروي حديث خؤون
فلا تقبلوا للدمع عني رواية ... فليس على سر الهوى بامين
حلفت لكم ان لا اخون عهودكم ... و اعطيتكم عند اليمين يميني
و ها انا كالمجنون فيكم صبابة ... و حاشاكم ترضون لي بجنون
و هبتكم في الحب عقلي راضيا ... و يا ليتكم ابقيتم لي ديني
اري سقم جسمي قد حوته جفونكم ... فلا تأخذوا يا ظالمين جفوني
احبابنا اني ضنين بودكم ... و ما كنت يوما قبله بضنين
فمن ذا الذي اعتاض عنكم من الورى ... و من ذا حبيبي مثلكم و خديني

و من ذا الذى ارضى به لمحبتى فيحسن فيه لوعتى و حنينى
أحب من الاشياء ما كان فائقا و ما الدون الا من يميل لدون
و اهجر شرب الماء غير مصفق زلالا واكل اللحم غير سمين
و ان قيل فى هذا رخيص تركته و لا ارتضى الا بكل ثمين
فانى رأيت الشىء ان يغل قيمة يكن بمكان فى القلوب مكين
حبيبى زدنى من حديث ذكرته و لم يختلج بالشك فيه ظنونى
و قل لى و لا تخلف فانك صادق و قولك عندى مثل الف يمين
فوالله لم ارتب بما قد ذكرته ليسكن هذا القلب بعض سكون
و ان حديثا انت راويه اننى على ثقة منه وحسن يقين
كذلك تلقانى اذا ما اختبرتنى بسر حفاظى صاحبى و قرينى
اذا قلت قولا كنت للقول فاعلا و كان حياى كافلى و ضمينى
تبشر عنى بالوفاء بشاشتى و ينطق نور الصدق فوق جبينى

و قال من مجزوء الرمل و القافية المتواتر

يا سيدا بوداده ما زلت ملآن اليدين
ان غبت عنى او حضر ت فيالها من حسنيين

اني بودك لا عدمـــتك واثق في الحالتين

وافتني الابيات كالـــتبر المصفى و اللجين

فحكى بياض الطرس لي   منها بياض الوجنتين

واتى سواد مدادها   يحكي سواد المقلتين

فلثمتها عدد الحرو   ف و ما قنعت بمرتين

كم راحة قد نلتها   من جود تلك الراحتين

آنست قلبي في البعا   د بقدر ما اوحشت عيني

فعساك تجمع لذة الا ثنـــين لي في موضعين

و قال من بحره و قافيته

حتى متى و الى متى   انا بين هجران و بين

اما الصدود او الفرا   ق فيا لها من محنتين

خصمان لي انا منهما   في شدة بل شدتين

لم ادر ما السبب الذي   قد كان بينهما و بيني

قد لازماني مذ خلقـــت كمن يطالبني بدين

ثم استمرت حالتي   بدوام تلك الحالتين

وَ هلمّ جرًّا لم ازل قَلبي اسيرُهما و عيني

وَ الآدمي مروّع ابداً بتلك الحسرتين

ما اكملَ السّتين حتـى ذاق طعمَ الفرقتين

و قال من مجزوء الخفيف و القافية المتواتر

هاتِ يا صاحِ غنّني واملأ الكأس واسقني

قم بنا يا نديم نسـبق اذانَ المؤذنِ

اصبح الجو في رداء من الغيث ادكنِ

و تبدى الصباح كالـبشر في وجه محسنِ

صاحِ خذها و هاتها و اجلها لي وزيّن

متُّ وجداً و لوعة فاسقنيهـا لعلّني

مِن مدامٍ كأنما كأسها قلب مؤمنِ

فهي نور و ما عدا الـنور منها فقد فني

قهوة ذات بهجةٍ في قلوبٍ و اعينِ

قد اقامت و عدّ ما شئتَ في قمرِ مخزنِ

فاذا ما ادرتهـا سمها لي و سمّني

وارفعِ السترَ بيننا لا تنكر بأنني
خلني من تصنع للورى او تدين
فلعمري يريبني فرط هذا التسنن
سيدي بعد ذا وذا هات قل لي و بين
لك ما شئت من رضا لست عندي بهين
لي حبيب فان اكن لا اسميه فافطن
ان يوما يزورني يوم عيد مزين
هو بدر لمجتلٍ هو غصن لمجتني
عاذلي فيه لا تطل انا عن عاذلي غني
لست اصغي و لا اعي خلني عنك خلني

و قال من الدوبيت

كم يذهب هذا العمر في خسرانِ ما اغفلني عنه و ما انساني
ان لم يكنِ اليوم فلاحي فمتى هل بعدك يا عمر عمر ثاني

و قال من مجزو الرمل و القافية المتواتر

خَانَني مَنْ لَمْ اَخَنْهُ لَا وَلَا اَذْكُرُ مَنْ هُو

طَالَمَا غَالَطْتُ فِيهِ طَالَمَا كَذَبْتُ عَنْهُ

لَيْتَهُ مَاتَ وَلَا كَا نَ الَّذِى قَدْ كَانَ مِنْهُ

خَلِّ مَنْ خَلَّاكَ يَا قَلْـــبُ وَ مَنْ خَانَكَ خُنْهُ

لَا تَصُنْ بِاللهِ وُدًّا لِخَؤُونٍ لَمْ يَصُنْهُ

وَ بِمَا سَامَكَ سِمْهُ وَ بِمَا دَانَكَ دِنْهُ

و قال من المجتث و القافية المتواتر

اَمَا تَقَرَّرَ اَنَا فَلِمَ تَأَخَّرْتَ عَنَّا

وَ لَمْ يَكُنْ لَكَ عُذْرُ اَوْ يَكُونُ عَلِمْنَا

وَمَا الَّذِى كَانَ حَتَّى حَلَلْتَ مَا قَدْ عَقَدْنَا

فَلَا تَلُمْنَا فَاَنَا قَلْنَا وَ قُلْنَا وَ قُلْنَا

وَ قَدْ اتَيْنَاكَ زَحْفًا وَاَنْتَ تَهْرُبُ مِنَّا

وَانْظُرْ لِنَفْسِكَ فِيمَا قَدْ كَانَ مِنْكَ وَ دُعْنَا

و قال من مجزو الكامل و القافية المتواتر

أَنَا زُهَيرُكَ لَيسَ إِلَّا جُودُ كَفِّكَ لِي مُزَيِّنَه

أَهوَى جَمِيلَ الذِّكرِ عَنـ ـكَ كَأَنَّمَا هُوَ لِي بُثَيْنَه

فَاسْأَلْ ضَمِيرَكَ عَن وِدَا دِي إِنَّهُ فِيهِ جُهَيْنَه

و قال من المجتث و القافية المتواتر

إِسمَع مَقَالَةَ حَقٍّ وَ كُن بِحَقِّكَ عَونِي

إِنَّ المَلِيحَ مَلِيحٌ يُحَبُّ فِي كُلِّ لَونِ

و قال من مجزو الرمل و القافية المتواتر

مَا الَّذِي تَطلُبُ مِنِّي خَلِّنِي عَنكَ وَ دَعنِي

لَا تَزِدنِي فَوقَ مَا قَد كَانَ مِن ذَاكَ التَّجَنِّي

كَذَبَ الوَاشُونَ فِيمَا نَقَلُوا عَنكَ وَ عَنِّي

بَلَغَ القَومُ وَ نَالُوا قَصدَهُم مِنكَ وَ مِنِّي

و قال من المجتث والقافية المتكاوس

مَا مِثْلُ شَوقِى شَوقٌ   حَتَّى أَقُولَ كَأَنَّهُ
وَ إِنَّهُ لَشَدِيدٌ   كَمَا عَلِمْتَ وَ إِنَّهُ

و قال و كتب بها عند موته بالديار المصرية على يد ولده صلاح الدين محمد الى الرئيس الحكيم عماد الدين الديرينى و هو آخر ما قاله رحمه الله تعالى من الكامل والقافية المتدارك

مَا قُلْتَ أَنْتَ وَ لَا سَمِعْتُ أَنَا   هَذَا حَدِيثٌ مَا يَلِيقُ بِنَا
إِنَّ ٱلْكِرَامَ إِذَا صَحِبْتَهُمْ   سَتَرُوا ٱلْقَبِيحَ وَ أَظْهَرُوا ٱلْحَسَنَا

قافية الهاءِ

و قال من ثانى البسيط و القافية المتواتر

لِلّٰهِ غَانِيَةٌ يوماً خَلَوْتُ بِهَا   فِى مَجْلِسٍ غَابَ عَنَّا فِيهِ وَاشِيهَا
كُلٌّ لَهُ حَاجَةٌ مِن وَصْلِ صَاحِبِهِ   لَوْ لَا يَبِينُ حَيَاءٍ كَادَ يَقْضِيهَا
وَ لِلْعُيُونِ رِسَالَاتٌ مُرَدَّدَةٌ   تَدْرِى ٱلْقُلُوبُ مَعَانِيهَا وَ تُخْفِيهَا

و قال من بحره و قافيته

قد سرني فيك يا من خاب مسعاه   سخيف رأيك هذا كان عقباه
قصدت من لا يرى للقصد حرمته   ضيعت قصدك فيمن ليس يرعاه

و قال من المنسرح و القافية المتواتر

لنا صديق ولا نسميه   نعرفه كلنا و ندريه
كل اختلاف و كل مخرقة   فيه فيا ليته بلا فيه

و قال من البسيط و القافية المتواتر

مضى الشباب وولى ما انتفعت به   و ليته فارط يرجى تلافيه
او ليت لي عملا فيه اسر به   او ليتني لا جرى لي ما جرى فيه
فاليوم ابكي على ما فاتني اسفا   و هل يفيد بكاءى حين ابكيه
وا حسرتاه لعمر ضاع اكثره   و الويل ان كان باقيه كماضيه

و قال من بحره و قافيته

اقرئ سلامي على من لا اسميه ... و من بروحي من الاسواء افديه

و من اعرض عنه حين اذكره ... فان ذكرت سواه كنت اعنيه

اشر بذكري في ضمن الحديث له ... ان الاشارة في معناي تكفيه

و اساله ان كان يرضيه ضنى جسدي ... فحبذا كل شيء كان يرضيه

فليت عين حبيبي في البعاد ترى ... حالي و ما بي من ضر اقاسيه

هل كنت من قوم موسى في محبته ... حتى اطال عذابي منه بالتيه

احببت كل سمي في الانام له ... و كل من فيه معنى من معانيه

يغيب عني و افكاري تمثله ... حتى يخيل لي اني اناجيه

لا ضيم يخشاه قلبي و الحبيب به ... فان ساكن ذاك البيت يحميه

من مثل قلبي او من مثل ساكنه ... الله يحفظ قلبي و الذي فيه

يا احسن الناس يا من لا ابوح به ... يا من تجنى و ما احلى تجنيه

قد انعس الله عينا صرت توحشها ... و اسعد الله قلبا صرت تأويه

مولاي اصبح وجدي فيك مشتهرا ... فكيف استره ام كيف اخفيه

وَ صَارَ ذِكْرِي لِلْوَاشِي بِهِ وَلَعٌ   لَقَدْ تَكَلَّفَ أَمْرًا لَيْسَ يَعْنِيهِ
فَمَنْ أَذَاعَ حَدِيثًا كُنْتُ أَكْتُمُهُ   حَتَّى وَجَدْتُ نَسِيمَ الرَّوْضِ يَرْوِيهِ
فَيَا رَسُولِي تَضَرَّعْ فِي السُّؤَالِ لَهُ   عَسَاكَ تَعْطِفُهُ نَحْوِي وَ تَثْنِيهِ
إِذَا سَأَلْتَ فَسَلْ مَنْ فِيهِ مَكْرُمَةٌ   لَا تَطْلُبِ الْمَاءَ إِلَّا مِنْ مَجَارِيهِ

و قال من بحره و قافيته

أَفْدِي حَبِيبًا لِسَانِي لَيْسَ يَذْكُرُهُ   خَوْفَ الْوُشَاةِ وَ قَلْبِي لَيْسَ يَنْسَاهُ
أَهْوَى التَّهَتُّكَ فِيهِ وَهُوَ يَمْنَعُنِي   إِنَّ التَّهَتُّكَ فِيهِ لَيْسَ يَرْضَاهُ
وَ النَّاسُ فِينَا بِبَعْضِ الْقَوْلِ قَدْ لَهِجُوا   لَوْ صَحَّ مَا ذَكَرُوا مَا كُنْتُ آبَاهُ
يَا مَنْ أُكَابِدُ فِيهِ مَا أُكَابِدُهُ   مَوْلَايَ أَصْبِرُ حَتَّى يَحْكُمَ اللهُ
سَمَّيْتُ غَيْرَكَ مَحْبُوبِي مُغَالَطَةً   لِمَعْشَرٍ فِيكَ قَدْ فَاهُوا بِمَا فَاهُوا
أَقُولُ زَيْدٌ وَزَيْدٌ لَسْتُ أَعْرِفُهُ   وَ إِنَّمَا هُوَ لَفْظٌ أَنْتَ مَعْنَاهُ
وَكَمْ ذَكَرْتُ مُسَمًّى لَا اكْتِرَاثَ بِهِ   حَتَّى يَجُرَّ إِلَى ذِكْرَاكَ ذِكْرَاهُ
أَتِيهُ فِيكَ عَلَى الْعُشَّاقِ كُلِّهِمِ   قَدْ عَزَّ مَنْ أَنْتَ يَا مَوْلَايَ مَوْلَاهُ
وَ صَارَ لِي فِيكَ حُسَّادٌ وَلَا بَلَغُوا   كَلَّا أَرَى مِنْهُمْ دَعْوَايَ دَعْوَاهُ

كَادت عيونهم بِالبغضِ تنطِق لِي ... حتّى كَأَنّ عيون القومِ افواه
يا مَن اتى زائرا يوما فشرّفني ... لا اصغر الله مِن مولاي ممشاه
عِندي حديث اريد اليوم اذكره ... وانت تعلم دون النّاسِ فحواه

و قال من الهزج و القافية المتواتر

ترى كم قد بدت منكم ... امور ما عهدناها
و عرضتم باقوالٍ ... و ما نجهل معناها
نبشتم بيننا اشيا ... كنا قد دفناها
و طرقتم الى الغدرِ ... طريقًا ما سلكناها
و قبحتم بافعالٍ ... و حسنتم مسماها
و كم جاءت لنا عنكم ... احاديث رددناها
و اشياء رأيناها ... و قلنا ما رأيناها
فلا والله ما يحسن ... بين النّاسِ ذكراها
قرأنا سورة السّلوا ... نِ عنكم بل حفظناها
و ما زلتم بنا حتى ... خسرناكم بفعلاها
فرجل تطلب السعى ... اليكم قد منعناها

و عين تتمنى ان   تراكم قد غمضناها

و نفس كلما اشتاقت   للقياكم زجرناها

و كانت بيننا طاق   فها نحن سددناها

ولو انكم جنا   ت عدنٍ ما دخلناها

و اما الحالة الاخرى   فانا قد سلوناها

و قد ماتت و صلينا   عليها و دفناها

هجرنا ذكرها حتى   كانا ما عرفناها

و ها نحن و ها انتم   متى قط ذكرناها

و في النفس بقايا من   احاديث خبأناها

فلو ارضتكم الاروا   ح منا لبذلناها

و قال من مجزو الرمل و القافية المتواتر

دولة كم قد سألنا   ربنا التعويض عنها

و فرحنا حين زالت   جاءنا انحس منها

و قال من مجزو الرمل والقافية المتواتر

قَدْ اَتَى اَلعِيدُ و مَا عِنْدِي لَهُ مَا يَقْتَضِيهِ
غَابَ عَنْ عَيْنِي فِيهِ كُلُّ شَيْءٍ اَشْتَهِيهِ
لَيْتَ شِعْرِي كَيْفَ اَنتُمْ اَيُّهَا اَلاحْبَابُ فِيهِ

و قال من الوافر و القافية المتواتر

كَتَبْتُ اِلَيْكَ اَشْرَحُ فِي كِتَابِي اُمُورًا مِنْ فِرَاقِكَ اَشْتَكِيهَا
و عَيْشِكَ اِنَّ لِي مُذْ غِبْتَ عَنِّي لَحَالًا مَا اَظُنُّكَ تَرْتَضِيهَا
وَفِي سُوقِ الهَوَانِ عَرَضْتُ نَفْسِي رَخِيصًا لَمْ اَجِدْ مَنْ يَشْتَرِيهَا
و لَمْ اَرَ مَنْ لَهُ حَالٌ كَحَالِي فَاَعْرِفَ فِي الصَّبَابَةِ لِي شَبِيهَا
فَجُدْ بِرِضَاكَ اِنَّ رِضَاكَ عَنِّي لَاَعْظَمُ شَهْوَةٍ اَنَا اَشْتَهِيهَا
و لِي وَعْدٌ اِلَى سَنَةٍ فَاِنْ لَمْ يَكُنْ فِيهَا يَكُنْ فِيمَا يَلِيهَا
و قَدْ اَنْهَيْتُ مِنْ شَوْقِي اُمُورًا لِمَوْلَانَا عُلُوُّ الرَّاْيِ فِيهَا

و قال من بحره و قافيته

سروري كان ان ألقاك يوما   لاجل محاسن لك اجتليها

فلما غاب عن عيني كراها   خلت من ساكن فسكنت فيها

ساكرمها لحرمة من حوته   واكرام الديار لساكنيها

و قال من البسيط و القافية المتواتر

يا من توهم اني لست اذكره   و الله يعلم اني لست انساه

و ظن اني لا ارعى مودته   حاشاى من ظنه هذا و حاشاه

و قال من المجتث و القافية المتدارك

اليك عني ودعني   الغدر لا ارتضيه

اردت تغيير خلقي   اف لما سمتنيه

فلا جزى الله خيرا   يوما عرفناك فيه

و قال من بحر السلسلة وهو الرباعى الذى يسميه الفرس دو بيت

يَا مُحْيِي مُهْجَتِي وَ يَا مُتْلِفَهَا شَكْوَى كَلَفِي عَسَاكَ أَنْ تَكْشِفَهَا
عَيْنٌ نَظَرَتْ إِلَيْكَ مَا أَشْرَفَهَا رُوحٌ عَرَفَتْ هَوَاكَ مَا أَلْطَفَهَا

و قال من مجزو الكامل و القافية المتدارك

خَالَفْتَنِي وَ فَعَلْتَهَا لَكَ فِي ٱلْخِلَافِ ٱلْمُنْتَهَى
مَا كُنْتَ تَعْجَزُ فِي خِصَا لٍ غَيْرِهَا فَخَتَمْتَهَا
أَبْصَرْتَ نَفْسَكَ أَصْبَحَتْ مَسْتُورَةً فَهَتَكْتَهَا

و قال من مجزو الرمل و القافية المتواتر

كَيْفَ يَخْفَى عَنْ حَبِيبِي كُلُّ مَا نَمَّ عَلَيْهِ
وَهْوَ فِي قَلْبِي مُقِيمٌ أَقْرَبُ ٱلنَّاسِ إِلَيْهِ

و قال من بحره و قافيته

يَا كِتَابًا مِنْ حَبِيبٍ أَنَا مُشْتَاقٌ إِلَيْهِ
جَاءَنِي مِنْهُ سَلَامٌ سَلَّمَ ٱللّٰهُ عَلَيْهِ
كَمْ يَدٍ لِلدَّهْرِ مُذْ أَبْصَرْتُ آثَارَ يَدَيْهِ

و قال من بحره و قافيته

يَا رَسُولِي قَبِّلِ ٱلْأَرْضَ إِذَا جِئْتَ إِلَيْهِ
ثُمَّ عَرِّفْهُ بِأَنِّي كُنْتُ غَضْبَانًا عَلَيْهِ
قَرَّبَ ٱلْوَاشِينَ حَتَّى أَكْثَرُوا ٱلْقَوْلَ لَدَيْهِ
كَيْفَ يَرْضَى لِي حَبِيبٌ مَا جَرَى بَيْنَ يَدَيْهِ

و قال من بحره و قافيته

أَيُّهَا ٱلْخَائِفُ مِنْ أَمْرٍ عَسَاهُ وَ عَسَاهُ
لَكَ رَبٌّ لَمْ يَخِبْ قَطُّ لَدَيْهِ مَنْ رَجَاهُ
فَادْعُهُ فَهُوَ بِلَا شَكٍّ مُجِيبٌ مَنْ دَعَاهُ
وَإِذَا كَانَ لَكَ ٱللّٰهُ فَلَا تَسْأَلْ سِوَاهُ

قافيه الياء

و قال من مجزو الرمل و القافية المتواتر

يَا مَلِيحًا لِي مِنْهُ شُهْرَةٌ بَيْنَ ٱلْبَرَايَا

غِبْتَ عَنِّي و جَرَتْ بَعْـــدَكَ و ٱللهِ قَضَايَا

سَـوْفَ تَلْقَى لَكَ فِي قَلْـــبِي إِذَا جِئْتَ حَنَايَا

و لَقَدْ جُرِّعتُ مِنْ بَعْـــدِكَ كَاسَاتِ ٱلْمَنَايَا

و لَئِنْ مُتَّ سَيَبْقَى لَكَ فِي ٱلْقَلْبِ بَقَايَا

و قال من الوافر و القافية المتواتر يرثي بعض اخوانه وهو من اول شعره

يَعِزُّ عَلَى فَقْدُكَ يَا عَلِيّ آلَا ٱللهِ ذَا ٱلرَّجُلِ ٱلْوَفِيّ

تَكَدَّرَ فِيكَ صَافِي ٱلْعَيْشِ لَمَّا عَدِمْتُكَ أَيُّهَا ٱلْخِلُّ ٱلصَّفِيّ

لَئِنْ اخْلَيْتَ مِنْكَ مَحَلَّ أُنْسِي فَمَا انَا فِيكَ مِنْ أُنْسٍ خَلِيّ

فَبَعْدَكَ لَيْسَ يُفْرِحُنِي بَشِيرٌ و بَعْدَكَ لَيْسَ يُحْزِنُنِي نَعِيّ

وَلَو كَانَ الرَّدى بَشَرًا سَويًّا   لَهَابَك أَيُّها البَشَرُ السَّويّ

عَصاني الصَّبر بَعدَك وَهوَ طَوعي   وَ طاوَعَ بَعدَك الدَّمعَ العَصيّ

وَ هَل أَبقَت لِيَ الأَيّام دَمعًا   فَيُسعِدَني بِهِ الجَفنُ الشَّفيّ

فَيا جَزَعي تَعَزَّ فَلَيسَ صَبر   وَ يا ظَمأى تَسَلَّ فَلَيسَ رِيّ

أَتَمضي أَنتَ مُنفَرِدًا وَأَبقى   لَقَد غَدرَتك نَفسُك يا وَفيّ

فَهَل حَقٌّ حَياتُك يا زُهَير   وَ هَل حَقٌّ وَفاتُك يا عَليّ

وَ حَقًّا صارَ ذاكَ البَحرُ يَبسًا   وَ صَوَّحَ ذَلِكَ الرَّوضُ البَهيّ

وَ أَقلَعَ ذَلِكَ الغَيثُ المُرَجّى   فَلا الوَسميُّ مِنهُ وَلا الوَليّ

لَقَد طَوَتِ الحَوادِثُ مِنهُ جِسمًا   وَلَيسَ لِذِكرِهِ فِي النّاسِ طَيّ

مَضَوا بِسَريرِهِ وَعَلَيهِ نور   جَلى تَحتَهُ سِرٌّ خَفيّ

وَ في أَكنافِهِ نَدبٌ سَرى   تَخَلَّفَ بَعدَهُ ذِكرٌ سَنيّ

عَلى حينِ استَفاضَ الذِّكرُ عَنهُ   وَ حينَ أَتى كَما انَدفَعَ الأَتيّ

وَ كَم دَرَّت مَكارِمهُ لِعافٍ   كَما دَرَّت لِأَطفالٍ ثَدِيّ

وَ كَم أَروى عَلى ظَمَأٍ نَداهُ   سَقاهُ هاطِلُ الغَيثِ الرَّوِيّ

و قال من مجزوء الرمل و القافية المتواتر

أنَا فِي ٱلبستَانِ وَحدِي   فِي رِيَاضٍ سُندُسِيَّه
لَيسَ لِي فِيهِ أنِيسٌ   غَيرُ كُتبٍ أدَبِيَّه
وَإذَا دَارَت كُؤُوسِي   فَهِيَ مِنِّي وَ إلَيَّه
فَتَفَضَّل يَا حَبِيبِي   نَغتَنِم هَذِي ٱلعَشِيَّه
مَا تَرَى بِٱللهِ مَا أحسَنَ هَذِي ٱلذَّهَبِيَّه
لَم تَغِب عَن مِثلِ هَذَا ٱليَومِ إلَّا لِبَلِيَّه
مَن تُرَى غَيرُ مَا أعهَدُ مِن تِلكَ ٱلسَّجِيَّه
أيُّهَا ٱلمُعرِضُ عَنِّي   لَكَ وَٱللهِ قَضِيَّه
كُلَّمَا يُرضِيكَ يَا مَو   لَايَ عِندِي وَعَلَيَّه

و قال من بحره و قافيته

رَحَلَ ٱلوَاشُونَ عَنَّا   شَكَرَ ٱللهُ ٱلمَطَايَا
فَظَفِرنَا بِوِصَالٍ   غَفَلَت عَنهُ ٱلبَرَايَا
خَرَجَت تِلكَ ٱلأحَادِيثُ ٱلَّتِي كَانَت خَبَايَا

وَاسْتَرَحْنَا مِنْ عِتَابٍ فِي الْخَبَايَا وَ الزَّوَايَا

وَ أَتَتْنَا رُسُلُ الْأَحْبَابِ مِنْهُمْ بِالْهَدَايَا

وَ عَلَى رَغْمِ الْأَعَادِي فَلَقَدْ تَمَّتْ قَضَايَا

بِوِصَالٍ مِنْ حَبِيبٍ كَرُمَتْ مِنْهُ السَّجَايَا

وَ مُدَامٍ مِنْ رِضَابٍ وَ حَبَابٍ مِنْ ثَنَايَا

كَانَ مَا كَانَ وَ مِنْهُ بَعْدُ فِي النَّفْسِ بَقَايَا

وَ قَالَ مِنْ مَجْزُوءِ الْكَامِلِ وَ الْقَافِيَةُ الْمُتَوَاتِرُ

قَالُوا كَبِرْتَ عَنِ الصِّبَا وَ قَطَعْتَ تِلْكَ النَّاحِيَهْ

فَدَعِ الصِّبَا لِرِجَالِهِ وَ اخْلَعْ ثِيَابَ الْعَارِيَهْ

وَ نَعَمْ كَبِرْتُ وَإِنَّمَا تِلْكَ الشَّمَائِلُ بَاقِيَهْ

وَ يَفُوحُ مِنْ عِطْفَيَّ أَنْفَاسُ الشَّبَابِ كَمَا هِيَهْ

وَ يَمِيلُ بِي نَحْوَ الصِّبَا قَلْبٌ رَقِيقُ الْحَاشِيَهْ

فِيهِ مِنَ الطَّرَبِ الْقَدِيمِ بَقِيَّةٌ فِي الزَّاوِيَهْ

و قال من بحره و قافيته

الشوق نار حاميه   و لقد تزايد ما بيه
يا قلب بعض الناس هل   للضيف عندك زاويه
اني ببابك قد وقفـــت   عسى ترد جوابيه
يا ملبسي ثوب الضنا   يهنيك ثوب العافيه
لم يبق مني في القميـــص   سوى رسوم باليه
و حشاشة ما ابقت الا   شواق منها باقيه
ارخصت فيك مدامعا   لولاك كانت غاليه
ان لم تجد لي بالرضا   وا حسرتي و شقائيه
لك مهجتي و لو ارتضيـــت   المال فات و ماليه
يا من اليه المشتكى   انت العليم بحاليه

و قال من بحره و قافيته

اعد الرسالة ثانيه   و خذ الجواب علانيه
فعسى بتكرار الحديـــث   على انسى ما بيه

وعساك تطفي من غليــل الشوق نارا حاميه

فاذا رجعت مسلما فابدأ برد سلاميه

وقل السلام عليكم اهل القصور العاليه

واعد بحسن تلطف وكما علمت جوابيه

يا آخذي بل تاركي في لوعة هي ما هيه

ما بال كتبك عند غيــري دائما متواليه

واذا كتبت عساك تذ كرني ولو في الحاشيه

لا تنس ما بيني وبيــنك من عهود باقيه

بالله من هذا الذي تعطيه منك مكانيه

حاشاك ان ترضى ابيــت وانت عني ناحيه

و قال من بحره و قافيته

ملك الغرام عنانيه فاليوم طال عنائيه

من لي بقلب اشتريــه من القلوب القاسيه

واليك يا ملك الملا ح وقفت اشكو حاليه

مولاي يا قلبي العزيــز ويا حياتي الغاليه

اِنِّي لَاَطْلُبُ حَاجَةً لَيْسَتْ عَلَيْكَ بِخَافِيَهْ
اَنْعِمْ عَلَيَّ بِقُبْلَةٍ هِبَةً وَاِلَّا عَارِيَهْ
وَ اُعِيدُهَا لَكَ لَا عَدِمْــتَ بِعَيْنِهَا وَكَمَا هِيَهْ
وَ اِذَا اَرَدْتَ زِيَادَةً خُذْهَا وَ نَفْسِي رَاضِيَهْ
فَعَسَى يَجُودُ لَنَا اَلزَّمَا نُ بِخَلْوَةٍ فِي زَاوِيَهْ
اَوْ لَيْتَنِي اَلْقَاكَ وَحْــدَكَ فِي طَرِيقٍ خَالِيَهْ

و قال من بحره و قافيته

عِشْقٌ تَجَدَّدَ ثَانِيَهْ وَ قُوَى اَلشَّبِيبَةِ وَاهِيَهْ
فَعَشِقْتُ لَا اَمَلًا بَلَغْــتُ وَلَا بَقِيتُ بِجَاهِيَهْ
فَاِذَا سَمِعْتَ بِعَاشِقٍ فَاسْأَلْ دَوَامَ اَلْعَافِيَهْ
اِنِّي لَاَقْنَعُ بِالْخَلَا صِ فَلَا عَلَيَّ وَلَا لِيَهْ
هِيَ غَلْطَةٌ كَانَتْ وَلَا وَاللّٰهِ تَرْجِعُ ثَانِيَهْ
حَسْبِي اَلَّذِي قَدْ كَانَ فِي زَمَنِ اَلصِّبَا وَ كَفَانِيَهْ
ذَهَبَ اَلشَّبَابُ وَاِنَّمَا حَسَرَاتُهُ هِيَ بَاقِيَهْ
وَ بَدَتْ عُيُوبِي فِي اَلْهَوَى مَنْ لِي بِعَيْنٍ رَاضِيَهْ

يا قَلبُ كَم لَكَ نَفثَةٍ   هِيَ لِلصِّبا مُتَقاضِيَه

فَالبَس خَليعَكَ فَهوَ خَي‍ْ‍ـرٌ مِن جَديدِ العارِيَه

وَقُلِ السَّلامُ عَلَيكُمُ   يا أَهلَ تِلكَ النّاحِيَه

وَحَياتِكُم وَحَيانِكُم   تِلكَ المَوَدَّةُ باقِيَه

وقال من بحره وقافيته

ما لِلعَذولِ وَما لِيَه   عَذلُ المَشيبِ كَفانِيَه

وا حَسرَتي ذَهَبَ الشَّبا ب وَما بَلَغتُ مُرادِيَه

وَزَهِدتُ في وَلَعِ الصِّبا   فَاليَومَ نَهرى ساقِيَه

فَإِلَيكِ عَنّي يا غَرا مُ فَقَد عَرَفتِ مَكانِيَه

وَكَأَنَّما أَنا قَد قَعَد تُ عَلى طَريقِ القافِيَه

يا عاذِلي بَرِحَ الخَفا ء وَقَد كَشَفتَ غِطائِيَه

سَلني أُجِبكَ بِما يَسُرُّ كَ ذِكرُهُ مِن حالِيَه

وَلَقَد أَرَحتُكَ فَاِستَرِح كُن لا عَلَيَّ وَلا لِيَه

وَاِعلَم بِأَنَّ اللَّهَ لا تَخفى عَلَيهِ خافِيَه

و قال من المجتث و القافية المتواتر

إِنْ كُنْتَ تَقْبَلُ مِنِّي فَارْحَلْ وَ فِيكَ بَقِيَّهْ

دَعْ انْتِظَارَكَ قَوْماً لَهُمْ أُمُورٌ بَطِيَّهْ

وَ لَا تُقِمْ فِي مَكَانٍ وَكُنْ كَأَنَّكَ حَيَّهْ

وَ لَا تَرَى النَّاسَ إِلَّا عَيْناً وَ نَفْساً أَبِيَّهْ

وَ اقْنَعْ بِكَسْرَةِ خُبْزٍ وَ هِمَّةٍ كِسْرَوِيَّهْ

وَ لَا تَكُنْ كَعَجُوزٍ مُقِيمَةٍ فِي حَنِيَّهْ

و قال من الهزج و القافية المتواتر

أَبَا يَحْيَى وَ مَا أُعْرِ فُ مَنْ أَنْتَ أَبَا يَحْيَى

فَحَدِّثْنِي وَ قُلْ لِي أَ يُّ شَيْءٍ أَنْتَ فِي الدُّنْيَا

مِنَ الجِنِّ مِنَ الأَنْسِ مِنَ المَوْقَى مِنَ الأَحْيَا

بَعِيدٌ مِنْكَ أَنْ تُفْلِـــتَ فِي شَيْءٍ مِنَ الأَشْيَا

فَلَا أَهْلاً وَلَا سَهْلاً وَ لَا سُقْيَا وَلَا رَعْيَا

و قال من مجزوء الرجز و القافية المتواتر

وَ فَرَسٍ عَلَى ٱلْمَسَا   وِى كُلِّهَا مُحْتَوِيَهْ
فَمَا مَسَاوِيهَا لِمَنْ   عَدَّدَهَا مُنْتَهِيَهْ
وَ لَيْسَ فِيهَا خَصْلَةٌ   وَاحِدَةٌ مُسْتَوِيَهْ
يَا قُبْحَهَا مُقْبِلَةً   وَ قُبْحَهَا مُوَلِّيَهْ
مَالِكُهَا مِنْ خَجْلَةٍ   كَأَنَّهُ فِي مَخْزِيَهْ
مُسْتَقْبَحٌ رُكُوبُهَا   مِثْلَ رُكُوبِ ٱلْمَعْصِيَهْ

و قال من المجتث و القافية المتواتر

مَلَكْتُمُونِي رَخِيصًا   فَٱنْحَطَّ قَدْرِي لَدَيْكُمْ
فَأَغْلَقَ ٱللّٰهُ بَابًا   دَخَلْتُ مِنْهُ إِلَيْكُمْ
وَ حَقِّكُمْ مَا عَرَفْتُمْ   قَدْرَ ٱلَّذِي فِي يَدَيْكُمْ
حَتَّى وَلَا كَيْفَ أَنْتُمْ   وَ لَا ٱلسَّلَامُ عَلَيْكُمْ

و قال من مجزوء الخفيف و القافية المتواتر

لا تزد في الهوى على   ان رشد المحب غى
كيف اخفى الهوى وقد   خرج الامر من يدى
انا في الحب ميت   و عذولى يقول حى
لى غرام من الصبا   بعد في النفس منه شى
و حبيبى فلا تسل   اى تيه له و اى
شمس حسن من الذوا   ئب ظل لها و فى
و مسىء كانه   ابدا محسن الى
ليته كان راضيا   بعد هذا و ما على

و قال من الرمل و القافية المتواتر

لو ترانى و حبيبى عندما   فر مثل الظبى من بين يدى
و مضى يعدو واعدو خلفه   و ترانا قد طوينا الارض طى
قال ما ترجع عنى قلت لا   قال ما تطلب منى قلت شى
فانثنى يحمر منى خجلا   و ثناه التيه عنى لا الى
كدت بين الناس ان الثمه   اه لو افعل ما كان على

و قال من بحره و قافيته

يا اعزّ الناس عندى و على   و حبيب هو منى و الى

ليت مولاى بحالى عالم   و بما عندى منه و لدى

ما له اصبح عنى معرضا   تحت ذا الاعراض من مولاى شى

يا حبيبى مثلما اعهده   اترى من ذا الذى زاد على

فاتنى اذ مر ما كلمته   كدت ان آكل من عض يدى

اشرقت من وجهه شمس الضحى   لم تجد من حرها العشاق فى

و بدت فى الحب منه جمرة   و لعمرى كوت الاكباد كى

انا من مت من العشق به   هنئونى ميت العشاق حى

و قال من المنسرح المقطوع و القافية المتواتر

ان الرضى الذى بليت به   افعاله الكل غير مرضى

و كنت فى شدة برؤيته   كمسلم فى اسار ذمى

و بعد جهد خلصت من يده   خلاص عظم من كف تركى

و قال من الرمل و القافية المترادف

هَذِهِ اَوَّلُ حَاجَاتِي اِلَيْكْ وَ بِهَا اَعْرِفُ مِقْدَارِي لَدَيْكْ
اَرِنِي مَا لَمْ اَزَلْ اَسْمَعُهُ مِنْ اَيَادٍ رُوِيَتْ لِي مِنْ يَدَيْكْ
بَيْنَنَا مِنْ اَدَبٍ يُعْزَى لَهُ نَسَبٌ اَوْجَبَ اِدْلَالِي عَلَيْكْ
وَ سَاَجْزِيكَ ثَنَاءً حَسَنًا اَمْلَأُ الْاَرْضَ بِهِ مِنِّي اِلَيْكْ

و قال من المجتث و القافية المتواتر

لِي صَاحِبٌ غَابَ عَنِّي فَقُلْتُ اَمْشِي اِلَيْهِ
فَقِيلَ اَنَّ فُلَانًا ذَاكَ الْمَلِيحَ لَدَيْهِ
فَمَا قَطَعْتُ عَلَيْهِ لَكِنْ قَطَعْتُ عَلَيْهِ

و قال من الرمل و القافية المترادف

اَيُّهَا الْغَائِبُ عَنِّي اِنَّنِي عَلِمَ اللّٰهُ لَمُشْتَاقٌ اِلَيْكْ
فَاِذَا هَبَّ نَسِيمٌ طَيِّبٌ اَنَا ذَاكَ الْوَقْتَ سَلَّمْتُ عَلَيْكْ

و قال من المتقارب و القافية المترادف

أَيَا بَاكِيًا لِزَمَانِ ٱلصِّبَا طَوِيلٌ عَلَيْكَ طَوِيلٌ عَلَيْكَا
أَضَعْتَ ٱلَّذِي كُنْتَ تَعْتَاضُهُ وَمَا كُنْتَ تَعْرِفُ مَا فِي يَدَيْكَا
خَسِرْتَ ٱلصِّبَا وَ خَسِرْتَ ٱلشَّبَابَ فَلَا شَيْءَ أَخْسَرُ مِنْ صَفْقَتَيْكَا
فَإِنْ شِئْتَ فَٱبْكِ وَإِنْ شِئْتَ لَا فَهَذَا إِلَيْكَ وَ هَذَا إِلَيْكَا
فَيَا صَاحِبِي قَدْ وَجَدْتَ ٱلْمُعِينَ وَ مَنْ ذَاقَ مَا ذُقْتَ مِنْ حَسْرَتَيْكَا
أُنَاشِدُكَ ٱللَّهَ قِفْ سَاعَةً أَقُلْ مَا لَدَيَّ وَقُلْ مَا لَدَيْكَا
وَ بِٱللَّهِ إِنْ أَعْوَزَتْكَ ٱلدُّمُوعُ فَخُذْ مُقْلَتِي وَدَعْ مُقْلَتَيْكَا

و قال من مجزوء الرمل و القافية المتواتر

وَ نَدِيمٍ بِتُّ مِنْهُ نَاعِمَ ٱلْبَالِ رَضِيَّا
جَاءَنِي يَحْمِلُ كَأْسًا قَارَنَ ٱلْبَدْرُ ٱلثُّرَيَّا
قَالَ خُذْهَا قُلْتُ خُذْهَا أَنْتَ وَٱشْرَبْهَا هَنِيَّا
لَا تَزِدْنِي فَوْقَ سُكْرِي بِٱلْهَوَى سُكْرَ ٱلْحُمَيَّا
عِنْدَهَا أَعْرَضَ عَنِّي مُطْرِقَ ٱلرَّأْسِ حَيِيَّا

قُلْتُ لا وَاللّهِ إلّا هَاتِهَا كَأْسًا رَوِيًّا
لَسْتُ أعْصِي لَكَ أمْرًا لَسْتُ أعْصِي لَكَ نَهْيًا
فَسَقَانِيهَا عُقَارًا تَتْرُكُ الشَّيْخَ صَبِيًّا
وَتُرِيكَ الْغَيَّ رُشْدًا وَتُرِيكَ الرُّشْدَ غَيًّا
لَمْ يَزَلْ مِنِّي إلَيْهِ الْكَأْسُ أوْ مِنْهُ إلَيَّا
هَكَذَا حَتَّى بَدَا الصُّبْحُ لَنَا طَلْقَ الْمُحَيَّا
يَا لَهَا لَيْلَةَ وَصْلٍ مِثْلُهَا لَا يَتَهَيَّا

تم بعون الله مالك كل خير ديوان شعر
بهاء الدين ابي الفضل زهير
و كان الفراغ من طبعه لاثنى
عشرة خلت من شوال سنه ١٢٩٢ هجرية
الموافقة اخر تشرين الثانى
سنه ١٨٧٥ مسيحية باهتمام
الفقير المقر بالعجز و التقصير
ادورد هنرى بالمر
مدرس العربية فى المدرسة
السلطنية فى مدينة
قمبرج المحمية

Cambridge:
PRINTED BY C. J. CLAY, M.A.
AT THE UNIVERSITY PRESS.

طبع هذا الكتاب عند السيد الجليل چارلس يوحنا اكلي مدبر مطبعة
دار الفنون فى مدينة قمبرج المحمية فى جزيرة انكلترة ايد الله سلطانها
ورفع على الخافقين اعلامها بالحروف الجديدة التى
اخترعها المعلم رزق الله حسون
الحلبى

٨

THE POETICAL WORKS

OF

BEHÁ-ED-DÍN ZOHEIR,

OF EGYPT.

WITH A METRICAL ENGLISH TRANSLATION, NOTES, AND INTRODUCTION,

BY

E. H. PALMER, M.A.,

OF THE MIDDLE TEMPLE, BARRISTER-AT-LAW,
LORD ALMONER'S READER AND PROFESSOR OF ARABIC, AND FELLOW
OF ST JOHN'S COLLEGE IN THE UNIVERSITY OF CAMBRIDGE.

EDITED FOR THE SYNDICS OF THE UNIVERSITY PRESS.

VOL. I. ARABIC TEXT.

Cambridge:
AT THE UNIVERSITY PRESS.

London : CAMBRIDGE WAREHOUSE, 17, Paternoster Row,
Cambridge: DEIGHTON, BELL, AND CO.
Leipzig : F. BROCKHAUS.   Paris: ERNEST LEROUX.
1876.

اصلاح غلط

صحیفة	سطر	خطاء	صواب
٥	١٠-١١	تعالَى	تعالَ
,,	١٤-١٥	اصفى	اصفِي
٩	٣	افضى	افضِي
٢٦	٥	فى سوءاله	فِى سوءاله
٢٧	١٣	اعاده	اعاذه
٢٨	٥	علاته	علاته
٣١	١٠	البزات	البزاة
٤٤	٣	يجرح	يجرح
٤٥	١٢	الغازى	الفاذى
٤٩	٤	انه	انه
,,	٩	راها	رواها
٥٥	٨	فكلما	فكل ما
٦٩	١١	وكلما	وكل ما
٧٣	٧	وعيشك	وعيشكِ
,,	١١	وحقك	وحقكِ
٧٨	١٦	الظلام	الظلام
٨٠	١٥	يهنيك	ليهنيك
٨٥	١	الانعم	الانجم
٨٦	٢	دارا	داربا
,,	٤	اباد	اباد
٨٨	١٢	يطيل	يطيل
,,	١٥	نفرك	نفرك
٩١	٦	تصغ	تصغ

صحیفة	سطر	خطاء	صواب
٩٤	١٤	دجى	دجا
,,	,,	الضنا	الضنى
٩٥	١٠	اقدى حيا	اقدى حيا
٩٩	١٢	تبصوه ببصر	تبصره ببصر
١٠٢	٨	الحب	الحب
١٠٥	١٢	النار	نار
١١٢	١٤	يشرح	يشرح
١١٤	٨	مثلها	مثلها
١١٦	٨	بن	ابن
١١٨	٥	ابا الحسن	ابا حسن
١١٩	١٤	ذنب	ذنبا
١٢٠	٨	اقفر من	اقفرت فِي
١٢٢	٥	خضر	خضراً
١٢٣	٧	او للقرى	او القرى
١٢٤	١٤	الذى	التي
١٢٧	٩	والحراس	والحراس
١٢٨	٥	يخبركم	يخبركم
,,	٦	اقفت	اقفت
,,	١٢	بوسى	بوسى
١٣٠	١٢	و ينقضى	و ينقضا
١٣٦	٨	لاقيت	لاقيت
١٣٧	٢	مثل	مثل
,,	١٠	قضاءه	قضاءه

صحيفة	سطر	خطأ	صواب
١٣٨	١٠	لِحب أصبى	لحب اصبى
١٤٥	١١	حسن البلاغ	حسن البلاغِ
١٤٦	٧	اطلق	أطلق
١٥٠	٧	تلفون	تلفون
١٥٤	١٥	اجلك	اجلك
١٥٨	٧	جيعان	جوعان
١٦١	٦	يشرق	يشرق
١٦٦	٨	اينما	اين ما
١٦٩	١٥	ضِيق	ضِيق
١٨١	٢	فيمن	فى من
,,	١٤	أستحى	تستحى
١٨٢	٨	يحق	يحق
,,	١١	عدو	عدوِ
١٨٩	٨	مسلول	المسلول
١٩٤	١٠	حام	حام
٢٠٣	٧	يحق	يحق
٢٠٧	١	يعرف	يعرف
٢١١	٧	ان	ان
٢١٣	٤	ان	ان
٢١٣	٦	تحمل	تحمل
٢١٣	١٤	الصبا	الصبا
٢١٤	١	حيا	حيا
٢١٥	١١	عبق	عبق
٢١٧	٤	مازجت	مازجتِ
٢١٨	٢	لدى	لذو
٢٢٣	٧	واحد	واجِد
٢٢٦	١٤	يظلم	يظلمي
٢٣٢	٧	خلدى	خلدى
,,	١١	هم	هما
٢٣٨	١٠	يحق	يحق
٢٣٩	١٣	ابكيكم و يحق	ابكيكم و يحق
٢٤٧	١٣	يمانِ	يمانى
٢٤٨	٧	عشرون و ستمائة	عشرين وستمائة
٢٥٠	١٥	مِن	من
٢٥١	١٣	دهر	دهرا
٢٥٣	٥	تحصى	يحصى
,,	٨	أسرار	إسرار
٢٥٤	٤	انِ	ان
٢٦٢	١٥	حجلان	خجلان
٢٦٣	٢	ان	انِ
,,	١	آن	انِ
٢٦٣	٩	لِكم	لكم
٢٦٤	١١	رزاني	رزانِ
٢٦٨	٤	صرف	صرف
٢٧٢	٧	كان المعين	كان المعين
٢٧٨	١٢	النور	النورِ
٢٩٧	١	تطفى	تطفى،
٢٩٩	١١	ارحلك	ارحلك

LIST OF WORKS BY PROFESSOR PALMER.

ORIENTAL MYSTICISM. A Treatise on the Sufiistic and Unitarian Philosophy of the Persians. Compiled from Native sources by E. H. PALMER, M.A. Cambridge: Deighton, Bell and Co. 1867. Crown 8vo. 3s. 6d.

THE DESERT OF THE EXODUS, Journeys on foot in the Wilderness of the Forty Years' Wanderings; undertaken in connexion with the Ordnance Survey of Sinai and the Palestine Exploration Fund. By E. H. PALMER, M.A. With Maps and numerous illustrations from Photographs and Drawings taken on the spot by the Sinai Survey Expedition and C. F. TYRWHITT DRAKE. Cambridge: Deighton, Bell and Co. London: Bell and Daldy. 1871. 2 vols. 8vo. 28s.

A DESCRIPTIVE CATALOGUE OF ARABIC, PERSIAN AND TURKISH MSS. in the Library of Trinity College, Cambridge. By E. H. PALMER, M.A. Cambridge: Deighton, Bell and Co. 8vo.

JERUSALEM, THE CITY OF HEROD AND SALADIN. By WALTER BESANT, M.A., and E. H. PALMER, M.A. London: Richard Bentley and Son. 1871. Crown 8vo.

A HISTORY OF THE JEWISH NATION; from the Earliest Times to the Present Day. By E. H. PALMER, M.A. London: Society for Promoting Christian Knowledge. 1874. Cr. 8vo.

A GRAMMAR OF THE ARABIC LANGUAGE. By E. H. PALMER, M.A. London: W. H. Allen and Co. 1874. 8vo. 18s.

> [In this work the arrangement is much simplified, so as to exhibit clearly the principles of the language and the correspondence of the various forms. It is furnished with copious tables and a glossary of technical grammatical terms. It also contains a treatise on Prosody, with fuller details and examples than any other work on the subject.]

A CONCISE DICTIONARY OF THE PERSIAN LANGUAGE. By E. H. PALMER, M.A. 2 vols. Persian-English and English-Persian. London: Trübner and Co. 1876. 12mo.

THE POETICAL WORKS OF BEHÁ ED DÍN ZOHEIR OF EGYPT. With a Metrical English Translation, Notes, and Introduction, by E. H. PALMER, M.A. Edited for the Syndics of the University Press, Cambridge. 1876. 4to. In 3 vols. Price 10s. 6d. each, paper covers. Cloth gilt, extra, 15s. [Vol. I. now ready.]

ENGLISH GIPSY SONGS, IN ROMMANY. With Metrical English Translations, by CHARLES G. LELAND, Prof. E. H. PALMER, and JANET TUCKEY. London: Trübner and Co. 1875. 8vo.

www.ingramcontent.com/pod-product-compliance
Lightning Source LLC
Chambersburg PA
CBHW021110270326
41929CB00009B/811
9783337242985